集人文社科之思 刊专业学术之声

集 刊 名：日本文论

主办单位：中国社会科学院日本研究所

主　　编：杨伯江

执行主编：唐永亮

COLLECTION OF JAPANESE STUDIES

2022年第1辑（总第7辑）

集刊序列号：PIJ-2019-365

中国集刊网：www.jikan.com.cn

集刊投约稿平台：www.iedol.cn

日本文论

COLLECTION OF JAPANESE STUDIES

1 2022
（总第 7 辑）

杨伯江 主编

社会科学文献出版社
SOCIAL SCIENCES ACADEMIC PRESS (CHINA)

目 录

CONTENTS

导读：《日本书纪》与东亚古典学

刘晓峰*

很高兴看到《日本文论》刊发这组《日本书纪》的研究文章。成书于公元 720 年的《日本书纪》是日本最早的官修正史，也是日本古典学最核心的著作。这样扎实的古典研究专栏，显示出《日本文论》宽博厚重、宁静致远的办刊旨向，令人心生钦敬。

清华大学《日本书纪》读书班已经运行了六年。对这部古典的持续阅读和讨论，给我非常多的知识启发。对《日本书纪》这样的著作进行回溯性阅读的过程中，我们遇到的问题覆盖了文字意义的训释、版本的辨识与校勘、本事的源流与比较，还有更为复杂的千数百年间对经典持续的诠释和再疏解，以及这些阅读的目光背后存在的不同时代和不同知识的流变。其间，还有来自考古学、哲学、文学、民俗学、文化人类学、宗教学、心理学等多种知识的穿插。在此，请允许我分享一点长期研读《日本书纪》的感想。

如果将日本古代文化传统视为一个连续的知识整体，那么《日本书纪》这类著作在多个层面上都构成某种共识性知识。它们是如此巨大的存在，当我们审视日本古代文化传统时，它们是必须了解的背景；当我们沿着某一研究专题走到问题的顶点，它们又是许多重要问题的终极解释。它们踞身日本文化这棵巨藤的根部，盘根错节，枝蔓横溢，离开它们则无

---

* 刘晓峰，文学博士，清华大学人文学院历史学系教授、博士生导师，主要研究方向为日本史、中日文化交流史。

法构成连贯的知识体系。

　　作为中国学者，阅读《日本书纪》和阅读西方的古典学著作还有一个最大的不同，那就是来自汉字的亲切感和疏离感。在这部由汉字撰写的日本古典的字里行间都看得到中国古代文化的影响，但一旦走近去仔细观摩，古代日本与中国间存在的种种不同，同样会在一个发音、一个词语的选择上保存下来。这一切让我们想到中心与边缘、多元与本体以及知识体系的结构与解构、扩散与变形。如果立足于东亚地区文化发展的背景感受这份阅读体验，其启发和意义又展示出另一个层面。沿着这个方向，我们看到朝鲜半岛从《三国史记》到《李朝实录》、琉球王国的《中山世谱》和《球阳》以及越南的《大越史记》，还有这些史学著作的周边那些用汉文记载下来的整个东亚古代世界。

　　先学陈寅恪有言："一时代之学术，必有其新材料与新问题。取用此材料，以研求问题，则为此时代学术之新潮流。治学之士，得预此潮流者，谓之预流。其未得预者，谓之不入流。此古今学术之通义。非彼闭门造车之徒，所能同喻者也。"这段针对敦煌学而发的议论中提出的"预流"概念是非常发人深省的。一代学术的潮流必与其时代的社会需要关系密切。我想中国的发展、中国文化的自我本位回归，一定会给古老的东亚带来新的发展变化的契机。重新审视东亚，并在东亚中重新审视自己，这个新的发展变化就是日本研究新的"流"，而认真阅读和研究东亚的古典学著作，就是"预流"最开始的工作。

《日本书纪》的双重性格与后世解读：
以林罗山为中心

刘　晨*

内容提要：《日本书纪》作为日本古代官修"六国史"之首，记载了自神话时代以来的日本早期历史，其史书性格毋庸置疑。同时，文本内容中的神话传说以及对政治文化的运用还造就了其作为政治和宗教经典文献的"神书"性格。中世以降，《日本书纪》的史书性格衰退，"神书"性格愈加重要，相关注释和研究活动推动了日本神道思想的发展，也造就了"神书"性格的主导地位。近世"神儒合一"大行其道，大儒林罗山开创的以双重性格分立为前提的解读范式与修史活动的复兴相结合，推动了《日本书纪》史书性格的"回归"。

关 键 词：日本书纪　六国史　建国神话　吉田神道　林罗山　日本近世

成书于养老四年（720）的《日本书纪》是日本早期修史成就之一、古代官修六部国史之首。该书不仅在体例和内容上以天皇世系为中心，涵盖自"神代"以来的诸多神话传说，而且在文本表现上积极利用中国古代谶纬学说、阴阳五行等知识体系，这为其在史书性格之外增加了政治、思想乃至宗教层面的经典文献性格。如此兼具史书性格与"神书"性格[①]

---

*　刘晨，历史学博士，山东大学儒学高等研究院副研究员，主要研究方向为日本近世政治与政治思想。

①　本文以"神书"性格指称《日本书纪》在日本政治、思想、宗教活动中的经典文献性格，是基于该书包含"神代"并长期被视为"神道本书"之首的特殊地位而定。

的独特构造，不但与《日本书纪》成书时的政治条件、思想、信仰乃至知识体系直接相关，还随着后世特别是中世以后的文本流传，以及相关注释与解读类著述的生成、发展与演变，对人们认识和理解《日本书纪》乃至早期日本历史产生持续不断的影响。

辨明《日本书纪》双重性格的形成过程与具体表现，并在此基础上厘清后世解读中对这一独特构造的认知，既是全面了解《日本书纪》成书过程、文本特征和编修体例的必要前提，也是正确理解《日本书纪》流传与影响的有效途径。此外，《日本书纪》中参照中国古典并以汉文写成的历史记录与神话传说，不仅深刻影响了前近代日本的政治思想与宗教信仰，而且成为日本持续至今的历史记忆、族群认同乃至国家意识的重要基础。因此，探究《日本书纪》双重性格的全貌，也是深入理解当代日本、剖析中日两国间文化关联的有效途径。

国内外学界特别是日本学者对《日本书纪》的研究和利用较为丰富，不过尚未形成关于《日本书纪》文本性格的专题讨论。相关研究集中在两个方面：一是以《日本书纪》为基础史料的日本古代史研究中对其文本真实性如何受到政治和宗教因素影响等史料批判层面的讨论，二是日本中世、近世神道教研究中对《日本书纪》成为宗教经典或者说"神典"的过程及其文本内容的宗教意义等问题的讨论。两方面研究虽互有触及，却罕有相提并举。有鉴于此，本文将从上述双重性格辨析出发，结合对近世初期大儒林罗山的《日本书纪》认知与解读的具体理解，以及对与之相关的政治、思想、知识内容的分析，厘清《日本书纪》及其相关解读的流传与演变过程。

一　《日本书纪》双重性格的形成

史书性格是《日本书纪》成书之初的基本性格。《日本书纪》的编修契机是天武朝以来的国家修史活动。日本王家或豪族编修史书的活动由来已久，却屡遭挫折，直到统一国家逐步确立后，官方修史活动才在中央政权主持推动下有效推进。同以神代和上古历史为对象的《古事记》与

《日本书纪》先后于和铜五年（712）和养老四年修成，开日本官修正史之先河。与《古事记》相对粗糙的口述化表达不同，《日本书纪》文本的汉文水平更高且内容更丰富，编修体例与叙述风格也都以《汉书》等中国正史为蓝本，作为史书而言更加成熟、规范，也因此被视作"六国史"之首。

不过，无论是《古事记》还是以《日本书纪》为首的"六国史"，修史原则的核心都在于服务现实政治需要。学者韩昇指出，"修史同强化朝廷权力同步，也和朝廷内部的政治斗争相合"，而修史目的也是"确立天皇和朝廷的政治权威，服务于现实政治"。①《古事记》序言记载，天武天皇本人就将修史意义描述为"斯乃邦家之经纬，王化之鸿基焉"②，直观地反映出修史活动的政治性。《日本书纪》基于上述原则和目的编修而成，仿效中国正史中为帝王立"纪"以纲全书的体例，相对完整地勾勒出上至神代天神、下至推古王的倭王世系；还通过"一书曰""或曰"等夹注的方式，将各地豪族的祖先世系纳入文本叙述，为天皇朝廷和各地豪族提供了权力合法性的有效来源。③ 如此直白地服务于现实政治需要乃至直接建构"本朝"皇统世系，凸显出《日本书纪》区别于一般史书的政治性特征。

如此强烈的政治意图，不仅表现在占据《日本书纪》文本重要篇幅、几乎完全基于神话传说的"神代"卷和早期天皇纪等章节，而且表现在文本叙述中对谶纬学说、阴阳五行等知识体系的运用。可以看出，《日本书纪》不仅在编修动机上呈现出历史建构倾向，其文本中也包含了大量几乎超越历史叙述边界而难以视作"信史"的内容。这些内容与动机一起塑造了《日本书纪》史书性格外的又一性格，也就是基于政治意图的历史建构倾向与官修正史的权威地位共同塑造的经典文献性格——"神书"性格。

---

① 韩昇：《日本古代修史与〈古事记〉〈日本书纪〉》，《史林》2011 年第 6 期，第 149~151 页。
② 倉野憲司・武田祐吉校注『古事記・祝詞』、岩波書店、1958、46 頁。
③ 関根淳「成立前後の日本書紀」、山下久夫・斎藤英喜編『「日本書紀」1300 年史を問う』、思文閣出版、2020、11 頁。

无论是"神代"卷中以天皇祖神"天照大御神"为中心建构的天地开辟以来的神祇谱系，还是根据"辛酉革命说"大幅拉长神武天皇及其后数代天皇的即位和生卒年代，这些虚构历史的行为都与制造"本朝"世系以构建天皇权力合法性的政治意图直接相关。① 这些政治意图又与《日本书纪》官修正史的权威性相结合，断绝了政治上证伪这些虚构内容的可能，从而使其进一步区别于一般意义上的史书，成为政治、思想、文化乃至宗教信仰层面的经典文献，或者说"神书"。

中国正史中同样存在历史虚构与建构的影响，《史记》就将"三皇五帝"列入本纪，被《日本书纪》大量模仿的《后汉书》则深受谶纬学说影响。但是，这些正史都未真正超越史书性格的边界。《史记》并非官修史书，所收之神话传说也与现实政治关系薄弱；《汉书》以后的官修正史多遵循不修本朝史的原则，即便难免受现实政治影响，也很少以服务政治为目的。反观《日本书纪》，传说中的神明被塑造为帝王世系的开端，与现实政治相关的诸多文本叙述也不避忌虚构历史。这让人有理由怀疑，或许"神书"而非史书，才是《日本书纪》编纂的真正意图。

当然，政治意图、获得经典地位还是要通过修史活动、依靠官修正史权威实现。《日本书纪》的"神书"性格需要依托史书性格才能成立，二者相辅相成而非相互分立，正如《日本书纪》中对神话传说和真实历史的统合串联。不过，随着律令体制的瓦解与中央权力的演变，推动官方修史活动的现实政治条件不复存在，日本古代的官修正史也在延喜元年（901）修成《日本三代实录》后彻底中断。此后，官修正史的权威性随之衰退，《日本书纪》史书性格的重要性也就不可避免地遭到削弱。

二　《日本书纪》的注释、解读与神道经典化

从结果上看，史书性格重要性的削弱并未对《日本书纪》的"神书"

---

① 〔日〕坂本太郎：《日本的修史与史学》，沈仁安、林铁森等译，北京大学出版社，1991，第5 页。

性格造成直接影响。这主要与两方面因素有关：其一，《日本书纪》中构建的天皇豪族世系仍在影响现实政治，比如自平安时代以来掌握大权的藤原氏正是"神代"卷中所见之"中臣连"的后裔，氏族始祖藤原镰足的功绩也被记载于"皇极天皇纪"中；其二，《日本书纪》中所记载的神话传说为国家神祇祭祀和全国大小神社提供了至关重要的神祇谱系、神德、神格等信仰知识来源，对国家神祇信仰影响深远，特别是与神道体系的紧密关联，让《日本书纪》的"神书"性格日趋显著。

这种关联和重要性直观反映在中世以后的《日本书纪》流传与相关注释书出现等方面。《日本书纪》流传至今的几乎全部版本都出自卜部氏传抄的古写本。① 卜部氏为倭王朝以来的传统氏族，自平安中期起主管神祇官署中的"卜部"并把持"神祇官副"一职，以龟卜道为"家业"。由卜部氏保存并传承《日本书纪》写本本身就揭示出《日本书纪》与神道系统的关联以及其"神书"性格所受的重视。②

在国家权力兴盛的奈良、平安时期，朝廷会定期举行研究《日本书纪》的讲读活动。至国力衰退、官方讲读中止以后，私人注解占据主流。特别是中世以来，对《日本书纪》文本含义以及相关文化、知识、信仰内容的私家注释、解读陆续展开。其中最具里程碑意义的代表性著述是成书于镰仓后期的《释日本纪》、成书于室町中期的《日本书纪纂疏》以及成书于战国时期的《日本书纪神代抄》和《神书闻尘》，它们都与卜部氏直接相关。

《释日本纪》由京都平野神社神主卜部兼方所著，是首部系统注释《日本书纪》之作，通过广泛收集当时尚存的《风土记》、早期讲读博士的私记等古代文献、逸文，结合中国文化与"神佛习合"等知识内容，从考据、训诂、民俗等角度对《日本书纪》进行了深入注解。该书反映出以兼方为代表的卜部氏在《日本书纪》注释研究方面的渊博家学和突

---

① 大野晋「解説」、坂井太郎［ほか］校注『日本書紀　上』、岩波書店、1967、24–33頁。
② 斎藤喜英「『釈日本紀』『日本書紀纂疏』から『神書聞塵』へ」、山下久夫・斎藤英喜編『「日本書紀」1300年史を問う』、82頁。

出贡献，同时标志着卜部氏"《日本书纪》之家"① 地位的形成。

由此开启的《日本书纪》研究在文化高度繁荣的室町中期出现了新发展，其时期的代表便是摄关家"学问巨擘"一条兼良的《日本书纪纂疏》。一条家与卜部氏关系密切，一条实经、一条实家父子曾在《释日本纪》中以问答形式提供注释内容，兼良之父经嗣也接受过卜部氏的《日本书纪》讲义与私记，因此《日本书纪纂疏》深受卜部家学的影响。不过，区别于卜部家学，兼良广泛涉猎日本和中国文化、知识的诸多领域，不仅热衷于辨析因年代久远而晦涩难懂的文本内容，还试图从儒学、佛教、神道统合贯通的"三教一致"宗旨出发，重新解读《日本书纪》特别是"神代"相关的内容。在《日本书纪纂疏》序文中，兼良就清晰地表明了"神灵凭人宣言，圣贤操觚纪载；以三教之可证，知一书之不诬"的注释立场。②

这种立场在先的注释原则对此后的《日本书纪》研究产生了极大影响。受其影响展开的诸多研究中，最重要的莫过于吉田兼俱从"唯一宗源神道"立场出发的"神代"卷注释与讲读。兼俱出生于卜部氏分家吉田家，该家因世袭京都吉田神社祠官而得名。兼俱出任神祇官副时正逢"应仁之乱"，却在乱世之中力保家业不衰，而且通过讲学与著书立说，推动了"唯一宗源神道"即吉田神道的形成和"吉田神道家"地位的确立。可以说，兼俱的言行著述对后世日本神道理论与宗教祭祀活动产生了决定性影响。

在兼俱及其门徒留下的十数种《日本书纪》讲义、记录、注释书中，由其亲笔撰写的《日本书纪神代抄》和相国寺僧人景徐周麟记录的兼俱讲义《神书闻尘》两部价值最高。两书都反映出兼俱根据"种子枝叶花实说"——由兼俱开创的以神道为根源，统合儒、佛、神三教的"唯一宗源"思想——对"神代"卷内容进行重新解读的努力。③ 兼俱的神道理

---

① 春瑜『日本書紀私見聞（春瑜本）』、貴重図書複製会、1938、6頁。

② 神道大系編纂会編『神道大系　古典註釈編（三）』、神道大系編纂会、1985、147頁。

③ 金沢英之「吉田兼俱による『日本書紀』研究の基礎的考察（二）　兼俱〈抄〉の分析」、『北海道大学文学研究科紀要』2017年第1号、81-111頁。

论与《日本书纪》注释，既是中世以来神道思想体系随现实政治演变的结果①，也推动了"神书"性格在《日本书纪》流传过程中重要性的不断提高。此外，兼俱还将《日本书纪》与《古事记》、《先代旧事本纪》并列为神道"三部本书"，并认为"旧事、古事二书，加编者之语，以为穿凿"，而《日本书纪》"唯述神语，不加私语，以故为最上"。② 不受编者干扰的"神书"性格在兼俱及后世吉田神道家的《日本书纪》观中占据何等重要地位，由此可见一斑。

事实上，从卜部兼方、一条兼良到吉田兼俱的中世《日本书纪》注释研究，出现了某种从"我注六经"到"六经注我"式的转变。原本作为《日本书纪》解读工具的神道观念和知识，在与儒学、佛教的持续统合过程中，也逐步形成了以《日本书纪》为材料的思想体系，并进一步奠定了其"神书"性格的主导地位。

三　近世儒学视野下的神道思想与林罗山的"神书"观

进入近世之后，一方面，以吉田（卜部）神道为代表的中世神道依然持续发展，并在儒、佛、神"三教一致"思想的影响下，衍生出诸多"神儒合一"式的神道思想类别。其中，由山崎暗斋学派开创的"垂加神道"甚至对幕末、近代的国家神道产生了巨大影响。这些儒学视野下的神道思想主要来自吉田神道，相关论述也会触及对《日本书纪》"神代"卷的解读，并沿袭兼俱以来对"神书"性格的偏重。

另一方面，统一政权江户幕府的建立与"元和偃武"结束了日本的长期战乱，如何稳定治理国家成为新兴武家政权的主要课题。利于统治的儒家思想在日本得到广泛宣扬，基于巩固统治权威、构建合法性等政治意图的修史活动也陆续展开，客观上推动了《日本书纪》史书性格在文化人阶层的"回归"。在《日本书纪》研究方面，不以"神书"性格为先

---

① 阿部泰郎「中世王権と中世日本紀　即位法と三種神器説をめぐり」、『日本文学』1985 年第 5 号、31–45 頁。

② 吉田兼俱『日本書紀神代抄』、国民精神文化研究所、1938、1 頁。

决条件、基于双重性格前提的研究也得以再次出现，近世大儒林罗山便是其中的代表。

林罗山（1583～1657 年），本名道春，号罗山，自幼好学并师从京都学派大儒藤原惺窝，对宋明儒学特别是程朱理学、阳明心学等理解精深。作为儒者，林氏学识渊博、著述极多，而且积极出仕，直接参与江户幕府内政、外交、礼仪教化等方面的诸多工作，对儒家思想在近世日本政治中的运用贡献颇多，林家也在其努力下成为幕府的御用儒学世家。

林罗山对神道思想亦不陌生。庆长九年（1604），年仅 22 岁的林罗山就曾向"得卜部、清原两家传授"的"东山老僧"学习神道。① 清原家传承的清家神道，正是源自吉田神道的儒家神道学说，由朝廷儒学世家的清原家养子、吉田兼俱之子清原宣贤（1475～1550 年）所创。此后，林罗山创作了大量与神道思想、理论以及神社考察相关的著述，更提出以程朱"理气"观为基础、神儒合一式的"理当心地神道"。在《神道传授抄》一书中，他对这一神道思想做出了明确定义：

> 此神道实则王道也。心之外无别神，无别理。心清明乃神之光也，行迹正乃神之形也，政道行乃神之德也，国之御乃神之力也。此自天照大神所传，神武天皇以来代代帝王一人所独知之事也。帝王年幼，则由左右大臣、摄政关白奉命代为传授也。或云，近代以来知此道者寡也。②

可见，林氏宣扬的神道思想其实是治国安邦的"王道"思想，本质上是儒家政治理论的神道"转译"。甚至可以说，他关注的并非"神"，而是王权教化的唯一性与绝对性。另外，据各书序跋可知，其神道著述中最重要的《神道传授抄》《神道要语》等书，其实是在时任幕府"大老"

---

① 鈴木健一『林羅山年譜稿』、ぺりかん社、1999、18 頁。
② 神道大系編纂会編『神道大系論説編二十　藤原惺窩・林羅山』、神道大系編纂会、1989、343 頁。

酒井忠胜的授意下创作而成，《本朝神社考》的成书也与幕臣阁僚有关。①
也就是说，林罗山进行神道研究的目的并非卜部家式的宗教或学问传承，
而是满足幕府政治人物的实际需要。

仅就著述中的神道思想而言，林罗山提倡的"神儒合一"也与以神
道为中心的"三教一致"观念不尽相同。林罗山认为"神道人道一理"
"民为神之主"②，乃是利用神道路径来实现儒家政治理想。在辨析神祇谱
系和神话传说时，他注重参照中国古代的文化知识体系，甚至根据理气
论，将太极一气与国常立尊、天地阴阳与男神女神等内容进行比较分析，
由此可见其"儒本神末"式的研究立场。③ 不过，在神道相关著述中，林
罗山广泛引述吉田神道的观点，并且未受自身"排佛"立场影响，将佛
教主导的"神佛习合"神道思想纳入著述。石田一良等学者认为，如此
兼容式的神道观，其实是林氏在认识到这些神道思想地位崇高、影响巨大
之后所采取的"从俗教化"式儒教传承。④ 换言之，林罗山进行神道研究
的真实意图是宣扬儒家思想、影响政治活动，神道不过是其注解儒家思
想、实现"从俗教化"的参照物和工具而已。

比如，《神道传授抄》中论及"神道书籍"，林罗山以三部神书"皆
是以日本之词意合于汉字之义理以读解之"为由质疑卜部家"神代文字"
说，以此强调汉字与朱子学在日本的文化正统地位。林罗山在《神道秘
传折中俗解》中论及"三部本书"，一方面沿袭吉田兼俱的观点，另一方
面则将《日本书纪》的文本构成与易数对应："第一、第二神代（卷）以
象日月，后余二十八卷以象二十八星宿，合为三十卷以象一月之日数"，
"第一记天神，第二记地神，第三至终卷记人皇，一部之内汇足天、地、
人之三才"。如此对应，实际上是以"神书"之表阐述易数之理，将《日

---

① 石田一良「解題」、神道大系編纂会編『神道大系論説編二十　藤原惺窩・林羅山』、46 頁。
② 林羅山「神道伝授抄」、神道大系編纂会編『神道大系論説編二十　藤原惺窩・林羅山』、
33 頁。
③ 林羅山「神道秘伝折中俗解」、神道大系編纂会編『神道大系論説編二十　藤原惺窩・林羅
山』、432-440 頁。
④ 石田一良「解題」、神道大系編纂会編『神道大系論説編二十　藤原惺窩・林羅山』、47-51
頁；堀勇雄『林羅山』、吉川弘文館、1964、410-425 頁。

本书纪》的"神圣性"置于中国传统学问体系之下。

此外，林罗山曾撰《神易勘合》一文，原因是"常读日本纪神代卷，聊觉合易道"。在文中，他不仅将神代诸神与太极两仪、阴阳五行、八卦一一对应，甚至试图"以（伊弉）诸尊拟先天（八卦），以天照太神拟后天（八卦）"。[①] 这种以儒家知识体系对应神祇地位、诸神性格的行为近乎消遣，却也解构了中世以来《日本书纪》"神代"卷与神祇谱系的绝对权威和崇高地位。可见，《日本书纪》的"神书"性格在林罗山眼中已不再具有主导地位。

四　林罗山的史学立场与《日本书纪》观

当然，林罗山对《日本书纪》的认知远不止"神书"性格。在其神道论述中，他也曾指出编修《日本书纪》之功在于保存历史："若无舍人（亲王）此书，后世将何以考古昔之事也。"[②] 同时，林罗山并不认可《日本书纪》不可证伪的宗教经典地位，甚至否认《日本书纪》中天地开辟、诸神诞生、天孙降临等神话的真实性[③]。林氏以"太伯起源说"注释神武天皇传说之事，就鲜明地表达了这一态度。

"太伯起源说"指以《史记·吴太伯世家》中"太伯避居海外"的传说为依据[④]，将吴太伯视为日本始祖乃至初代神武天皇的学说。林罗山在《倭赋》《神武天皇论》等作品中谨慎地表达了对此说的支持[⑤]。由于"太伯起源说"与中国礼教、儒家正统直接相关，学界一般认为林罗山的支持态度是其推崇中华文化、儒家思想立场的延续，认为其意图借助儒家思想重构日本王权的正统性。对此，我们虽难以否认林罗山提倡"太伯

---

① 神道大系編纂会編『神道大系論説編二十　藤原惺窩・林羅山』、376、430、425 頁。
② 林羅山「神道秘伝折中俗解」、神道大系編纂会編『神道大系論説編二十　藤原惺窩・林羅山』、431 頁。
③ 石田一良「解題」、神道大系編纂会編『神道大系論説編二十　藤原惺窩・林羅山』、47 頁。
④ 《史记》卷三十一《吴太伯世家》，中华书局，1982，第 1445 页。
⑤ 林羅山「倭賦」、「神武天皇論」、京都史蹟会編『林羅山文集』、京都史蹟会、1979、4、156 頁。

起源说"与其尊崇孔子、仰慕先秦礼教之间的关联，但他认同"太伯起源说"而不信《日本书纪》神话传说的立场不应被简单视作基于儒学立场的历史建构。《日本书纪》本身的史书性格以及林氏本人的史学立场，可能才是更加直接和重要的影响因素。

如前所述，《日本书纪》中的神话传说并非真实信史，而是出于构建帝王世系的政治意图才成为官修正史，并因"神书"性格的重要性而成为经典文献。那么，对并不认可《日本书纪》"神书"性格的林罗山而言，就算对显非信史的"神代"卷尚可不予置评，但对本朝初代统治者神武天皇事迹进行合乎情理的解释或推测实属理所当然。这恐怕是林罗山的一贯立场，朝鲜使节来访日本时，林氏也曾因檀君神话和箕子传说不载于"中华历代之史"而提出质疑。① 事实上，如果从重视考据的史学立场出发，即便不考虑儒家思想等因素，以载于史册的太伯传说对应缺乏信史记载的神武天皇也有其合理性和可信性。林罗山对"太伯起源说"的提倡，正是基于这一史学立场。林罗山在《神武天皇论》一文中有如下论述：

> 按，诸书以日本为吴太伯之后。夫太伯逃荆蛮，断发文身，与交龙共居。其子孙来于筑紫，想必时人以为神，是天孙降于日向高千穗峰之谓乎。当时国人疑而拒之者或有之欤，是大己贵神不顺服之谓乎。以其与交龙杂居，故有海神交会之说乎。其所赍持而来者，或有坟典、索丘、蝌斗文字欤，故有天书、神书、龙书之说乎。以其三以天下让，故遂以三让两字揭于伊势皇太神宫乎。②

林罗山参考前人研究，将《日本书纪》的神话叙述与太伯传说逐一对应。同文中，他还依据"形而上者谓之道，形而下者谓之器"的理论，将三种神器解释为智、勇、仁三德。这虽有过度解读之嫌，却并非罔顾事实之谈，属于合理推测的范围。此外，林氏举出禅僧中岩圆月因引太伯之

---

① 林羅山「寄朝鮮国三官使」、京都史蹟会編『林羅山文集』、156 頁。
② 林羅山「神武天皇論」、京都史蹟会編『林羅山文集』、280-281 頁。

说注《日本书纪》而遭焚书一事，以之为诚，同意"只从日本纪之旧仪，而敬我邦固有之神皇，不亦可乎"的建议，并指出：

> （太伯等说）诚是上世之远也，不易详知也。余今生乎千载之下，叨叨及此，子之驳余固宜。虽然，论于门者，论于朝廷者，古之人行之。孔子之作春秋，记用周正，其告颜子，则以行夏之时，有公有私，并行而不相悖也。若使余读日本纪，何必敢为哉。[1]

可见，林罗山虽认同"太伯起源说"，却并无将其树立为正统历史叙述的想法，对其真伪亦存考据层面的谨慎态度。这清晰地反映出林罗山重视《日本书纪》的史书性格且以之为研究前提的史学立场。林罗山之子林恕（号鹅峰）在编辑《罗山先生文集》时，将其父关于早期天皇的数篇论述合为一节，并写下按语：

> 先生常有欲修国史之志，试作此论。然文献不足，且宇多、醍醐（天皇）以后无实录，而稗史小说所记多可疑者，未遑讨论，故其志不遂而罢。[2]

林罗山对修史、论史既热衷又谨慎的史学立场，据此显露无遗。三代将军德川家光主政时期，林罗山深受器重，不仅在幕府编修武士阶层家谱《宽永诸家系图传》之时参与其中并撰写总序，而且根据将军之命主持编修了以上古国史为内容的《本朝编年录》，该书后经林鹅峰续编而成《本朝通鉴》。基于史学立场的言论以及相应的史书编修经历，足以说明林罗山对史学研究的热忱与志向。堀勇雄等学者将林罗山的史学研究归纳为三点：一是承袭儒家史观的统治阶级（武士阶层）立场与道德教化原则，二是史料收集与考据学倾向，三是基于朱子学"万事皆有理"对历史论

---

[1] 林羅山「神武天皇論」、京都史蹟会編『林羅山文集』、282 頁。
[2] 林鵞峰「天皇論按」、京都史蹟会編『林羅山文集』、286 頁。

证的合理化解释。① 以太伯赴日传说合理化天孙降临神话，正是其史学研究立场的如实反映。

从《本朝编年录》的编纂方针与成书体例上也能够看出林罗山在史料匮乏的前提下，坚持考据学立场的史学研究倾向，其中之一正是对《日本书纪》非神话叙述的基本信任。《本朝编年录》"持统天皇纪"完成之后，林罗山将已成书部分先行献上，并作编后记：

> 《本朝编年录》自神武至持统，合为四册，是因钧命所新撰也。据舍人皇子"纪"提其纲，纂其要，参之"旧事""古事"二记，且三书所漏之事迹多多，杂出于凡家乘、别录、稗官野史、倭歌之说、方外之书，加之中华历代史书亦载我国事者间有之。今涉猎搜索以记于某世某年某月之下，其所援引者，都七十部也。此书全成者，犹可经岁月，故先且缮写献上焉。时宽永二十一年十月十四日。②

在《本朝编年录》这样一部由将军授命、具有官修正史地位的史书编修过程中，林罗山选择以《日本书纪》为纲，参考另外两部"神道本书"，并引包括"中华历代史书"在内的 70 部史籍作为注解，足见其对《日本书纪》正史地位和史料价值的肯定。以神武天皇而非"神代"卷的天地神祇为本朝正史之开端，表明林罗山对神话传说"非信史"性格的判断，以及对《日本书纪》"神书"性格的不予置评。另外，结合其基于神道立场的《日本书纪》观可知，《日本书纪》的双重性格对林罗山而言相对独立，"神书"性格及其主要依托的"神代"卷是林罗山神道著述的研究对象。而当他基于史学立场注释或引用《日本书纪》时，就会专注于反映《日本书纪》史书性格的文本内容。

林罗山对《日本书纪》双重性格的明确认识，尤其是其基于史学立场的《日本书纪》解读，对江户时代日本的修史活动产生了显著的影响。

---

① 堀勇雄『林羅山』、350-356 頁。
② 林羅山「題本朝編年録持統紀末」、京都史蹟会編『林羅山文集』、650 頁。

除林罗山、林鹅峰父子主持编修的《本朝通鉴》之外，知名的纪传体史书《大日本史》同样将神武天皇作为日本国史的开端，此后编修的大多数史书也遵循了这一立场。林罗山作为幕府认可的儒学世家"林家"的开创者，其史学立场不仅直接影响了幕府官方的修史活动，也潜移默化地奠定了江户时代的修史原则。

结　语

《日本书纪》史书、"神书"双重性格的形成，始于编修之初确立倭王世系的神圣与正统、构建天皇权威的现实政治意图。由此形成的政治、思想、宗教层面的经典文献（神书）性格，在世袭神祇职卜部家对《日本书纪》的独家传承之下，历经中世以来注释研究的发展特别是吉田神道思想的推动，逐步占据了普遍认知中《日本书纪》观的主导地位。

需要指出的是，虽然林罗山融合"神儒合一"观念与史学研究立场，提出了以双重性格分立为前提的《日本书纪》解读范式，但这只是少数深受中华文化影响、谙熟史学传统的日本儒者的立场。事实上，在近世的《日本书纪》解读活动中，"神书"性格依然占据着主导地位，就连林罗山本人也在受托论述神道时奉其为圭臬。林氏以"从俗教化"来宣扬儒家思想的道路，也并不如基于神道立场整合儒家思想的其他儒学神道思想那般影响深远。

近世后期乃至近代以降，尊王思想与国家神道的不断发展强化了《日本书纪》的"神书"性格与经典权威，《日本书纪》的内容甚至一度不可置疑，更遑论学术讨论。如此罔顾历史的表象背后充斥着新兴帝国的傲慢与军国主义的癫狂。直到日本战败，这些傲慢与癫狂终结，基于史学立场的《日本书纪》考证与解读才重新成为主流。时至今日，《日本书纪》虽早已恢复了其本来的历史文献性格，但在延续至今的天皇制、国家礼仪乃至大小神社的宗教活动中，我们依然可以发现，《日本书纪》作为"神书"的影响还在发挥着重要且不容忽视的作用。

（审校：郭佩）

《日本书纪》"神代"卷的世界结构刍议

龚　卉[*]

内容提要:《日本书纪》是日本最古老的国史,其"神代"部分流传广泛,影响深远。《日本书纪》"神代"卷编纂的一大特点是在"本文"之外,还保留了大量不同说法记载的"一书曰"。根据"本文"与"一书曰"不同关系类型,梳理"神代"卷与世界结构相关词语,可归纳出三个特点:一是世界结构的模糊和多变;二是在世界结构的认识上可分为两个阶段;三是《日本书纪》在垂直型世界结构之外,还有一个平行型世界结构。通过梳理上述特点的形成过程,可以看到古代东亚世界内部的文化系统不断扩大、相互交流的过程。

关　键　词:日本书纪　"神代"卷　"本文"　一书曰　世界结构

《日本书纪》和《古事记》中记载的神代记事是古代日本人对世界、万物的诞生,以及国家出现和天皇、贵族谱系的理解。

古代日本人在想象世界之时,既有中国式的"天圆地方""二十八星宿为天之体"的说法①,也有用"呼吸"解释世界形成并指出天地有其寿命的观点②,

---

* 　龚卉,历史学博士,北京联合大学应用文理学院助理研究员,主要研究方向为中日交流史、日本史学史。

① 　例如,室町时代由贺茂氏编纂的历书《历林问答集》中就引用了许多中国典籍,认为天地是"天大而包地外,地少而居于天内",还有"天圆而动,地方而静"等内容。

② 　例如,江户时代谷川士清编纂的《倭训刊》中就记载了"天地之寿数十二万九千六百年,其息昼夜二呼二吸也",将潮汐等自然现象理解为天地之呼吸所引起的。

更有用神灵等较为神秘的力量解释世界的思想①。江户时代服部中庸的《三大考》所进行的解读对理解神代世界构成具有重要意义。有学者指出，《三大考》的稿本上有不少本居宣长修订的内容，正式出版本中还根据本居宣长的意见对较为重要的基础观点做过修订，因此可以认为《三大考》在一定程度上也反映了本居宣长的世界构成观。②《三大考》问世之后引起了江户时代学者们的广泛讨论，比如平田笃胤的《三大考辩辩》对《三大考》进行补充而发展为后来的《真灵柱》③，还有本居大平的《三大考辩》等对《三大考》的批判和驳斥④。即便到了今天，也仍有不少研究者继续关注这一问题。⑤ 在《三大考》中，服部中庸用十幅图展现了从诸神诞生于虚空到天孙降临的一系列过程和活动空间，在序言中指出书名中的"三大"即天、地、泉三者。服部重点解释了《古事记》记载的神代空间，大致是虚空中形成的垂直结构，由上到下依次是天、地、泉，并相应地形成了天照大神治理的高天原、天孙及其后裔治理的地（皇国）和月读命治理的黄泉国度的格局，三大区域最初有通道相连，后来逐渐隔断，成为三个独立的区域。⑥ 这一世界结构的影响较大，今天仍

---

① 例如，《日本书纪》《古事记》用诸神的行动来解释昼夜的交替、人的出生和死亡以及其他自然现象。再如，中世的《吾妻镜》以神佛为世界历史的主导；《神皇正统记》开篇写道："大日本者神国也"，认为天祖与日神是日本社会和历史的根源。

② 西川順土「三大考を中心とする宇宙観の問題」、神宮皇學館編『肇国文化論文集』、神宮皇學館、1941、335-372 頁。

③ 平田篤胤『三大考辯々』、平田篤胤全集刊行会編『新修平田篤胤全集　第 7 巻』、名著出版、2001。除《古事记》之外，平田笃胤还参考了大量其他古籍记载，相较于《三大考》将天、地、泉三者分割的格局，平田认为地与泉是相连的，且将出现在地上的国之底立神等移动到泉国。

④ 以本居大平为代表，本居宣长的弟子后人中有一部分人反对《三大考》中将"月"等同于"泉"以及将素戈鸣尊与月读命视为同一神的说法。

⑤ 参见金沢英之「宣長と『三大考』」、『国語と国文学』1997 年第 3 号、39-53 頁；金沢英之『宣長と『三大考』—近世日本の神話的世界像—』、笠間書院、2005；金沢英之「三大考論争—神話的世界像の終焉と『古事記』のあらたな始まり—」、神野志隆光編『古事記の現在』、笠間書院、1999；中西正幸「三大考以後」、『國學院雑誌』1973 年第 11 号、83-94 頁；西川順土「三大考の成立について」、『皇學館大学紀要』1972 年第 10 号、193-211 頁；森瑞枝「三大考—地図の上の宇宙論—」、『鈴屋学会報』1997 年第 14 号、31-47 頁；西川順土「三大考を中心とする宇宙観の問題」、神宮皇學館編『肇国文化論文集』、神宮皇學館、1941。

⑥ 服部中庸『三大考』、本居宣長『古事記伝（十七附巻）』、永楽屋東四郎、1844。

有很多研究是基于此展开的。[①]

综上可知，研究者多将"记"（《古事记》）和"纪"（《日本书纪》）并举来讨论"记纪"的神代世界，或重点讨论《古事记》的神代世界构成。相比《日本书纪》成书之后对日本文化和社会产生的重要意义而言，专门对《日本书纪》的神代进行研究的成果较少。实际上，《日本书纪》作为日本第一部严格意义上的官修国史，一直是日本最重要的经典文献之一，相关研究"几乎未曾断绝"[②]，对日本各时期的思想观念具有重要影响。《日本书纪》与《古事记》有关神代的纪事共同构成了日本经典中的诸神世界，但两者在体裁、编纂目标、与汉籍关系等方面存在明显差异，《日本书纪》在编纂过程中形成了独具特色的世界想象。从东亚区域史的角度考察《日本书纪》"神代"卷的世界构成，不仅可以深化对《日本书纪》的认识，还有助于更好地理解古代日本人的观念世界和日本文化底色。

一 《日本书纪》的性质

《古事记》和《日本书纪》常被并称为"记纪"，"记纪"神话奠定了古代日本人思考和观察世界的基础。这两部书对神代记载的大框架相近，但又存在明显的区别。

《日本书纪》全书以汉文编年体的形式、模仿《春秋》等中国史书编辑而成。《日本书纪》在文本上的一大特点是在"本文"之外有数量众多的"一书曰"。不同于《古事记》较为清晰的神代记事脉络，《日本书纪》的神代记事显得"千头万绪"而难以统一于一个体系，这可能也是

---

① 相关的论文有：都倉義孝「古代王権の宇宙構造—『古事記』三貴子分治神話をめぐって—」、『早稲田商学』第 281 号、1979；後山智香「日本神話における『異界』との関係性」、『京都語文』2008 年第 15 号。前者将世界构成与现实王权的关系相结合，后者从空间角度讨论了作为"异域"的"海原""根国"等与地上的"苇原中国"的关系。

② 渡辺正人「日本思想史における『日本書紀』—『日本書紀』注釈史をめぐって—」、『聖学院大学総合研究所紀要』2000 年第 17 号、181 頁。

研究者较少专门针对《日本书纪》神代记事来讨论空间问题的一大原因。① 正因为《日本书纪》所具有的特性，在讨论具体问题时首先要对其性质进行说明，下面将从成书过程及目标、"本文"与"一书曰"之间的关系这两个方面进行讨论。

首先，关于《日本书纪》的成书过程及编纂目的。《续日本纪》养老四年（720）记载，"先是一品舍人亲王奉敕修日本纪，至是功成。奏上纪三十卷、系图一卷"，据此一般认为《日本书纪》成书于720 年。此外，与《日本书纪》编纂相关的史料还有以下几条。一是《日本书纪》天武天皇十年（681）丙戌条："令记定帝纪及上古诸事。大岛、子首亲执笔以录焉。"二是《续日本纪》和铜六年（713）五月甲子条："畿内七道诸国郡乡名著好字。其郡内所生。银铜彩色草木禽兽鱼虫等物。具录色目。及土地沃瘠。山川原野名号所由。又古老相传旧闻异事。载于史籍言上。"② 三是和铜七年（714）二月戊戌条："诏从六位上纪朝臣清人。三宅臣藤麻吕。令撰国史。"③ 坂本太郎在校注岩波书店版《日本书纪》时提出，从天武十年编纂"帝纪及上古诸事"到养老四年完成《日本书纪》是一个长期的系统工程。④ 太田善吕、山田英雄等人则进一步提出《日本书纪》的编纂者应当是渡来人系的史官。

《日本书纪》使用汉文编纂，综合考察天武天皇即位之后的国内形势和日本在同时期的国际交往情况，可以推断《日本书纪》的编纂既是确立统治正当性、维护天皇权威的需要，也是日本积极参与东亚区域国际交往并增强自身影响力的一种努力。对此，很多相关研究已有详细论述，在

---

① 津田左右吉认为《古事记》较为完整地保留了"帝纪旧辞"的原样，传达了神代故事原有的意涵。桥本增吉在讨论《日本书纪》和《古事记》的异同时认为，《古事记》的神代部分保留了能够直接反映日本固有思想、信仰的语言，相对而言更为古老。参见津田左右吉『日本古典の研究　上』、岩波書店、1948、319-320 頁；橋本増吉「古事記と日本書紀」、橋本増吉『神典と日本精神』、平凡社、1941、100-137 頁。

② 『続日本紀』、経済雑誌社、1917-1918、79 頁。

③ 『続日本紀』、83 頁。

④ 参見「解説」、『日本古典文学大系 67　日本書紀』、岩波書店、1967、3-71 頁。

此不再赘述。①

其次，关于"本文"与"一书曰"的关系。以"一书曰"的形式收录各种来源或多版本的内容是《日本书纪》在编纂方面极为突出的特点，在"神代"卷中体现得尤为突出。如"天地开辟"篇包含六条"一书曰"，"大八洲诞生"的"生国"传说包含十条"一书曰"，"四神诞生"篇包含十一条"一书曰"。根据"一书曰"与同段"本文"在内容上的关联，大致可分为三种类型。

第一，补充型。主要是对同段"本文"中的同一事物对象的记载进行辅助且不矛盾的补充，一般为神名的不同写法、不同叫法或对众神相互关系的补充等。如"神代"上卷第一段"天地开辟"篇的"本文"部分提到天地分开之后，在天地之间出现了国常立尊、国狭槌尊和丰斟渟尊三位"乾道独化"之神，本段第一个"一书曰"就补充了关于天地开辟的描述以及神名的其他说法：

> 古天地未剖、阴阳不分、混沌如鸡子、溟涬而含牙。及其清阳者、薄靡而为天、重浊者、淹滞而为地、精妙之合抟易、重浊之凝竭难。故天先成而地后定。然后、神圣生其中焉。故曰、开辟之初、洲壤浮漂、譬犹游鱼之浮水上也。于时、天地之中生一物。状如苇牙。便化为神、号国常立尊。至贵曰尊。自余曰命、并训美举等也。下皆效此。次国狭槌尊。次丰斟渟尊。凡三神矣。乾道独化。所以、成此纯男。

> 一书曰、天地初判、一物在于虚中、状貌难言。其中自有化生之神、号国常立尊、亦曰国底立尊。次国狭槌尊、亦曰国狭立尊。次丰国主尊、亦曰丰组野尊、亦曰丰香节野尊、亦曰浮经野丰买尊、亦曰丰国野尊、亦曰丰啮野尊、亦曰叶木国野尊、亦曰见野尊。②

---

① 相关研究可参考韩昇《日本古代修史与〈古事记〉〈日本书纪〉》，《史林》2011 年第 6 期；瀬間正之「日本書紀開闢神話生成論の背景」、『上智大学国文学科紀要』2000 年第 17 号；津田左右吉『日本古典の研究　上』、岩波書店、1948。

② 『日本古典文学大系 67　日本書紀・神代上』、77 頁。

第二，扩展型。主要是在同段"本文"的基础上，增添新的关键内容，包括神话空间世界、生神种类或故事情节等。与补充型"一书曰"不同的是，扩展型"一书曰"记载了同段"本文"中未出现的事物对象，但其内容一般与"本文"记载并不冲突。仍以"天地开辟"第一段"本文"为例，其第四个"一书曰"在"本文"的三神基础上又增加了三神，即天御中主尊、高皇产灵尊、神皇产灵尊，以"又曰"的形式引出相关内容。这里的第四个"一书曰"与《古事记》的记载高度一致：

> 一书曰、天地初判、始有俱生之神。号国常立尊。次国狭槌尊。又曰、高天原所生神名、曰天御中主尊。次高皇产灵尊。次神皇产灵尊。①

第三，相异型。主要指"本文"与"一书曰"对同一事物对象的记载内容出现矛盾或不一致的情况。再以第一段"本文"为例，第二个"一书曰"就将天地开辟之后初生之神由"国常立尊"改为"可美苇牙彦舅尊"。

根据上述划分方法，《日本书纪》"神代"卷的全部"一书曰"分类如表1所示。

表1　《日本书纪》"神代"卷"本文"与"一书曰"的关系类型

本文段落	补充型	扩展型	相异型
第一段	①⑤	④	②③⑥
第二段	①	②	
第三段			①
第四段	②③④⑤⑥	⑩	①⑦⑧⑨
第五段	①	②③④⑤⑥⑦⑧⑨⑩	⑪
第六段			①②③
第七段			①②③
第八段		①④⑤⑥	②③
第九段	⑥	②③④⑦⑧	①⑤
第十段	②		①③④
第十一段	②		①③④

注：数字为该段"一书曰"的序号。

---

① 『日本古典文学大系67　日本書紀・神代上』、79頁。

　　《日本书纪》中，"本文"部分的内容一般较为连贯且统一，但"一书曰"的性质不一，所记内容更为丰富。坂本太郎指出，诸多的"一书曰"恰恰反映了《日本书纪》编纂者对日本神代记述的慎重态度。① 主要针对津田左右吉提出的《日本书纪》"造作说"，围绕"一书曰"是编纂时就已存在还是后来增补的问题，坂本太郎对"一书曰"于《日本书纪》成书时就已存在的观点持肯定态度。总体来看，这一观点应当是合理的，"一书曰"填补了"本文"所不具备的许多关键内容，完善了古代日本人对世界的想象和对旧俗的解释，如第五段"本文"的"一书曰"②和⑪加入了对古代农作物和桑蚕来源的说明②，第五段"一书曰"⑥以伊奘冉尊和伊奘诺尊之间"吾当缢杀汝所治国民日将千头""吾则当产日将千五百头"的誓言来解释人之生死与人口繁衍等。《日本书纪》成书于日本律令制国家形成初期，此时也是日本国史编纂模仿中国史书的初期阶段，在体例、内容上难免存在不完善和缺漏之处，因此造成"本文"与"一书曰"之间也存在一些矛盾之处。例如，第九段"天孙降临"段，"本文"中以高皇产灵尊为中心的活动，在第九段"一书曰"①中则表现为以天照大神为中心的记载。③

　　可见，《日本书纪》包含分属不同神话体系的神代叙事和世界想象，在分析讨论《日本书纪》的世界结构，需要区分"本文"与"一书曰"的记载。

---

① 坂本太郎『六国史』、吉川弘文館、1989、60-63 頁。

② "一书曰"②记载："轲遇突智娶埴山姬、生稚产灵。此神头上生蚕与桑。脐中生五谷。""一书曰"⑪记载："保食神、乃回首向国则自口出饭。又向海、则鳍广鳍狭亦自口出。又向山、则毛粗毛柔亦自口出。"参见『日本古典文学大系 67　日本書紀·神代上』、89、101 頁。

③ 第九段"本文"记载："皇祖高皇产灵尊……遂欲立皇孙天津彦彦火琼琼杵尊、以为苇原中国之主……故高皇产灵尊召集八十诸神、而问之曰……故高皇产灵尊、更会诸神、问当遣者……是后、高皇产灵尊、更会诸神、选当遣于苇原中国者……于时、高皇产灵尊、以真床追衾、覆于皇孙天津彦彦火琼琼杵尊使降之。""一书曰"①记载："天照大神敕、天稚彦曰丰苇原中国、是吾儿可王之地也。然虑、有残贼强暴横恶之神者。故汝先往平之……既而天照大神、以思兼神妹万幡丰秋津媛命、配正哉吾胜胜速日天忍穗耳尊为妃、令降之于苇原中国……故天照大神、复遣武瓮槌神及经津主神、先行驱除……故天照大神、乃赐天津彦彦火琼琼杵尊、八坂琼曲玉及八咫镜、草薙剑、三种宝物……因敕皇孙曰、苇原千五百秋之瑞穗国、是吾子孙可王之地也。宜尔皇孙、就而治焉。行矣。宝祚之隆、当与天壤无穷者矣。"参见『日本古典文学大系 67　日本書紀·神代上』、135-147 頁。

二　"神代"卷中与世界结构相关的词语

语言作为一种符号具有社会性，不能脱离它们所依存的社会，在《日本书纪》世界结构词语的背后也是孕育该语言的社会和文化系统。《日本书纪》成书之际，日本尚未形成有体系的本国语言文字，这使得编纂《日本书纪》所采用的汉字成为读者阅读的一大障碍，为了让后世读者能够准确掌握文意，文本中标注了许多"训注"。[①] 训读本身就已包含了训注者的理解，同一汉文词语的训读方法往往不尽相同、较难统一，因此需要根据《日本书纪》"神代"卷部分的汉字表记对相关词语进行整理。《日本书纪》"神代"卷中与世界结构相关的空间类词语是后世讨论的重点对象，本文以天地、宇宙等较为抽象的概念词语为主，其他诸如筑紫州、日向国等对应某行政区划的具体地名在此暂不讨论。这些词语根据其出现于"神代"卷的位置，大致可分为三类。

（一）仅出现在"本文"中的相关词语

只在《日本书纪》"神代"卷"本文"部分出现且与世界结构相关的词语，主要有"宇宙"和"沧溟"两者。

"宇宙"一词在"神代"卷中只出现了一次，且出现在第五段"三贵子诞生"篇的"本文"之中。其原文内容为："此神（素戋鸣尊）、有勇悍以安忍。且常以哭泣为行。故令国内人民多以夭折。复使青山变枯。故、其父母二神、敕素戋鸣尊、汝甚无道。不可以君临宇宙。固当远适之于根国矣。遂逐之。"[②]《淮南子·齐俗训》中解释"往古来今谓之宙，四

---

① 对《日本书纪》训注的考察是日本国文学者的一个重要研究方向。从江户时代起就有以河村秀根为代表的学者对训注是不是原书固有内容这一问题进行过诸多讨论，河村认为训注主要是后人添加的内容而非成书时所有。后来，太田善麿等人继续讨论该问题，太田则倾向于认为大多数训注是编纂者所加。近年来的研究成果中，中野谦一进一步肯定训注是成书时添加的观点，且认为添加训注主要是为了让读者能够正确理解汉文的意思。参见太田善麿「日本書紀の分註に関する一考察」、『帝国学士院記事』1947 年第 1 号；中野謙一「日本書紀訓注の機能」、『学習院大學人文科学論集　XI』、2000。
② 『日本古典文学大系 67　日本書紀·神代上』、89 頁。

方上下谓之宇",这是中国古代用于概指整个世界的常用词语,在经史典籍中大量出现。在 14 世纪的《日本书纪》抄本"乾元本"、"吉田本"和"丹鹤本"① 中,"宇宙"的训读被标注为"アメノシタ",这与"天下"的训读方式一致。值得参考的是,"岩崎本"②《日本书纪》推古十二年(604)夏四月条中将"国家永久社稷勿危"的"国家"训读为"アメノシタ",再结合原文将"宇宙"与"根国"相区分,可以说《日本书纪》此处的"宇宙"较为接近"天之下"和日本国家的意思。

"沧溟"在《日本书纪》全书中也只出现了一次,即出现于第四段"本文",原文为:"矛、指下而探之、是获沧溟。"③ 在中文典籍中,"沧溟"常用于泛指海洋,这是较为常见的表现词语。"沧溟"的训读为"アオウナバラ",根据同段的下文内容,伊奘冉尊和伊奘诺尊在天浮桥上以天之琼矛往下探,探得沧溟,矛尖滴落的水珠凝结成一座岛屿。由此可知,此处的"沧溟"沿用了中国汉籍常用的含义,即作为海洋的泛指,与下文要讨论的"沧海原"具有一定的关联性。

(二)仅出现在"一书曰"中的相关词语

仅出现在《日本书纪》"神代"卷"一书曰"中的相关词语包括"海原"、"黄泉"、"虚中"、"空中"以及"沧海原"(沧海之原)。

"沧海原"(沧海之原)出现了两次,分别出现在第五段"本文"的"一书曰"⑥和⑪,原文分别为"月读尊者、可以治沧海原潮之八百重也"和"素戋呜尊者、可以御沧海之原也"④,两者的训读都为"アオウナハラ",与上文提到的"沧溟"读法相似,而且"沧溟"与"沧海原"

---

① 根据日本学者的分类,一般将《日本书纪》的抄本分为卜部家系和古本系两大体系。卜部家家学传承较为稳定,不同时代的卜部家系抄本具有一定的连贯性,岩波书店国史大系《日本书纪》的底本即属于卜部家系;古本系则是卜部家系之外的各种抄本,其抄写水平和内容参差不齐,与卜部家系存在明显差异。上文提到的"乾元本""吉田本"都属于卜部家系,其中"乾元本"出现于相对较早的 14 世纪初,"丹鹤本"则属于古本系,是重要的版本校勘材料。

② "岩崎本"是 10~11 世纪的《日本书纪》抄本,属于古本系,仅存第 22、24 两卷。该版抄本曾是岩崎家(原三菱财团创始人)的收藏品,因此得名。

③ 『日本古典文学大系 67 日本書紀·神代上』、81 頁。

④ 『日本古典文学大系 67 日本書紀·神代上』、97 頁、101 頁。

都指区别于陆地山川的海洋区域，但是两者之间的不同也较为明显。相对于泛指海洋的"沧溟"，"沧海原"无论作为月读尊还是素戋鸣尊的治下之地，都具有明确的所属性质。在"一书曰"⑥中，沧海原与天照大神治下的高天原和素戋鸣尊治下的天下三者共同构成了整个世界；而在"一书曰"⑪中，沧海原与高天原构成世界的主要部分。

"海原"一词出现了两次，分别出现在第五段"本文"的"一书曰"⑩，原文为"又入吹生赤土命。出吹生大地海原之诸神矣"，以及第十段"本文"的"一书曰"④，原文为"便遥请弟曰、汝久居海原。必有善术、愿以救之。"① "海原"一词在中国汉籍中使用较少，其日文训读为"ウナハラ"，根据上下文可知，其与大地、山川相对，是海洋之意。

"黄泉"仅出现了一次，即出现于第五段"本文"的"一书曰"⑥，原文为："然后、伊奘诺尊、追伊奘冉尊、入于黄泉、而及之共语。"② 原文提到伊奘诺尊和伊奘冉尊生育了大八洲国之后，伊奘冉尊生火神时"见焦而化去"，伊奘诺尊到黄泉见伊奘冉尊，由此可知黄泉是死后所去的世界，在此处与大八洲国相对。在《古事记》中也有相应的"黄泉国"，本居宣长在《古事记传》中称之为地下的"异界"。但《日本书纪》下文记载伊奘诺尊在泉津平坂用大石堵住了"泉门"，后"往至筑紫日向小户橘之檍原"，其中并未明确记载黄泉是地下国度。

"虚中"和"空中"两词都仅在第一段"本文""天地开辟"篇的"一书曰"出现一次，即出现于"一书曰"①："天地初判、一物在于虚中、状貌难言"，以及"一书曰"⑥："天地初判、有物、若苇牙、生于空中"。③ 两词都训读为"ソラノナカ"，表示天地初开时的状态，但两词用法存在差异，即"虚中"诞生的是国常立尊，而"空中"诞生的是天常立尊。"一书曰"①是补充型内容，若按照"本文"记载天地之中首先出现的神是国常立尊来看，"虚中"比较接近于"天地"的意思，而"空中"较为接近"天"的意思。

---

① 『日本古典文学大系 67　日本書紀·神代上』、101 頁、183 頁。

② 『日本古典文学大系 67　日本書紀·神代上』、93 頁。

③ 『日本古典文学大系 67　日本書紀·神代上』、77 頁、79 頁。

（三）在"本文"与"一书曰"中均有出现的相关词语

该类词语主要有"天地"、"六合"、"高天原"（高天之原）、"根国"（根之国）、"大八洲国"、"苇原中国"和"天下"等。

"天地"合用表示世界，在《日本书纪》中主要出现第一段和第五段"本文"及各自的"一书曰"，一般训读为"アメツチ"。新井白石在《东雅·地舆二》①中指出，日本上古时期一般将"天"与"国"相对应，如国常立尊对应天常立尊、天津神对应国津神等；《先代旧事本纪》等书借用汉籍《三五历记》和《淮南子》等书，将天、地对应并使用"天地"一词。显然，《日本书纪》的用法与《先代旧事本纪》一致，而其他上古典籍未使用上述用法。通过对"神代"卷文本中"天地"一词用法的整理，"天地"一词的用法与新井白石的说法较为一致，泛指世界。

"六合"在"神代"卷中共出现三次。第五段"本文"记载："此子光华明彩、照彻于六合之内"；第七段"本文"记载："故六合之内常暗而不知昼夜之相代"；第七段"本文"的"一书曰"③记载："是时、天手力雄神、侍磐户侧、则引开之者、日神之光、满于六合"。② 从文本内容可以看出，几乎都是在形容日神、天照大神时才会使用"六合"一词，且多表示太阳光照射于天地之间。"乾元本"等抄本中一般训读为"クニ"、"クニノ"或"クニノウチ"，即"国"或"国中"。《汉书》颜师古注中写道："天地四方谓之六合，四方四维谓之八方也"。《日本书纪》当是沿用中国汉籍中"六合"一词的用法，强调的是现实天地间的世界或天下、国家。

"高天原"最初出现于第一段"本文"的"一书曰"④，原文为："又曰、高天原所生神、名曰天御中主尊、次高皇产灵尊、次神皇产灵

---

① 《东雅》是江户时代的词典，成书于1717年，刊行于1903年，借用《尔雅》的意思而得名，全书将名词分为15个部门，用假名注汉字，对词语做语源分析。

② 『日本古典文学大系67　日本书纪·神代上』、87頁、113頁、119頁。

尊。"① 这与《古事记》的记载较为一致，增加了《日本书纪》第一段
"本文"中没有的内容。接下来的记载是伊奘诺尊和伊奘冉尊在高天原计
划生国。从第五段"一书曰"⑥开始，"高天原"就成为天照大神的治
地，同时月读尊治理"沧海原"、素戋呜尊治理"天下"。不同的是，在
第五段"一书曰"⑪中，月读尊配日而治"高天之原"、素戋呜尊治理
"沧海之原"。由上述内容可知，"高天原"（高天之原）可以视为天上的
国度，这与《古事记》的内涵是一致的。

"根国"（根之国），训读为"ネノクニ"，在第五段"本文"中首先
作为素戋呜尊治理区域而出现，与天照大神治理"天上"相对应。在第
五段"本文"的"一书曰"①和②、第六段"本文"、第七段"本文"
的"一书曰"③和第八段"本文"部分详细记载了素戋呜尊到"根国"
就任的过程。较为特殊的是，第五段"一书曰"⑥中记载："对曰、吾欲
从母于根国、只为泣耳"②，同一段落还记载了前文提到素戋呜尊之母伊
奘冉尊在"黄泉"，因此第五段"一书曰"⑥中的"根国"相当于黄泉，
这与"本文"所载内容并不矛盾。

"大八洲国"出现于第四段"本文"，记载伊奘诺尊和伊奘冉尊结合
后生出大日本丰秋津洲、伊豫二名洲、筑紫州、亿岐洲佐度洲等国土，
"由是、始起大八洲国之号焉"③，即现实的国土范围。后世许多学者曾将
《日本书纪》中提到的地名依次与现实地域相对照，试图还原日本国家成
立之前的上古时代历史面貌。

"苇原中国"最初在第五段"本文"的"一书曰"⑪中出现，与
"天上"相对应，指地上国度。在第六段"本文"的"一书曰"③、第
七段"本文"及其"一书曰"③中，对"苇原中国"的记载是较为一致
的，都强调素戋呜尊不可居住在"苇原中国"。第七段"本文"的"一书
曰"③中还添加了"故不可住于天上、亦不可居于苇原中国、宜急适于

---

① 『日本古典文学大系 67　日本書紀・神代上』、79 頁。
② 『日本古典文学大系 67　日本書紀・神代上』、97 頁。
③ 『日本古典文学大系 67　日本書紀・神代上』、83 頁。

底根之国"。① 由此可知，第七段"本文"的"一书曰"③描述的世界包含"天上"、"苇原中国"和"底根之国"三部分，由上、中、底三字也大致可推断出这三部分是一个垂直结构。

"天下"一词在"神代"卷中多训读为"アメノシタ"，与前文提及的"宇宙"训读发音相同。在第五段"本文"中，伊奘诺尊和伊奘冉尊商议："吾已生大八洲国及山川草木、何不生天下之主者欤"②，之后陆续生出了天照大神、月读尊和素戋鸣尊，分别治理"天上"和"根国"。从第五段"本文"可以看出，"天下"是由"天上"和"根国"两部分组成的。正如前文所提及的，在第五段"本文"的"一书曰"⑥中，天照大神治理"高天原"、月读尊治理"沧海原"、素戋鸣尊治理"天下"，世界是由"高天原"、"沧海原"和"天下"三部分构成。可见，第五段"本文"的"一书曰"⑥与"本文"的"天下"含义存在明显差异，前一"天下"指的是整体的一部分，后一"天下"则相当于整体。第七段"本文"的"一书曰"①记载："故、天照大神谓素戋鸣尊曰、汝犹有黑心。不欲与汝相见、乃入于天石窟、而闭著磐户焉。于是、天下恒暗、无复昼夜之殊。"③ 这里对"天下"的范围没有进行明确的界定。第八段"本文"的"一书曰"⑥中记载，大国主神与少彦名命"勠力一心、经营天下"；同段又记载："夫苇原中国、本自荒芒。至及磐石草木咸能强暴。然吾已摧伏、莫不和顺。遂因言、今理此国、唯吾一身而已。其可与吾共理天下者、盖有之乎"。④ 可知此处的"天下"等于"苇原中国"，从同段前后文可知"苇原中国"相当于地上国度。

三 "神代"卷世界结构的特点

通过对《日本书纪》"神代"卷中与世界结构具有密切关系的空间类

---

① 『日本古典文学大系67 日本書紀・神代上』、119頁。
② 『日本古典文学大系67 日本書紀・神代上』、87頁。
③ 『日本古典文学大系67 日本書紀・神代上』、115頁。
④ 『日本古典文学大系67 日本書紀・神代上』、129-131頁。

关键词加以梳理，可以认为《日本书纪》"神代"卷的世界结构具有以下特点。

第一，相较于《古事记》可明确归纳出高天原、苇原中国和黄泉国三部分组成的垂直型世界结构①，《日本书纪》的世界结构更为模糊和多变。这一模糊和多变，不仅是指《日本书纪》"本文"中没有明确提出垂直结构的描述，还指"本文"和诸"一书曰"对世界结构也存在不同看法。参考表 2 可知，《日本书纪》在"本文"中将整个世界分为"天上"、"根国"（根之国）和"苇原中国"三大部分，但"根国"（根之国）是否可以直接理解为地下国度无法在"本文"中找到直接依据，因此无法准确描述这三部分的空间结构。同时，在"本文"中还以"六合"来对应"国"，在指代日本国家的意义上与"苇原中国"意思较为接近。而在不同的"一书曰"中，既有第七段"本文"的"一书曰"③像《古事记》的记载一样将整个世界结构确定为"天上""苇原中国""底根之国"三部分的垂直结构，也有如第五段"本文"的"一书曰"⑥中界定为由"高天原"、"沧海原"和"天下"组成的世界结构。

表 2　《古事记》与《日本书纪》中的世界结构

文本位置	天照大神	月读尊	素戈鸣尊	其他
第一段"本文"				天地（国）
第四段"本文"				沧溟、大八洲国
第五段"本文"	天上	天上	根国	宇宙（天下）、六合（国）
第五段"本文"的"一书曰"①	天地	天地	根国	
第五段"本文"的"一书曰"⑥	高天原	沧海原	天下	
第五段"本文"的"一书曰"⑥				黄泉（根国，与大八洲国相对）

---

① 可参见本文开篇提到的服部中庸的《三大考》及相关研究，服部将月读尊与素戈鸣尊视为同一神，还将两神的治理区域确定为黄泉国，因此形成了天上高天原、天地间苇原中国和地下黄泉国的垂直结构。

续表

文本位置	天照大神	月读尊	素戋呜尊	其他
第五段"本文"的"一书曰"⑩				苇原中国(与"天上"相对)、海原
第五段"本文"的"一书曰"⑪	高天原	高天原	沧海原	
第七段"本文"				六合(国)
第七段"本文"的"一书曰"③	天上	天上	底根之国	苇原中国
第八段"本文"的"一书曰"⑥ 第九段"本文"及其"一书曰"①②⑥				苇原中国(天下)
第十段"本文"的"一书曰"④				海原(与山相对)
《古事记》	高天原	夜之食国	海原	苇原中国

资料来源:综合岩波书店"日本古典文学大系"本的《日本书纪》注释和"本文"第二部分的论述制表,参见『日本古典文学大系67 日本書紀·神代上』、岩波書店、1967、「編者注」、96頁。

第二,《日本书纪》中的世界结构以神世七代的诞生为分界,可明确分为两个阶段。从第一段到第三段的"本文"和多个"一书曰",主要描绘了天地开辟初期的世界样貌。第一段"本文"引用中国典籍的记载,描绘了天地开辟之初混沌如卵的世界分出天地,第一段"本文"的"一书曰"①和⑥以"虚中"和"空中"对应日文中的"国"与"天"。总体来看,第一个阶段的世界结构只有雏形,天地、国之间的界限模糊,世界还没有明确分化出成熟的组成部分。从第五段到第十一段的"本文"和相应的"一书曰"的内容来看,世界的空间结构虽然存在模糊多变的情况,但其具体组成部分已经分化完成,这一过程大致可参照表2。

第三,《日本书纪》引用了不少中国古代典籍中的记载,甚至因追求汉文修饰效果而影响了其作为史料的真实性和准确性。不过,《日本书纪》中与世界结构相关的记载虽有模仿、沿用汉字原意和用法的情况,但其整体上仍然具有鲜明的日本特点,在"沧溟""沧海原""海原"等相关内容上体现得尤为突出。例如,第四段"本文"中出现的"沧溟"和"大八洲国"作为世界的组成部分,其中"沧溟"沿用了中国典籍中的用法泛指海洋,在海洋上伊奘诺尊和伊奘冉尊结合而生出了"大八洲国"，而"大八洲国"成为相当于"现实国家"的"人草"① 生存的空间领域。《日本书纪》"神代"卷较为清楚地记载了素戈鸣尊逐步从"苇原中国"退出而返回治下之"根国"（或为"沧海原"，或为"底根之国"）的过程，这可理解为与现实国家相对应的"根国""沧海原""底根之国"乃至天照大神所在的高天原都可归为"异域"或"异界"。问题是，"根国"、"沧海原"或者"底根之国"在世界结构中的空间位置在哪里？三者能否归为同一概念？参考表 2 内容，作为素戈鸣尊治下的异域空间，三者是不是统一概念依然不明确，但海陆作为现实和"异域"之间的界限这一概念是较为清晰的。此外，第五段"本文"的"一书曰"⑥指出"黄泉"即为"根国"，但是这里的"根国"并未直接指向地下国度，根据上下文甚至还可推测"根国"可能在筑紫附近，或者可以说位于海陆相接的附近。相较于中国典籍中多将"黄泉"理解为地下国度的解读②，《日本书纪》"神代"卷中的"黄泉"很有可能指的是海上而非地下。

结　语

《古事记》与《日本书纪》是了解日本古代最重要的两部经典，尤其是两书的"神代"部分，塑造了古代日本人的世界、国家和伦理观念，建构了日本本土思想、信仰的基础，因此常被并称为"记纪"。但是从成书过程、编纂目的和内容体例等方面来看，二者存在极为明显的差异，这些差异也使得《日本书纪》的世界图景及其思想逻辑不同于《古事记》。

从编纂目的来看，《日本书纪》既有对内明确天皇权威性的需求，也有对外进行国际宣传、增强影响力的性质。在《日本书纪》的编纂过程中，录用了不少渡来人及其后裔参与编纂，力图编成一部能被朝鲜半岛和中国的读书人读懂乃至认可的日本国史。③ 在实际操作过程中，《日本书

---

① 《日本书纪》将"人民"训读为"ヒトクサ"，相当于日本汉字"人草"，因此人草生存的空间即相当于现实国家。

② 如《左传·隐公元年》中记载了郑庄公"掘地及泉，遂而相见"的内容，由此可认为黄泉位于地下。

③ 中野謙一「日本書紀訓注の機能」、『学習院大學人文科学論集　XI』、2000。

纪》参考了当时大量的典籍，其中既有中国和朝鲜半岛的汉文典籍，也有日本本土的"帝纪旧辞""纂记""风土记""寺院缘起"等资料。[①] 既往研究多对《日本书纪》引用汉籍润色史实的做法提出批判，认为这一做法有损《日本书纪》作为史料的可靠性，或过于强调《日本书纪》的对外宣传性[②]，无论"全盘式"批判还是"瑕不掩瑜"式的提示，都暗示了一种"作伪"的判断。但从东亚区域整体来看，以中国为主要原创地和核心的文化系统逐渐成为区域共识性文化时，《日本书纪》编纂所采取的这一做法并不能单纯以"作伪"来概括。这是日本在接受整套文化体系时，自觉或不自觉地将一些概念融入了本土文化。《日本书纪》"神代"卷中指向世界构成的词语，正是这一文化接受过程的体现。《日本书纪》的编纂目标影响了其具体的编纂形式，东亚各地区又是在具体的社会和文化系统中创造了自己的世界认识，因此基于中国汉籍的世界结构与日本传承的世界结构之间自然会出现差异乃至矛盾的情况。

在内容体例上，《日本书纪》使用了"本文"和多个相关"一书曰"并存的形式，其中"神代"部分的"一书曰"篇幅大致是"本文"的两倍。这种做法在一定程度上能够解决日本神代世界结构中的矛盾问题。也就是说，"本文"与"一书曰"并存的形式，不仅反映了8世纪前后日本社会结构和思想文化，还受到以中国文化为中心的东亚区域文化的影响。

在对世界构成的认识和理解上，《日本书纪》的记载具有以下特点。"本文"和多个"一书曰"并存的情况使其世界结构显得不够清晰，但也让其世界模型更具包容性；《日本书纪》"神代"卷对世界构成的认识明显存在两个不同阶段，而两个阶段的过渡又与其融合中国典籍和日本本土传说的过程相一致。此外，不论是与《古事记》还是与中国典籍进行对比，可以认为，《日本书纪》在垂直型世界结构之外，还存在一个平行型的世界结构。

综上所述，通过对"神代"卷世界结构的考察，能够看到《日本书

① 坂本太郎『六国史』、51—59 頁。
② 津田左右吉『日本古典の研究』、岩波書店、1963。还可参见坂本太郎的相关著作。

— 33 —

纪》编纂目的、属性与内容体例如何达成一致，还能了解到东亚文化交流中的汉文修史传统的传播与"变异"。关于日本神代世界的考察，本文提到的与世界结构相关的空间词语只是一个阐释角度，除此之外还有许多内容，限于篇幅和学力未能展开讨论，如具体的地名，"天""地""海"等更为宽泛的空间概念，"常世"等随时代不断发展的空间概念等。粗浅之论，还请方家不吝赐教。

（审校：陈祥）

《日本书纪·神代上》第五段
"一书曰"第七的断句与神谱

李　健*

内容提要： 由于断句方式的不同，《假名日本纪》产生了与"岩波本""小学馆本"《日本书纪》不同的神谱。通过比较分析《日本书纪·神代上》第五段"一书曰"第七的特殊性，笔者发现，《假名日本纪》的断句方式割裂了神谱的连续性，致使经津主神的神谱模糊不清，因而也使得《日本书纪·神代上》第五段"一书曰"第七失去了其存在的价值和意义。因此，《假名日本纪》的断句方式并不可取。相反，"岩波本"的断句方式能够让神谱更加清晰、明确，而且通过与神代下部分叙述的前后呼应，使经津主神的神谱变得完整、完善，这种断句方式才是合理的、可取的。

关 键 词： 日本书纪　假名日本纪　断句方式　神谱

一　问题的提出

笔者在研读《日本书纪》的过程中，习惯把"日本古典文学大系"本《日本书纪》（以下简称"岩波本"）作为基本资料，把"新编日本古典文学全集"本《日本书纪》（以下简称"小学馆本"）和"神道大系"本《假名日本纪》（以下简称"《假名日本纪》"）作为辅助资料。之所以这

* 李健，清华大学人文学院历史学系博士后、助理研究员，主要研究方向为日本神道史。

样选择，主要是考虑到"岩波本"将现存最古老的"神代"卷善本——"卜部兼方本"《日本书纪》（"神代"卷两卷）和同为"卜部本"嫡传善本的"卜部兼右本"《日本书纪》（"神代"卷以下二十八卷）作为底本，内容和校注均比较权威；"小学馆本"以近世流通版本"宽文九年本"《日本书纪》为底本，且含现代语译，能够有效辅助理解文本内容；而清原（船桥）国贤（1544~1615 年）、藤波种忠（1586~1644 年）所写的《假名日本纪》，以假名形式书写（训读）《日本书纪》，对于理解关键性字词以及分析、考察神名之由来大有裨益。因此，三者并用，基本能够准确把握文本内容。

　　然而当读到《日本书纪·神代上》第五段"一书曰"第七时，笔者发现，《假名日本纪》的表述与"岩波本""小学馆本"不一致。这种不一致主要体现在段中某句的叙述上。其中，"岩波本"和"小学馆本"（原文）的表述分别是：

　　　　一书曰、伊弉諾尊、拔劍斬軻遇突智、為三段。其一段是為雷神。一段是為大山祇神。一段是為高龗。又曰、斬軻遇突智時、其血激越、染於天八十河中所在五百箇磐石。而因化成神、號曰磐裂神。次根裂神、兒磐筒男神。次磐筒女神、兒經津主神。[①]

　　　　一书曰、伊弉諾尊拔劍斬軻遇突智、為三段。其一段是為雷神、一段是為大山祇神、一段是為高龗。又曰、斬軻遇突智時、其血激越、染於天八十河中所在五百箇磐石。而因化成神、號曰磐裂神。次根裂神、兒磐筒男神。次磐筒女神、兒經津主神。[②]

　　如上所示，引文前半部分两个版本虽然在断句上存在细微差别，但是所叙述的意思并无差别。结尾叙述轲遇突智之血染磐石所成之五神：①磐

---

① 坂本太郎［ほか］校注『日本古典文学大系 67　日本書紀·神代上』、岩波書店、1993、97 頁。
② 小島憲之［ほか］校訳『新編日本古典文学全集 2　日本書紀 1』、小学館、1998、51-52 頁。

裂神、②根裂神、③磐筒男神、④磐筒女神、⑤经津主神。它们之间存在两层关系：其一，产生顺序的关系是，磐裂神→根裂神→磐筒男神→磐筒女神→经津主神。其二，神际（或曰血缘）关系是，磐筒男神为根裂神之子；经津主神为磐筒女神之子。这段记载所述诸神之关系如图1所示。

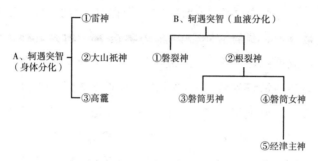

图 1 轲遇突智分化成神及诸神间关系

根据引文的表述，轲遇突智之分化含两部分（图 1 中的 A 与 B），一部分是身体之分化（A），一部分是血液之分化（B）。其中，身体之分化（A）生成三神：①雷神、②大山祇神、③高龗；血液之分化（B）生成五神：①磐裂神、②根裂神、③磐筒男神、④磐筒女神、⑤经津主神，总共生成八神。可是，《假名日本纪》却不是这样表述的，它给我们呈现的是另一种神谱：

　　一書に云、伊さなきの尊、つるきをぬいてかぐつちをきつて、三段になす。その一きだは是　雷　の神となる。一段はこれ、大山祇神となる。一段はこれ　高龗となる。又云、かぐつちをきるときに、その血そゝひてあまのやそかはらにある五百筒いはむらにそまる。よて神となる。なつけて　磐裂神といふ。次に根裂神の児、磐筒男神、次に磐筒女神の児、經津主神。①

① 中村啓信校註『神道大系古典注釈編 2　日本書紀注釈　上』、神道大系編纂会、1988、17頁。

与"岩波本"和"小学馆本"不同的是，如画线部分所示，此处轲遇突智之血染磐石化成三神（对应图 1 的 B 部分）：①磐裂神、②磐筒男神（根裂神之子）、③经津主神（磐筒女神之子），而非五神。虽然在神际关系上，磐筒男神依然为根裂神之子，经津主神依然为磐筒女神之子，与"岩波本""小学馆本"并无区别，但在神谱上产生了明显差别。第一，在神的数量上，"岩波本"与"小学馆本"均为五神，而此处为三神；第二，在成神的顺序上，"岩波本"与"小学馆本"均为磐裂神→根裂神→磐筒男神→磐筒女神→经津主神，而此处却为磐裂神→磐筒男神→经津主神；第三，此处根裂神、磐筒女神并不在神谱上，只是作为对磐筒男神与经津主神身份的解释，至于其如何生成却无从得知。

那么，为什么会出现这样的差异呢？不同版本的《日本书纪》为什么会有不同的神谱？笔者管见之所及，关于这一问题，中日学界尚未见针对性研究，而且对于《假名日本纪》的研究，目前仍然是《日本书纪》研究的薄弱环节。① 鉴于此，本文拟围绕这一差异尝试进行探讨。

为解决这一问题，笔者认为，应首先从文本比较入手，因为神谱的不同归根结底在于文本表述的不同。对比文本内容可见，这两种表述最主要的差别在两个"兒"字的位置："兒"字在前，如《假名日本纪》，成三神；"兒"字在后，则如"岩波本"和"小学馆本"，成五神。若进一步追根溯源，"兒"字的位置问题实际上是断句的问题：若在"兒"字前断句，成五神；若在"兒"字后断句，则成三神。断句方式直接影响句子的意思，也间接决定着神谱。那么，我们究竟应该遵从哪种断句方式呢？

----

① 根据日本综合学术信息数据库 CINII 以及日本国立国会图书馆数据库检索，有关《假名日本纪》的论文仅 3 篇，包括：関根淳「『記紀』以外の古代史書：『大倭本紀』と『仮名日本紀』を中心に」、『ヒストリア = Historia：Journal of Osaka Historical Association』第 272 卷、2019 年 2 月；渡邉卓「荷田春満自筆漢字仮名交じり『仮名日本紀』の位置づけ—諸本との比較から—」、『國學院大學大学院文学研究科論集』第 34 卷、2007 年 3 月；関根淳「仮名日本紀」、遠藤慶太・河内春人・関根淳・細井浩志編『日本書紀の誕生—編纂と受容の歴史—』、八木書店、2018。关于翻刻文的研究有 4 篇，参见川上新一郎「京都大学文学部国語学国文学研究室蔵『仮名日本紀』翻刻」、『斯道文庫論集』第 35 卷、2000；杉浦克己「享保版仮名神代紀について」<一、二、三>、『放送大学研究年報』第 11-13 卷、1994 年 3 月、1995 年 3 月、1996 年 3 月。解題 1 篇，参见中村啓信「日本書紀注釈解題」、『神道大系古典注釈編 2　日本書紀注釈　上』、神道大系編纂会、1988。专著未见。

二 "岩波本"与"小学馆本"的断句问题

本文探讨的是《日本书纪·神代上》第五段"一书曰"第七的内容，具体而言，就是为何《假名日本纪》与"岩波本""小学馆本"的叙述以及神谱出现了差异。前已提及，这种差异的源头在于断句。因"岩波本"与"小学馆本"断句方式基本一致，所以，我们不妨先讨论这两个版本的断句问题。

"岩波本"依照的底本是"卜部兼方本"《日本书纪》"神代"卷（又名"弘安本"，1286 年问世，见图 2）。如图 2 所示，图中有很多点或线条标记，这些标记各自有不同意义。一是位于某字右下角的点为断句符号（或曰句读），表示此处有停顿，如"化成神"的"神"字后，"磐裂神"的"神"字后，"根裂神"的"神"字后等。二是在某字中间的点是计数符号，一个点代表一个神，如"磐裂神""根裂神"的"裂"字上的点，"磐筒男神"的"男"字上的点，"磐筒女神"的"筒"字上的点，以及"经津主神"的"主"字上的点等。三是"化"字与"成"字之间连接的线是连字符，表示这两个字是一个词"化成"，不可分开。"激"与"越"二字之间的线含义亦同。四是"而""因""号"左侧的点在这里表示训读为"て"，即"しかうして""よりて""号づけて"。其中，"而"字左侧又标注"不读"，表示该字没有实际意义，可略之不读。"儿"字与"根裂神"之间以及"儿"字与"磐筒女神"之间均没有连词符，而断句符又分别在根裂神的"神"字和磐筒女神的"神"字之后，所以可以断定，"儿"字应与磐筒男神、经津主神搭配。根据以上这些标记，该段文字应该这样断句："号曰磐裂神。次根裂神、儿磐筒男神。次磐筒女神、儿经津主神。"（磐）裂、（根）裂、男、筒、主五个字上的点表示此处的五个神，故而对应的神谱应是磐裂神→根裂神→磐筒男神→磐筒女神→经津主神。确定了以上内容，至少可断定，"岩波本"忠实再现了卜部兼方本《日本书纪》"神代"卷内容，校注无更改或讹误。

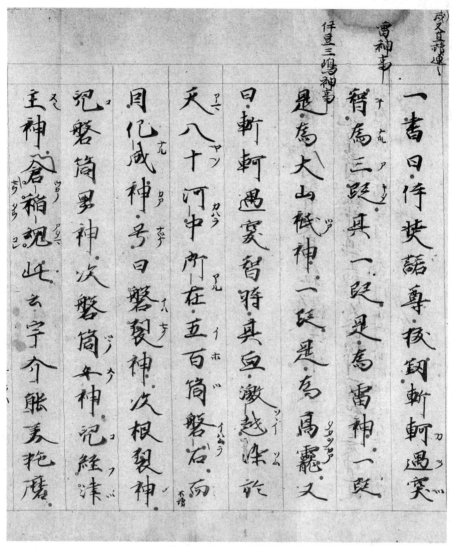

图 2　"卜部兼方本"《日本书纪》"神代"卷

资料来源：京都国立博物館編『国宝吉田本日本書紀・神代卷上』、勉誠出版、2014、
46 頁。

　　成书时间与"卜部兼方本"比较接近的"乾元本"《日本书纪》
（1303 年问世，见图 3）作为"卜部本"系统的一分子，也采用了同样的
断句方式："次根裂神、兒磐筒男神。次磐筒女神、兒经津主神"。如图 3
所示，根裂神之后的断句符号，以及下一行首"兒"字与"磐筒男神"

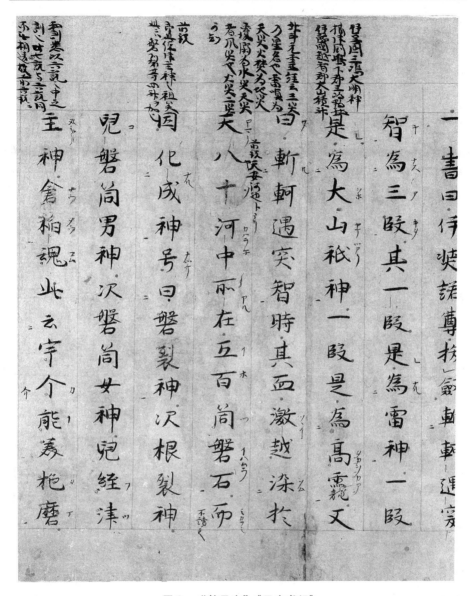

图3 "乾元本"《日本书纪》

之间的连字符号，皆可证实"兒"字与紧随其后的"磐筒男神"四字是不可拆开的。同样，经津主神前的"兒"字虽然省略了连字符号（因上文出现过，此处"兒"字的读音"コ"也一并省略），但磐筒女神后的断句符号也说明"兒"字与"经津主神"四字是一体的。此外，成书时间稍晚一些的"水户本"和"热田本"，作为"岩波本"校注时的重要参考版本，也采用了同样的断句方式。以上几点，也可辅证"岩波本"的断句不存在问题。

再看"小学馆本"。"小学馆本"以"宽文九年本"《日本书纪》（见图 4）为底本，其祖本为"庆长敕本"《日本书纪》（以下简称"庆长敕本"）。以训读区分，现存"庆长敕本"又有两个版本，一本无训读，一本有训读。前者有京都大学图书馆藏本（见图 5）、国立国会图书馆藏本等，后者有国学院大学图书馆藏本（见图 6）、御茶之水女子大学成簣堂文库藏本等。作为日本最古老的木活字版《日本书纪》，"庆长敕本"最初只有"神代"卷上、下两卷，首刊于庆长四年（1599）。而后于庆长十五年（1610，见图 7）再度刊印时，增加了三条西实隆抄本"神代"卷以下的二十八卷，组成三十卷本。该书后于宽文七年、宽文八年各刊印过一次。[①] 至宽文九年，又在"庆长十五年本"的基础上，添加返点、句读等，做进一步修订后刊印，是为"宽文九年本"。"宽文九年本"成为日本近世时期最为流行的一个《日本书纪》版本。

"新编日本古典文学全集"收录的《日本书纪》（"小学馆本"）和"国史大系"收录的《日本书纪》（经济杂志社初版，后吉川弘文馆再版）皆以"宽文九年本"为底本。"宽文九年本"的训读方式与前面提到的几个古本稍有不同。如图 4 所示，可以清楚地看到，根裂神与"兒"字之间有"ノ"，同样，磐筒女神与"兒"字之间也有"ノ"。据此可以确定，该本的断句应为："号曰磐裂神。次根裂神兒、磐筒男神。次磐筒女神兒、经津主神。"与《假名日本纪》一致。

有意思的是，"小学馆本"并没有沿用其底本"宽文九年本"的断句

---

① 与"宽文九年本"相比，"宽文七年本""宽文八年本"两版本现存数量较少。根据日本国文学研究资料馆（日本古典籍総合目録データベース、館蔵和古書目録データベース）的统计（https：//base1.nijl.ac.jp/infolib/meta_ pub/CsvSearch.cgi，2022 年 3 月 1 日检索），目前仅弘前市立图书馆藏有"宽文七年本"（索书号：W210.3-29）和"宽文八年本"（索书号：W210.3-22）。

图4 "宽文九年本"《日本书纪》

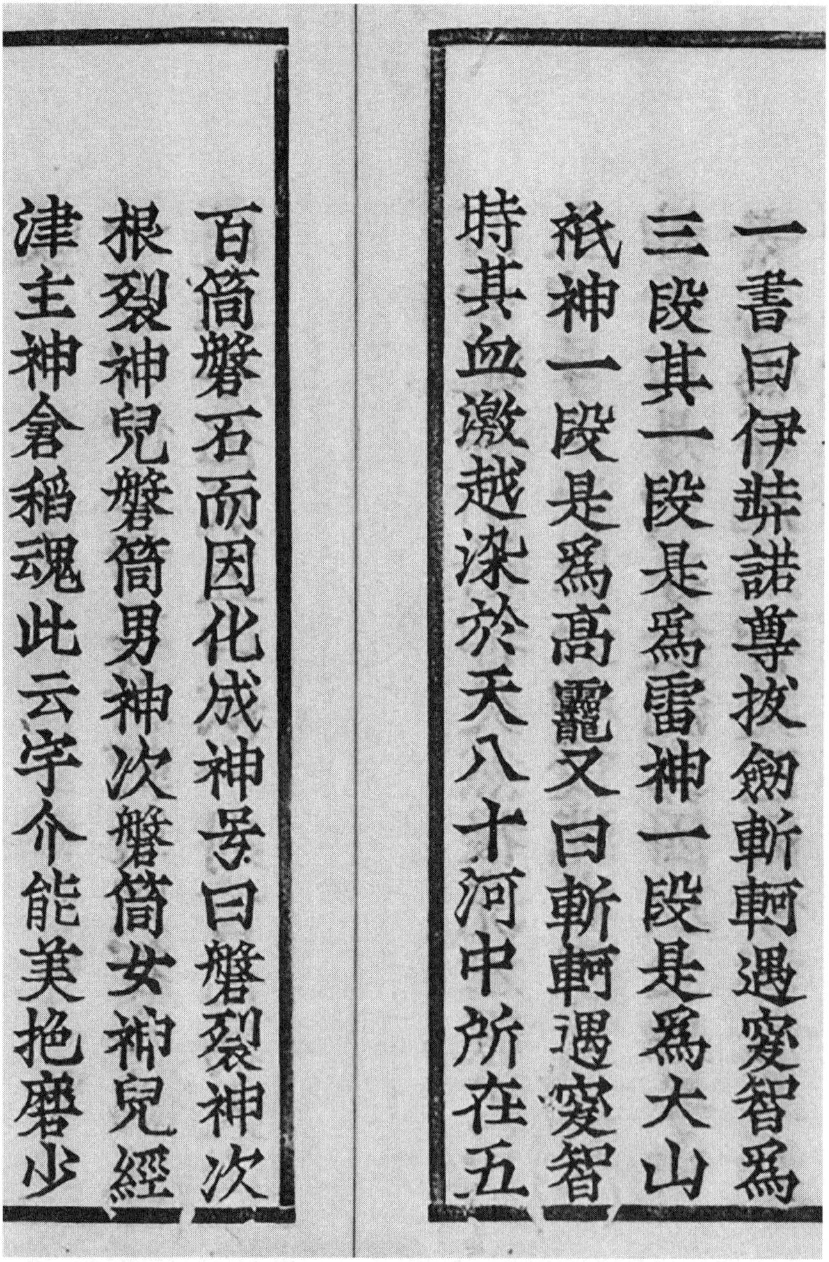

一書曰伊弉諾尊拔劒斬軻遇突智爲

三段其一段是爲雷神一段是爲大山

祇神一段是爲高靁又曰斬軻遇突智

時其血激越淥於天八十河中所在五

百筒磐石而因化成神号曰磐裂神次

根裂神兒磐筒男神次磐筒女神兒經

津主神會稻魂此云宇介能美挹磨少

图 5　京都大学图书馆藏《日本书纪》

资料来源：京都大学図書館清家文庫蔵『日本書紀』、20 頁、請求記号：WA7-251 フィルム、番号 5012。

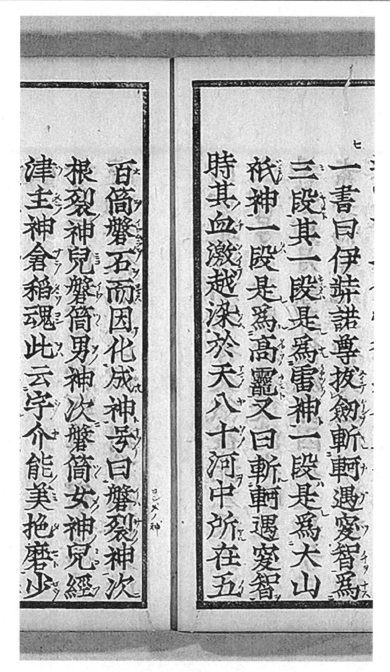

图 6　国学院大学图书馆藏《日本书纪》

资料来源：『日本書紀・神代卷　第一卷』、木活字版、慶長四年（1599）刊、
https：//opac. kokugakuin. ac. jp/library/lime/chokuhan85/pages/page021. html。

图 7　"庆长十五年本"《日本书纪》

资料来源：『日本書紀　卷一』、古活字版、https://opac.kokugakuin.ac.jp/
library/lime/syoki1/pages/page018.html。

方式，而是在校注时私自将"兒"字移到了顿号之后："号曰磐裂神。次根裂神、兒磐筒男神。次磐筒女神、兒経津主神。"① 可见，"小学馆本"与《假名日本纪》表述不同的根本原因不在于底本之差异，而是源自校注过程中的更改。正是在校注过程中"小学馆本"更改了其底本的内容，才导致了二者断句方式与神谱之差异。译成现代语后，差异更加明显："名付けて磐裂神と申す。次に<u>根裂神とその子磐筒男神</u>。次に<u>磐筒女神とその子経津主神</u>。"② 也就是说，"小学馆本"完全颠覆了其底本的原意。根据校注者及翻译者的理解，显然此处产生了五神：磐裂神→根裂神→磐筒男神（根裂神之子）→磐筒女神→経津主神（磐筒女神之子）。神谱亦如图 1 所示。这样一来，本来底本表述没有差别的两个版本（"小学馆本"和《假名日本纪》），因为校注而产生了两种不同的断句和神谱；而底本表述本不相同的两个版本（"小学馆本"和"岩波本"），同样因为校注原因反而意思相同了。

然而令人不解的是，"宽文九年本"何以如此断句？其实，这种断句方式早在之前的"庆长敕本"（"有训本"）中已见端倪。国学院大学图书馆所藏的"庆长敕本"是有训读版本，如图 6 所示，该本"兒"字采用了尊敬语"ミコ"（御兒）的训读方式。虽然根裂神与"兒"字之间没有"ノ"字连接，但是在磐筒女神与"兒"字之间却清晰可见"ノ"字。因此，很显然在断句方式上"宽文九年本"与该本更为接近。而"庆长敕本"又是"宽文九年本"的祖本，那么据此可知，"宽文九年本"的断句方式应源自"庆长敕本"（"有训本"）。"庆长敕本"卷末云："庆长己亥姑洗吉辰　正四位下行少纳言兼侍从臣清原朝臣国贤敬识"，即该本的编校者为清原国贤。既然作者相同，那么"庆长敕本"与《假名日本纪》断句之同也就不言自明了。

---

① 小島憲之［ほか］校訳『新編日本古典文学全集 2　日本書紀 1』、52 頁。
② 小島憲之［ほか］校訳『新編日本古典文学全集 2　日本書紀 1』、52 頁。

三 《假名日本纪》的断句溯源

"神道大系"收录的《假名日本纪》又称作"船（舟）桥国贤本"或"清原国贤本"《假名日本纪》。该本与《日本书纪私记》《释日本纪》所说的《假名日本纪》是完全不同的两套书，后者已失传。该本以假名形式书写《日本书纪》，作者为清原国贤和藤波种忠。该本分上、下两卷，其中，上卷为清原国贤撰写，下卷为藤波种忠撰写。原本现存于国学院大学图书馆。

图 8 即为国学院大学图书馆所藏《假名日本纪》的对应文段。从图 8 可以看出，该段尾句"よて神となる。なつけて磐裂神といふ。次に根裂神の児、磐筒男神、次に磐筒女神の児、經津主神"，根裂神、磐筒女神之后的"の"字（最左列上数第二字、倒数第二字）非常显眼。这意味着在收入"神道大系"时，校注者未参照其他版本更改，而是保持了原貌。文中的"根裂神の児""磐筒女神の児"分别是磐筒男神、经津主神的修饰语（或曰定语）。由此而言，一是该句意味着产生了三神，即磐裂神、磐筒男神、经津主神；二是磐筒男神的身份为根裂神之子，经津主神的身份为磐筒女神之子。这显然与"岩波本"不同。此后的版本如"铃鹿文库本"《假名日本纪》①、"国立国会图书馆本"《假名日本纪》②以及"大和文华馆本"《假名日本纪》③也均采用了同样的断句方式。那么，《假名日本纪》为何要如此断句？换言之，这样的断句方式有没有其历史渊源呢？

前已述及，《假名日本纪》前半部分的撰写者为清原国贤。根据清原家系谱，国贤为枝贤之子，枝贤为宣贤之孙，而宣贤又为吉田兼俱之子（后过继给清原宗贤）。因此，清原家与吉田家关系紧密。考虑到这层关系，笔者首先对"卜部本"系统《日本书纪》及其注释书《日本书纪神代

---

① 愛媛大学図書館鈴鹿文庫藏、請求記号：173.89.1-3。
② 国立国会図書館藏、明治 8 年东雅崖版、請求記号：129-9。
③ 大和文華館マイクロ収集、請求記号：1/46-60。

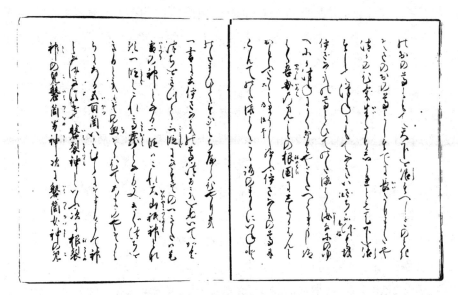

图 8　国学院大学藏《假名日本纪》

资料来源：『日本書紀（仮名日本紀）　巻一』、https：//opac. kokugakuin. ac. jp/
library/lime/nihon01/pages/page027. html。

卷抄》进行了系统考察。结果是，不仅"卜部兼方本"、"乾元本"和"热
田本"（见图9）等"卜部本"系统《日本书纪》的断句方式与《假名日
本纪》相左，而且清原宣贤《日本书纪神代卷抄》（见图10）的断句方式
也与《假名日本纪》不一样。很显然，《假名日本纪》的断句方式并非来源
于"卜部本"系统《日本书纪》。那么，它究竟源自何人何书呢？

　　带着这样的疑问，笔者广泛考察了中世《日本书纪》的相关文献，最
终发现《假名日本纪》的断句方式最早在北畠亲房（1293～1354 年）的
《元元集》（1337 年，见图11）中就已经出现："而因 化二成神一、号 曰二
磐 裂 神一、次 根裂 神 兒磐筒男 神、次 磐筒女 神 兒経津主 神。"①

----

① 正宗敦夫所编《神皇正统记　元元集》的校注为，"而因化二成神一。号曰二磐 裂 神一。次
根 裂 神児。磐筒男神。次磐筒女神児。経津主 神。"参见正宗敦夫编集『神皇正統
記　元元集』、日本古典全集刊行会、1934、58-59 頁。神道大系本《元元集》根据《日本
书纪》进行了校改，故在此不予参考。

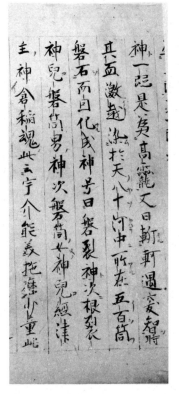

图 9　"热田本"《日本书纪》

资料来源：熱田神宮編『熱田本日本書紀・神代巻一』、八木書店、2017、46 頁。

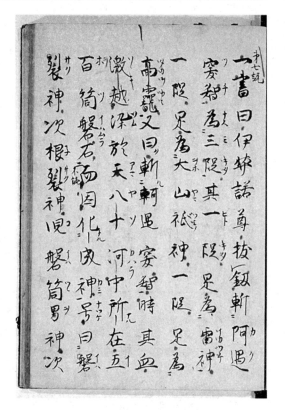

图 10　清原宣贤《日本书纪神代卷抄》

资料来源：『日本書紀神代巻抄』、116 頁、京都大学図書館清家文庫蔵、請求記号：5-05/二/7 貴、登録番号：64453 NDC913.2。

如图 11 所示，"根裂神"与"兒"字之间、"磐筒女神"与"兒"字之间有明显的"ノ"字。因此，此处产生了三神，其顺序是磐裂神→磐筒男神（根裂神之子）→经津主神（磐筒女神之子）。此后，忌部正通（生卒年不详）的《神代卷口诀》①（1367 年）中也出现了同样的断句方式：

---

① 关于忌部正通著《神代卷口诀》，曾有学者论证其为伪书，但因证据不足，很长一段时间以来未获认同。参见海野一隆「『神代巻口訣』は後世の偽作（上）」、『日本古書通信』2001 年第 6 号；海野一隆「『神代巻口訣』は後世の偽作（下）」、『日本古書通信』2001 年第 7 号。近来，有学者再度撰文证其为伪书，但笔者并不认同该文所举证据。因此，本文仍取通说。参见伊藤聡「忌部正通『神代巻口訣』と忌部神道」、山下久夫・斎藤英喜編「「日本書紀」1300 年史を問う」、思文閣、2020、224-228 頁。关于这一问题，将另撰文详论。

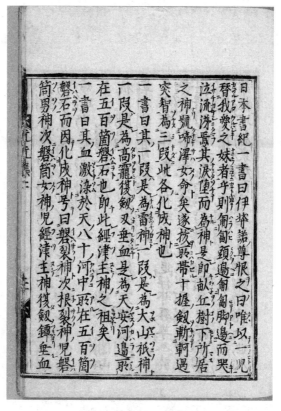

图 11　北畠亲房《元元集》

资料来源：国文学研究资料館鵜飼文庫蔵、請求記
号：96-36-1-4。

"而因 化二成 神一、号 日二磐裂 神一、次 根裂 神兒磐筒男 神 、次
磐筒女 神 兒経津主 神。"① "根裂神"与"兒"字之间、"磐筒女神"
与"兒"字之间均有"ノ"。根据该句描述，神谱应为磐裂神→磐筒男神
（根裂神之子）→经津主神（磐筒女神之子）。在根裂神"根"字的训读
上，标有"子"字，即"つぎに（子）根裂神……"。然而，这里的
"子"具体指的是根裂神为磐裂神之子，还是（根裂神之子）磐筒男神为

① 真壁俊信校註『神道大系古典注釈編 3　日本書紀注釈　中』、神道大系編纂会、1985、
41 頁。

磐裂神之子，难以断定。

　　再后来，15 世纪中叶一条兼良（1402～1481 年）撰写的《日本书纪纂疏》（1455 年?）也采取了同样的断句方式："而因 化_二成神_一、号 曰_二磐裂 神_一。次 根裂 神兒、磐筒男 神。次 磐筒女　神兒、経津主　神。"① 此外，"明德二年（1391）本"《日本书纪》（见图 12）、"秀存本"

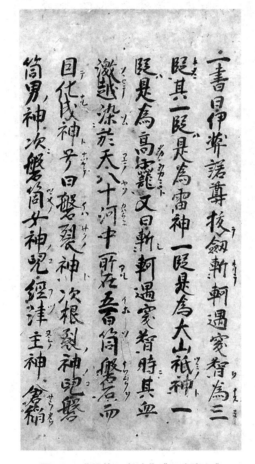

图 12　"明德二年本"《日本书纪》

资料来源：『日本書紀·神代巻上·下』、阪本龍門文庫善本電子画像集、http：//mahoroba. lib. nara-wu. ac. jp/aic/gdb/mahoroba/y05/html/192/l/p019. html。

---

① 真壁俊信校註『神道大系古典注釈編 3　日本書紀注釈　中』、224 頁。

《日本书纪》（室町末，见图13）也是如此。根据以上事实，我们可以得出几个结论。第一，从训读方式上看，一条兼良《日本书纪纂疏》应沿用了北畠亲房或忌部正通的训读方式，而一条兼良与北畠亲房虽所处时代不同，但同为朝廷公卿，具有共同的活动范围，因此其受北畠亲房影响的可能性更大。第二，"明德二年本"《日本书纪》卷末（见图14）云："但写本者北畠之准后之传本也。""北畠之准后"即北畠亲房。也就是说，该写本是依据"北畠亲房本"《日本书纪》抄写的。因此，该本的断句方式源自北畠亲房是没有疑问的。第三，如图13所示，"秀存本"《日本书纪》有大量旁注，这很有可能是秀存听《日本书纪》讲读所做的记录。从旁注的密度及其更改痕迹可以推测，听讲的次数应不止一次，而是在多次听讲的过程中又不断补充、不断记录。他听讲的地点无非两种可能，一是在寺社，二是在宫廷。至于是何人何时主讲的《日本书纪》，由于史料所限，目前尚无法得知，但是从断句方式上看，可以肯定不是吉田家的人。第四，通过以上考察，笔者认为，《假名日本纪》断句方式的源头是北畠亲房的《元元集》。

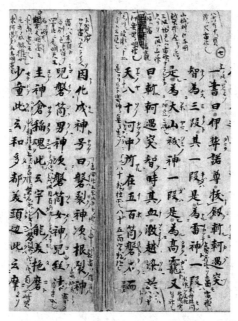

图13 "秀存本"《日本书纪》

资料来源：国会国立图书馆电子古籍数据库、請求記号：
WA16-103、書誌 ID000000731001、DOI10. 11501/2545037。

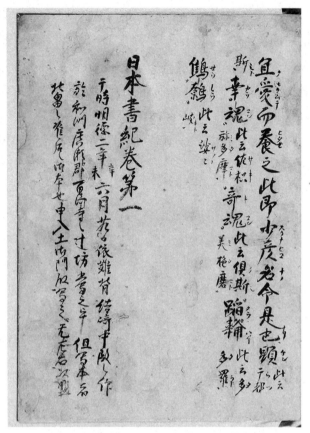

图 14　"明德二年本"《日本书纪》"神代"卷上末

资料来源：『日本書紀・神代巻上・下』、阪本龍門文庫
善本電子画像集、http://mahoroba.lib.nara‐wu.ac.jp/aic/
gdb/mahoroba/y05/html/192/l/p050.html。

四　本段"一书曰"存在的意义与作用

《日本书纪》神代卷有多个"一书曰"，每个"一书曰"，或添加新解释，或拓展新内容，或引出新神谱，或为后文做铺垫，等等，都有其独自存在的意义和价值。作为"骨骼"存在的"一书曰"，又是由具体的内容或情节作为"血肉"而组成的。通过深入分析内容或情节的特殊性，可以明确每个"一书曰"存在的价值或意义。对于《日本书纪・神代上》第五段的"一书曰"第七来说，它的存在意义或价值是什么？为了搞清这一问题，我们需要采用一种对比分析的方法，即分析该"一书曰"与其他"一书曰"以及与"本文"相比产生了哪些改变，有哪些不一样的地方。因"仓稻魂"以下部分皆为注音，我们只需要关注前半部分即可。

如表1所示，表中所列的"一书曰"（除"一书曰"第一外）基本都提及"轲遇突智"，可见，轲遇突智是主要的叙述对象。然而，每个"一书曰"关于轲遇突智的内容或情节又各有特点、各不相同。从表1可以看出，"一书曰"第二、第三、第四比较接近，三者都提及火神、埴山姬（媛）、冈象女，而"一书曰"第三多了天吉葛、"一书曰"第四多了金山彦。可以推断天吉葛和金山彦分别是"一书曰"第三、第四的叙述重点。"一书曰"第六与第七皆提及（大）山祇（神）、暗（高）龗、磐裂神、根裂神、磐筒男神（命）、磐筒女神（命）。前者神的数量极多，二者相比，后者的特别之处在于还有雷神与经津主神。因此，此二神应是"一书曰"第七的叙述重点。

表1　《日本书纪》"神代"卷及其"一书曰"神谱

序号	本文	一书曰〔一〕	一书曰〔二〕	一书曰〔三〕	一书曰〔四〕	一书曰〔五〕	一书曰〔六〕	一书曰〔七〕
1	日神	犬日霎贵	日神	火产灵	轲遇突智（火神）	火神	级长都边（风神）	轲遇突智
2	月神	月弓尊	月神	水神冈象女	金山彦		仓稻魂命	雷冲
3	蛭儿	素戋鸣尊	蛭儿	土神埴山姬	冈象女		少童命	大山祇神
4	素戋鸣尊		素戋鸣尊	天吉葛	埴山媛		山祇	高龗
5			轲遇突智				速秋津日命	磐裂神
6			埴山姬				句句乃驰	根裂神
7			冈象女				埴安神	磐筒男神
8							轲遇突智	磐筒女神
9							啼泽女命	经津主神
10							经津主神之祖	
11							甕速日神	
12							熯速日神	
13							熯速日命	
14							武甕槌神	
15							磐裂神	

续表

序号	本文	一书曰〔一〕	一书曰〔二〕	一书曰〔三〕	一书曰〔四〕	一书曰〔五〕	一书曰〔六〕	一书曰〔七〕
16							根裂神	
17							磐筒男命	
18							磐筒女命	
19							暗龗	
20							暗山祇	
21							暗罔象	
22							岐神	
23							长道磐神	
24							烦神	
25							开啮神	
26							道敷神	
27							道返大神	
28							八十枉津日神	
29							神直日神	
30							大直日神	
31							底津小童命	
32							底筒男命	
33							中津小童命	
34							表筒男命	
35							天照大神	
36							月读尊	
37							素戋鸣尊	

资料来源：笔者根据"岩波本"整理制作。

　　为方便比较和直观起见，笔者以"岩波本"为例，将两个"一书曰"的内容和情节撷要列为表 2。

表 2　两个"一书曰"相关内容与情节

"一书曰"第六	"一书曰"第七
遂拔所带十握劒、斩轲遇突智爲三段。此各化成神也。復劒刃垂血、是爲天安河邊所在五百筒磐石也。此經津主神之祖矣。……復劒鋒垂血、激越爲神。號曰磐裂神。次根裂神。一云、磐筒男命及磐筒女命。復劒頭垂血、激越爲神。號曰闇龗。次闇山祇。	伊弉诺尊、拔劒斩轲遇突智为三段。其一段是为雷神。一段是爲大山祇神。一段是爲高龗。又曰、斩轲遇突智時、其血激越、染於天八十河中所在五百筒磐石。而因化成神、號曰磐裂神。次根裂神、兒磐筒男神。次磐筒女神、兒經津主神。

从表 2 可以看出，"一书曰"第七叙述的内容，在"一书曰"第六中基本都已提及。既然如此，那么为何还要保留这个"一书曰"呢？原因是"一书曰"第七阐述了"一书曰"第六没有涉及或涉及不深的问题，又或者因为增添了新的内容或情节。下面就来详细比较一下二者的异同。相同点有三个。第一，二者记载的成神方式均为轲遇突智被斩后而化成，既有身体化成，也有血液化成；轲遇突智均被斩为三段。第二，轲遇突智血液所染之五百个磐石，皆为经津主神之祖。第三，磐裂神、根裂神、磐筒男神、磐筒女神均为滴血所成，且"一书曰"第六、第七所述产生顺序相同。二者的不同之处有五点。第一，关于滴血化成之神，"一书曰"第六区分了剑刃垂血、剑镡垂血、剑头垂血，比"一书曰"第七更加详细、具体。第二，"一书曰"第六只点明"五百个磐石"为经津主神之祖，但并未具体描述五百个磐石是如何染血而化成神的。第三，"一书曰"第六中并未提及磐裂神、根裂神与磐筒男神、磐筒女神的关系，从文中"一云"分析，似是平行关系而非产生先后关系或亲子关系。第四，"一书曰"第七轲遇突智被斩后所成之首神即为雷神，而"一书曰"第六对此未提及。第五，"一书曰"第六阐述的是四神产生顺序的关系，对于四神的血缘关系只字未提。经津主神与四神没有任何关系。

相同点不能彰显"一书曰"的特色，而不同点才是我们应该关注的重点。通过上面所列举的不同点，基本可以明确"一书曰"第七的特色：第一，格外注重雷神。斩轲遇突智第一个化成之神即为雷神；第二，弥补了"一书曰"第六斩轲遇突智成三段并化成各神部分叙述不清楚的问题，明确指出三段分别为雷神、大山祇神和高靇。第三，格外注重神际关系，明确了磐裂神、根裂神、磐筒男神、磐筒女神、经津主神相互之间的关系。

既已明确"一书曰"第七之特色，那么该段的断句方式必须彰显其特色才算合理；若是淹没了这种特色，那么相应的断句方式应该说是不合情理的。

从表 3 中可以看出，《假名日本纪》的神谱（如图 15 所示）比较简单，对神际关系交代得比较模糊，尤其是最后一句，虽然明确了磐裂神→磐筒男神→经津主神的生神顺序，但是三者之间的关系依然不甚明确：第一，磐筒男神虽为根裂神之子，但没有指明根裂神是如何产生的；第二，

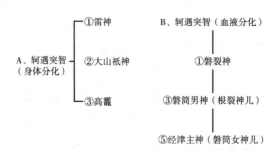

图 15　《假名日本纪》"神代"卷上"一书曰"第七神谱

虽然经津主神为磐筒女神之子，但关于磐筒女神如何产生也甚是模糊；第三，磐裂神与根裂神是何种关系，磐筒男神与磐筒女神、磐裂神、经津主神又各有何种关系，不甚明了。如再对比"一书曰"第六，则可发现这三个问题依然存在。首先，虽然"一书曰"第六明确指出经津主神为五百个磐石之后代，但与磐裂神、根裂神、磐筒男神、磐筒女神的关系比较模糊。其次，磐裂神、根裂神与磐筒男神、磐筒女神的关系并不明确。需要指出的是，"一书曰"第六中的"一云"指另一种说法、另一种传说。"一云"后的内容与"一云"前一句的关系是选择性的关系，与"一书曰"第七的"又曰"意义截然不同。"又曰"是一种补充性的说明，意在增加新的情节或内容，与前文不是选择性关系，而是叠加关系。因此，《假名日本纪》"一书曰"第七的断句依然没有明确神际关系，甚至可以说，这样断句之后，神际关系更加模糊了。因为这种断句方式在某种程度上割裂了神谱的连续性，也致使"一书曰"第七失去了其应有的特殊意义。所以，这种断句方式并不可取。

表 3　"一书曰"第七与《假名日本纪》的比较

《假名日本纪》	"一书曰"第七
伊さなきの尊、つるきをぬいてかぐつちをきつて、三段になす。その一きだは是雷の神となる。一段はこれ、大山祇神となる。一段はこれ高龗となる。又云、かぐつちをきるときに、その血そゝひてあまのやそかはらにある五百筒いはむらにそまる。よて神となる。なつけて磐裂神といふ。次に根裂神の児、磐筒男神、次に磐筒女神の児、経津主神。	伊弉諾尊、拔劒斬軻遇突智為三段。其一段是為雷神。一段是為大山祇神。一段是為高龗。又曰、斬軻遇突智時、其血激越、染於天八十河中所在五百箇磐石。而因化成神、號曰磐裂神。次根裂神、兒磐筒男神。次磐筒女神、兒經津主神。

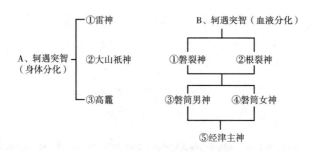

图 16　经津主神系统神谱

同样能够证明《假名日本纪》断句方式不可取的是,《日本书纪·神代下》第九段"本文"记载:"佥曰、磐裂磐裂、此云以簸婆婆、根裂神之子磐筒男、磐筒女所生之子经津经津、此云赋都主神。是将佳也。"[1] 这里明确地指出,磐筒男神、磐筒女神为磐裂神和根裂神之子,而经津主神为磐筒男神和磐筒女神之子。经津主神是这句话的主角。不仅这句话,通读"神代"卷就可以发现,经津主神曾多次出现,是诸神中不可或缺的一员。既然经津主神是如此重要的神,应交代清楚它的神谱。《假名日本纪》显然没有做到这一点,其断句方式导致该段的神际关系依然模糊不清。而《日本书纪》作为日本第一部敕撰史书,神谱理应清晰、系统、层次分明,因为神话故事或传说与统治阶级政权的合理性、正当性直接相关。如果"一书曰"第六的作用是为后文即"神代下"做一个铺垫的话,那么它需要明确地交代清楚诸神的关系。从图 1 可以看出,虽然"一书曰"第七没有明确指出磐裂神与根裂神、磐筒男神与磐筒女神是夫妻关系,但是从神谱来看,这四个神显然是成对出现的,而且顺序、层次非常鲜明。而反观《假名日本纪》的表述,神际关系比较混乱,没有清晰地呈现出诸神的关系。因此,这种断句方式失去了为后文做铺垫的作用,成为一个可有可无的"一书曰"。诚如是,那么该"一书曰"存在的意义或价值也就不复存在了。

需要注意的是,按照"岩波本"的断句方式,"一书曰"第七虽然给

---

[1]　坂本太郎［ほか］校注『日本古典文学大系 67　日本書紀·神代上』、139 頁。

出了一个完整的神谱（见图 1），但这个神谱并不完善。换言之，生神的顺序虽然十分明了，但是神际关系并没有细致地呈现。或许这正是"神代下"第九段"本文"用了很长一段定语——"磐裂、根裂神之子磐筒男、磐筒女所生之子"——补充说明诸神关系的目的。通过这一段定语，如图 16 所示，"神代上"第五段"本文"的"一书曰"第七的神谱就更加细致、明朗了。如此一来，通过前后文的呼应，《日本书纪》给我们展示了一套完整、完善的经津主神的神谱。

结　语

对于《日本书纪·神代上》第五段"本文"的"一书曰"第七同一段文字，因为"岩波本"、"小学馆本"和《假名日本纪》断句方式的不同而衍生了不同神谱。通过考察以上三个版本的断句来源，本文得出以下结论："岩波本"忠实地遵循了其底本"卜部兼方本"《日本书纪》"神代"卷的断句方式，因此形成了如图 1 所示的神谱；"小学馆本"并没有沿用其底本"宽文九年本"的断句方式，而是在校注过程中参考其他古写本进行了更改，故而产生了与"岩波本"一致的断句；《假名日本纪》的作者清原国贤虽与吉田家关系紧密，但是他并没有采用"卜部本"系统《日本书纪》的断句方式，而是延续了始自北畠亲房《元元集》的断句方式，因而形成了与"岩波本"和"小学馆本"不同的神谱。

通过对《日本书纪·神代上》第五段"本文"与其七个"一书曰"的对比，本文发现，"一书曰"第七存在的意义或价值至少有两点：一是完善前六个"一书曰"没有明确的有关经津主神的神谱；二是为"神代下"第九段出现的相关内容做铺垫，从而完善经津主神系统的神谱。而《假名日本纪》的断句方式恰恰淹没了这种目的或价值，甚至在一定程度上割裂了神谱的连续性，致使第五段"本文"的"一书曰"第六的神谱仍然模糊、混乱。因此，本文认为这种断句方式不可取，应沿用"岩波本"的断句方式。既然《日本书纪》"神代"卷的每个"一书曰"都有各自的意义或价值，那么如何挖掘并利用这种价值进行《日本书纪》版本或神谱的研究是我们今后需要深入思考的问题。本文为探讨解决神谱问题提供了一种思路，相信这种思路能够为今后开展《日本书纪》或《假名日本记》的研究提供一些有益参考。

（审校：唐永亮）

富士山的民族化与江户日本人的身份建构[*]

向　卿[**]

内容提要：富士山作为自然的实体存在具有成为日本民族象征的禀赋，比抽象的价值理念更容易被日本人认可。江户日本基于历史上形成的富士山形象和意义，通过富士山祭神的重组、"三国第一山"的意义构建、富士山与樱花的一体化、富士山的日常生活化等富士山叙事的重构，塑造了富士山作为日本及日本精神象征的意义和价值。江户时代富士山被创造为日本的象征，是近代以前"恐惧"和"极致"创造民族象征的典型，其构建原理总体上亦体现了从依赖东亚价值到依赖自我价值的转变。这种富士山民族化的作业不仅在近代日本得到了继承和发展，也奠定了现代日本富士山认识的基础。

关　键　词：富士山　民族象征　江户日本　民族化　身份建构

说起日本的代表性风物或象征，世人一般会想到樱花、富士山、歌舞伎、寿司、刺身等。作为与樱花同等的日本或者说"大和魂"的重要象征，富士山被日本人称为"圣岳"，在日本人心中有着崇高和神圣的地位。"富士山是理想化了的日本人的姿态，是品格高尚的神的容貌。"[①]

---

[*]　本文为国家社会科学基金一般项目"江户时代日本人的身份建构研究"（编号：13BSS016）的阶段性成果。

[**]　向卿，历史学博士，湖南师范大学外国语学院副教授，主要研究方向为日本文化和文学、日语翻译。

①　〔日〕青弓社编辑部编《富士山与日本人》，周以量译，社会科学文献出版社，2010，第4页。

"所谓象征是指一个标志，也就是说由此可以如实地知道国家本身或国民结合的实际形态。一看到富士山就知道美丽的日本，一见到樱花就知道平和安详的日本春天，大致就是那个意思。"① 不仅如此，如 2013 年富士山申遗时日本提出的主题"富士山：信仰的对象与艺术的源泉"所示，日本人也极力向世界推广富士山作为日本国家象征的形象并使之为世界各国所认识。

虽然富士山作为日本第一高峰原本就具备成为日本象征的禀赋，但在江户以前，它并没有被明确地民族化和特殊化，即没有成为可以表征自我的存在。当然，这并不意味着江户日本的富士山意义重构与此前的富士山叙事完全没有关系。江户之前，富士山曾被视作神山、灵峰而被特殊化对待。其后，随着日本人自我意识的提高，江户日本不仅继承了原有的富士山形象和意义，也进一步重构了富士山作为日本精神象征的意义和价值。而这恰恰与其时建构樱花民族性的思维同出一辙。可以认为，富士山成为日本或"大和魂"的象征之一是江户时代及其后日本人建构文化民族主义思维和民族同一性作业的结果，即为了确立日本主体性和同一性而对富士山的意义进行了重构。这意味着，富士山本身就是证明日本人身份的重要标志，能使日本国民产生"我们"是有着世界上独一无二之山峰的民族的自豪感和身份认同。换言之，"我们"之所以是日本人，很重要的一点就是日本拥有与"我们"有着唯一联系且能表现"我们"之主体性乃至优越性的富士山。这也说明，富士山形象的重构不仅是江户日本人身份建构的重要环节，也为这种身份建构提供了物质基础和"更充分"的证据。相比于"物哀"等抽象理念，有形的具象存在对于民族同一性的构建更为有效。作为自然的具体存在，富士山因其自然性、可视性、可体验性、高标识性等特征比价值观更易被理解和认可。因此，作为其形象重构的结果，富士山在江户时代实现了从"风景"到"精神的故乡"、从"寄托情思的对象"到"主体构成要素"的重大转变，从而使其承载的"大和魂"这种抽象价值具备了"可视化"和"可体验"的属性，由此为促

---

① 憲法普及会『新しい憲法・明るい生活』、憲法普及会、1947、2 頁。

进民众、富士山、樱花、"大和魂"四者的结合和互动奠定了坚实的物质基础。

江户时期是构建富士山作为"大和魂"象征及其意义的最重要阶段。这一作业包含了富士山祭神的重组、"三国第一山"的意义构建、富士山与樱花的一体化、富士山的生活化等主要内容。这种意义构建在近代日本也得到了继承和推进，以至形成了盛行于世的普遍认识：富士山是日本及日本精神的象征，乃一个"不证自明"的问题。但这种认识的形成在某种程度上掩盖了富士山"被发现"的历史，也遮蔽了它作为日本精神象征的"暴力性"和"意识形态性"的一面。

关于富士山民族化及其与日本人身份建构的关系这一重要问题，国内学界的关注甚为不够，相关研究亦多集中于不同时期的富士山形象或与之有关的汉诗。[1] 相比而言，日本学术界虽对富士山民族化相关问题进行了多角度的研究[2]，却因民族意识的制约和未能将问题进行一体化处理而难以形成整体、客观的研究和评价。鉴于此，本文拟采取文本研究法，从身份建构视角系统探讨与江户时代富士山民族化相关的重要问题，进而探究民族象征作业的一般原理和机制。

一　富士山名物的意义转换与民族化

富士山名物是富士山的重要构成，在很大程度上决定了富士山的形

---

[1]　主要研究参见樊丽丽《论日本近世的富士山形象及形成要因》，《长春师范大学学报》2017 年第 8 期；唐千友《日本汉诗中的富士山形象研究》，《安徽大学学报》2012 年第 6 期；李杰玲《富士山汉诗研究》，黄山书社，2020；等等。

[2]　《富士山像的形成与演变：以上代至中世的文学作品为对象》《日本人富士山观的演变与现代富士山观》等以富士山祭神的变化、教科书与富士山、"三国第一山"话语的形成等问题为例，研究了富士山与日本精神的关系，参见石田千寻「富士山像の形成と展開—上代から中世までの文学作品を通して—」，『山梨英和大学紀要』第 10 巻，2011；田中絵里子・畠山輝雄「日本人の富士山観の変遷と現代の富士山観」，『地学雑誌』2015 年第 6 号。为了佐证富士山作为日本民族象征的正当性和"优越性"，日本学界还极为重视对江户时代以来西方人围绕富士山相关论述的研究和文献整理，不仅出版了"异国丛书"（骏南社、1927～1929 年）等基础文献，亦有中山和芳的《开国以前西方人眼中的富士山》（中山和芳「開国以前西洋人の見た富士山」，『東京外国語大学論集』1992 年第 44・45 号）等论述。

象和意义，按性质可分为三类：一是云、烟、雪、水、石等与富士山有关的具体风物，二是山形、山高等有关富士山形态的称呼，三是山名、山之祭神等抽象事物。江户时代以前，富士山名物多数已形成比较明确的意义，其后也没有发生明显变化。例如，"高岭之雪"尤其是"终年冠雪"使富士山形成了"不知时节"的神山形象；"烟（火）"不仅用来表现富士山的神性，还被当作固定表现缥缈无定而又不可测知的相思、相恋的景物；山高则是"直耸入苍穹"，成为富士山具有神性和灵性的重要标志；富士山自始就被赋予"不二""不死""不尽""福慈"等名称，表明了它在古代日本人心中的特殊形象——充满神性、奇异性和独特性的神山。可以说，江户以前，富士山及其名物均被认为具有别样的神性，合力渲染了其令人难以捉摸的神秘性和恐怖感，由此使日本人"在憧憬和恐惧之间"① 形成了有关富士山的独特意象——神秘莫测而变幻无端、神奇而绝美的神山（灵峰）。这些都为其后富士山的民族化奠定了基础。

江户时代以后，随着日本人民族意识的增强，富士山开始被建构为日本和日本精神的象征。与此同时，富士山名物的意义也朝着这一方向被重新建构，成为支撑其民族化的重要因素。其中尤以山之祭神、山形、云等名物的意义变化最为典型，它们分别代表了摆脱外来思维影响的意义重构和新意义的生成两种类型。

（一）富士山祭神的转换：从"赫夜姬"到"木花开耶姬"

在现代日本，多数浅间神社的祭神呈现这样的结构：主祭神是浅间大神（木花开耶姬），偏殿神（配祭神）是琼琼杵尊和大山祇神。这样的祭神结构完全是江户时代才构建出来的一种不伦不类的祭神组合，在之前是难以想象的。关于富士山神"浅间大神"（后来一般被解释为"火山之神"）的最早记录见于平安初期的《富士山记》，然其关于该神来源及神力领域的记载却十分模糊。可以说，浅间大神是一个"来历不明"的神。

---

① 〔日〕青弓社编辑部编《富士山与日本人》，第144页。

后来，因受神仙思想的影响，该神被女性化而一度被解释为"赫夜姬"。至于该神被确定为"木花开耶姬"，则是江户时代以后知识分子依据"记纪神话"对富士山祭神进行重新解释的结果。这种解释根植于富士山民族化的思维原理和逻辑，亦是"构建了近世知识体系的知识分子所隐蔽的荒唐无稽的世界"[①]的一种具体表现。

江户初期，最早对富士山祭神进行重新解释的是师从藤原惺窝的儒者堀杏庵（1585~1643年）和林罗山（1583~1657年）。二人分别从"神佛习合"和排佛论的角度提出了富士山神体为木花开耶姬的主张。堀杏庵在《杏阴集》中写道：

> 土人传说，此山者，孝灵帝时巨灵一夜擘，近江国开江湖，运土石筑成，江州覆一篑，今三上山是也。常庵袭其说，琵琶湖开兮，富士山出矣。遍览本朝古籍，三部旧记不载其说。以愚视之，神代之古，化生山河大地，是吾邦之奇灵，而非外国之所及。然二神生之，至孝灵帝时王化远布，东国归向，初奏山之灵欤。不然孝灵帝去神代不远，而现此奇瑞欤？盛唐之昔，新丰山出。三岛之灵，海中岛生。和汉之所有，而今古之所知也。山颠祭木花开耶媛，灵威揭焉。[②]

堀杏庵对当时盛行的"孝灵帝时巨灵一夜擘"的富士山起源说做了重新解释，将其纳入"记纪神话"虚构的"二神（伊邪那岐和伊邪那美）化生万物"的创世说，并由此在"记纪"神祇谱系下定位富士山及作为富士山神的"木花开耶姬"。按照"记纪"的解释，"木花开耶姬"是受天照大神委派统治日本的天孙琼琼杵尊之妻，是日本神祇谱系中具有特殊地位的重要神祇。同时，他还强调了包括"木花开耶姬"在内的日本神祇的"灵验"，认为它们"非外国之所及"，显示了一定的民族优越意识。

---

① 権東祐「神話解釈史から見る富士山の祭神変貌論—その歴史叙述を中心として—」、『日本研究』第56号、2017。

② 権東祐「神話解釈史から見る富士山の祭神変貌論—その歴史叙述を中心として」、『日本研究』第56号、2017、21頁。

不过，由于仍受"神佛习合"思想的影响，堀杏庵未能在"纯粹的"民族语境下构建有关富士山的"木花开耶姬"神话，而只强调了它与富士权现（浅间大菩萨）的一体性："富士权现乃奉祭木花开耶姬，据闻此浅间亦一体也。"①

与前者仍带有习合性质的主张不同，林罗山则试图依据本土资源，通过对"记纪神话"的重新解读来建立富士山神为"木花开耶姬"的合法性。实际上，在堀杏庵提出上述观点之前的1616年，林罗山在《丙辰纪行》中就已提出了类似主张："伊豆之三岛，昔迁自伊予国，而祝祭大山祇神。其何时耶，于相国之御前，世间久口传，云'三岛与富士，父子之神也'。有此传言，故断定富士之大神为木花开耶姬，亦当符合《日本书纪》之意。"②此主张的主要依据是"三岛与富士是父子神"的传言，其判断标准则是"符合《日本书纪》之意"。该文是日本国内较早主张富士山神为"木花开耶姬"的文献，对后世产生了很大影响。

之后，林罗山又在其所著《本朝神社考》（1638~1645年）中，以《竹取物语》和《富士山记》的相关论述为依据，论证了"木花开耶姬"是兼具男（天子）女双重性的"浅间大神"。"女出迎微笑曰，愿天子住此，因共入堀中，王冠所在，积石以为陵云。延历二十四年，托曰我号浅间大神。"③基于这些所谓的"证据"，他严厉批评了受习合思想影响的富士山祭神说。"余在骏府侍幕下。次见富士浅间缘起，聊标出其要，以记于此如右，其余不足观也。或曰天竺有此山而飞来，或曰浅间大明神是本地大日如来，爱鹰大明神则为本地毗沙门。又曰不动明王，或曰弘法造诸尊石像，或曰智证作理智一门记。皆是浮屠氏之夸谩，而世人多信之，余所不取也。且又以竹中之女为桓武天皇之时事，以使者为坂上田村丸。是等大谬说也。"④

综上，虽然堀杏庵和林罗山确定富士山祭神为"木花开耶姬"的角

---

① 堀杏庵「杏陰稿」、『浅間神社史料』、名著出版、1974、172 頁。
② 林羅山「丙辰紀行」、塚本哲三校『日記紀行集』、有朋堂書店、1922、177 頁。
③ 林道春『本朝神社考 中卷』、改造社、1942、222-223 頁。
④ 林道春『本朝神社考 中卷』、223 頁。

度不同，两人的观点却具有一致性，他们都视"记纪神话"为"真实的历史"，并将之作为构建富士山与樱花一体化的合法性源泉。可以说，这一作业代表了"富士山神即木花开耶姬"认识范式的确立，不仅奠定了江户时代富士山民族化和符号化的宗教基础，也奠定了富士山与樱花一体化的思想基础。由于二人都是当时的权威学者，又都出仕幕府，故其"木花开耶姬说"对当时及其后的知识界、民众和神社都产生了深远影响。例如，江户前期著名的假名草子作家浅井了意（1612~1691 年）就沿袭"三岛与富士是父子神"的观点，主张："所谓三岛和富士，父子之神也，富士权现即木花开耶姬也。三岛乃父神，《竹取物语》所写赫夜姬者，岂非后世之事乎？称三岛，而坐于伊予、摄津、伊豆三所之缘由，载于《延喜式》之神明账。"① 此文出自当时甚受读者欢迎的《东海道名所记》（1658 年），足见"木花开耶姬说"对江户日本影响之深。

不过，"木花开耶姬说"在江户前期并未完全定型，确立于中世的"赫夜姬说"仍有相当的"市场"。著名俳句诗人大淀三千风（1639~1707 年）的有关论述就是明证。"首先此山之开始，乃十分贤明之圣君——孝安天皇九十二年五月一夜内，江州涌出凹湖，浮岛之原忽然生出凸起富峰。然故，乃于八层之下阴而留皇帝之陵。且承役角仙（役小角——笔者注）之信托，忝天照大神之生御灵（ikimitama）、市杵岛姬之幸魂（sakimitama）、加久夜姬命（赫夜姬——笔者注）者，则此山之本主也。"② 这一主张虽然未能摆脱原来盛行的"赫夜姬说"的束缚，却也使富士山祭神与天照大神关联起来。

尽管知识界关于富士山祭神的认识在江户前期仍呈现复杂而多元的状态，然而"木花开耶姬说"在江户前期向中期过渡的过程中迅速传播开来，不仅为知识界所接受，也被不少神社所采纳。活跃于江户前中期的著名俳句诗人山口素堂（1642~1716 年）所咏一首俳句用词的改变或可说明一二。原收录于《六百番发句合》（1677 年）的俳句，"富士之山耶，

① 浅井了意『東海道名所記　卷二』、米山堂、1935、6 頁。
② 大淀三千風『甲斐志料集成 1　日本行脚文集』、大和屋書店、1935、559-560 頁。

伏天土用干，山巅白无垢，山麓白鹿斑"，曾被歌会的同行评判说，俳句的后半部足以表达"富士山"之意，因而为了避免重复，他后来将其中的"富士之山"改为"山姬"，即"木花开耶姬"。① 这说明，"木花开耶姬"在当时已被当成富士山的代名词。与素堂有密切交往的松尾芭蕉所著《奥州小路》（1702 年）中也有一段文字："诣室八岛。同行曾良曰：'此神称木花开耶姬神，与富士一体也。'"② 此亦说明，有关富士山神的"木花开耶姬说"几乎成了当时文人的共识。因此，江户中期以后，《角行藤佛构记》③、《富士日记》（1790 年）④、《富士浅间三国一夜物语》（1806 年）⑤、《富士山绘赞》⑥ 等很多作品中出现了以"木花开耶姬"为富士山祭神或浅间大神⑦的记载。

与知识界关于富士山祭神的认识转变相呼应，不少神社尤其是浅间神社也开始劝请"木花开耶姬"，将其作为富士山镇护神。据记载，除很早就以"木花开耶姬"为祭神或配祭神的濑名利仓神社（1528 年⑧）、北麻机浅间神社（1611 年）等，江户中期以后，仅静冈境内就有足久口组浅间神社（1705 年）、圣一色浅间神社（1774 年）、小黑浅间神社（1774 年）、羽鸟浅间神社（1783 年）、柚木浅间神社（1788 年）等开始劝请并祭祀"木花开耶姬"。⑨

由此可见，"富士山祭神为木花开耶姬"的观念在江户中期已完全确立，且随着信奉这一观念的富士讲信众的传播而迅速向全国扩展。例如，

---

① 山口素堂『とくとくの句合』、珍書会、1914、12–13 頁。

② 松尾芭蕉「奥の細道」、『日本古典全集 芭蕉全集前編』、日本古典全集刊行会、1926、101 頁。

③ 村上重良［ほか］編『日本思想大系 67 民衆宗教の思想』、岩波書店、1971、453 頁。据考察，该文是江户中期以后"富士讲的村上派对其始祖长谷川角行的传记进行美化而创作"的产物。参见村上重良［ほか］編『日本思想大系 67 民衆宗教の思想』、648 頁。

④ 加茂季鷹『富士日記』、『甲斐叢書 第 1 巻』、甲斐叢書刊行会、1934、51 頁、54 頁。

⑤ 曲亭馬琴『富士浅間三国一夜物語』、共隆社、1887、8 頁。

⑥ 大田南畝『蜀山人全集 巻二』、吉川弘文館、1907、35 頁。

⑦ 例如，百井塘雨的《笈埃随笔》记载，"木花开耶姬则称浅间大权现"。参见『日本随筆大成』第 2 期第 6 巻、吉川弘文館、1929、360 頁。

⑧ 括号中的年份为"木花开耶姬"被劝请、合祭或神社再建等祭祀活动的年份。余同。

⑨ 天野忍「近世富士山信仰の展開 3」、『常葉大学教育学部紀要』第 36 号、2016。

江户后期图文兼备的通俗导游书《江都近郊名胜一览》（1847 年）就明确记载"富士浅间社"的祭神为"木花开耶姬"①。

　　总的来说，"木花开耶姬说"的确立和普及对富士山的民族化乃至江户日本人的身份建构都有特别的意义。首先，它使富士山与"记纪神话"、天皇神话紧密联系起来，而使富士山信仰成为神道信仰的重要部分。随着它被纳入"记纪"文化体系，富士山不仅成为表征它的重要符号，同时也成为赋予日本人神道信仰之民族以及"天皇子民"之身份的重要标志。这不仅为富士山的民族象征化提供了本土依据，还使这一形象能够借助本土信仰的力量而迅速普及。其次，这一作业实际上也打通了富士山和樱花的一体化联系，使彼此的民族化可以相互支持。因为江户时代富士山祭神被解释为"木花开耶姬"的过程也伴随"木花开耶姬"被解释为樱花、进而樱花被民族化②的过程。因此可以认为，江户时代才开始形成的"木花开耶姬说"不仅奠定了富士山民族化的理论基础和社会基础，也为近代以后这一观念的重构提供了"富士山自古如此"的思想资源和历史正当性。

（二）富士山山形的意义转换：山名的竞争与山形的"完美性"

　　山形和山高通常是描写一座山峰的两大指标。就富士山而言，它被当成神来往于人间通道的神山、灵峰，最初就是因为它的山高。这点已由山部赤人的《望不尽山歌一首并短歌》、高桥虫麻吕的《咏不尽山歌一首并短歌》、都良香的《富士山记》等文献所证实。江户时代，富士山"接天之山"的神山形象不仅得到了继承和巩固，甚至还被塑造了"高八十里"③的荒诞形象。这种"危哉！奇哉！异矣哉！"的山高为江户时代富士山的神圣化和民族化提供了极为有利的条件，也成为支撑这一作业的一个"不容置疑"的指标，并发挥了重要作用。例如，江户后期的汉诗人广濑旭庄（1807~1863 年）认为，仅仅因为富士山高于泰山，日本人就

---

①　松亭金水『江都近郊名勝一覧』、三河屋善兵衛、1858、72 页。
②　参见向卿《江户时代日本人身份建构研究》，中国社会科学出版社，2022，第 553~623 页。
③　南竜翼『扶桑録』、『朝鮮群書大系続々』（第 5 辑）、同文館、1914、340 页。

应"尊富士"而"卑泰山",而不是相反。"曾思,泰山与富士山高低如何。有茶翁(菅茶山——笔者注)之说①云,古人之句,清晨上泰山,下山未昏黑。然比于富士山,当远为卑小也。"②

与此相对,日本人关于富士山山形(山容)的认识则经历了较为明显的历史变化。在奈良平安时代,日本人对富士山山形并未形成确定的印象。平安以后,随着佛教在日本兴盛,日本人社会生活的各个层面和领域都开始染上浓厚的佛教色彩。因为受到佛教"八叶莲华"思想的影响,镰仓后期僧侣开始用"八叶(峰)"来描述富士山山顶。例如,"雪贯四时磨碧玉,岳分八叶削芙蓉"(虎关师炼《济北集》卷二);"峰冥圆顿之宝相,显三密同体之理。八叶白莲之灵岳,五智金刚之正体也"③;"其形合莲花似,顶上八叶也"(《尘荆抄》十一);等等。这些论述不仅说明室町后期僧侣们已普遍形成对富士山的"八叶(峰)"印象④,还说明了富士山的一个雅称——"芙蓉(峰)"⑤的起源。可以说,"八叶(峰)"乃至"芙蓉(峰)"名称的形成,不仅从佛教和东亚文化的视角增添了富士山的神性、灵性及其权威性,也直指富士山"八面宛然,一如应器(比丘量腹而食的乞食器——笔者注)伏地之形"⑥的完美形象及其构建。不过,这也意味着,古代日本关于富士山形象的诸多论述受到佛教和东亚文化思维的影响,或者说佛教和中国文化是当时富士山形象构

---

① 菅茶山曾说,"《登岱五十韵》,钱谦益之诗也。见其所言'清晨上泰山,下山未昏黑',亦不见为那等之高山。"参见菅茶山「筆のすさび」、武笠三校『名家随筆集 下』、有朋堂書店、1917、522頁。

② 広瀬旭荘『九桂草堂随筆 巻七』、『日本儒林叢書第2書目 随筆部』、鳳出版、1971、178頁。

③ 玄棟『大日本仏教全書148 三国伝記』、仏書刊行会、1912、322頁。

④ 石田千尋「僧道興の和歌と修験」、『山梨県立富士山世界遺産センター研究紀要』2018年第2集、8頁。

⑤ 在中国古代,"芙蓉"原指美人,如晋葛洪《西京杂记》卷二云:"文君姣好,眉色如望远山,脸际常若芙蓉,肌肤柔滑如脂。"后来,晋盛弘之《荆州记》又记载:"衡山有三峰极秀。一峰名芙蓉峰,最为竦桀,自非清霁素朝,不可望见。"可见,"芙蓉"有"美丽"和"极高"的意象,又因"芙蓉"是莲花的别名,故富士山也有了"芙蓉(峰)"之雅称。也有学者主张"芙蓉(峰)"之称源自中国的"博山炉"。

⑥ 心華元棟「業鏡臺」、上村観光編『五山文学全集 第三巻』、思文閣、1992、2205-2206頁。

建的重要原理。

江户时代以后，日本人关于富士山山形的印象开始出现明显的分化，不仅原有的"八叶（峰）""芙蓉（峰）"等形象进一步发展，还形成了基于民族自我意识的"红富士""宝石富士""斗笠富士"等新的形象。随着时代的演进尤其是对富士山作为民族象征的意识增强及富士山民族化的作业展开，富士山新形象的意义也越发重要，影响日益扩大。与此同时，江户中期以后，不少学者开始了论述富士山山形的"完美性"与民族性的作业，并使两者紧密结合。

基于佛教思维的"八叶（峰）"形象在江户时代进一步发展。其典型例证便是八峰都被赋予了相应的佛教名称。《八叶九尊图》（1680 年）、《富士山禅定图》（天明年间）、《富岳之记》（1733 年）、《骏河国新风土记》（1816～1834 年）、《富士日记》（1823 年）、《富士参诣名所图会》（1852 年）、《富士山路标》（1860 年）等都将"八叶（峰）"作为富士山的固定形象。通过对这些图文的分析，可以发现这种富士山描写基本局限于佛教界，或者中谷顾山（江户中期的古钱研究家）、新庄道雄（出身于豪商的江户后期国学者）等非主流的富士山参拜者。这说明，富士山的"八叶（峰）"形象虽在佛教界已成定论，却未得到排斥佛教的主流学术界的认可。[①] 不过，这并不意味着这样的富士山形象就没有影响力；相反，随着富士讲和富士巡礼参拜的盛行，"八叶（峰）"的富士山形象在日本民众之间传播甚广，并拥有巨大的影响力。1703 年，作为民间戏剧形式的"狂言"《日本八叶峰》在京都布袋屋梅之丞座上演，就是极好的证明。可以说，这种控制着佛教界和民众的富士山形象及其佛教色彩直到明治时代"废佛毁释运动"后才逐渐被清除。

与"八叶（峰）"在佛教界及其信徒间流行的局面相对，主流知识界因民族意识的提高和排佛的思想倾向，采用自认为未受佛教影响的"芙蓉（峰）"来指称富士山。自熊本藩儒秋山玉山（1702～1764 年）的

---

① 不过，也有极个别学者如具有强烈民族意识的松宫观山对"八叶"之名并不在意，反而将其作为日本优越性的重要表现。参见松宫観山『続三教要論』、『続々日本儒林叢書第 2 冊　随筆及雑部』、東洋図書刊行会、1937、4 頁。

《望芙蓉峰》（帝搁昆仑雪，置之扶桑东。突兀五千仞，芙蓉插碧空）之后，主流知识界用"芙蓉（峰）"指称富士山的诗文便急剧增多，甚至连江户时代的绘画也出现了类似题诗①。通过对《日本儒林丛书》所载相关诗文②的考察，发现有学者如秋山玉山意识到"芙蓉（峰）"是受到中国神话观念影响的概念，甚至有学者明确指出其名不是源自佛教，完全是因为富士山山形似"博山炉"才有此名，并认为富士山"雅俗无定名，随时而转"③。不过，荻生徂徕（《送人之骏州》："苍茫天际孤帆影，直指芙蓉万丈山。"）、中井竹山（《白营观潮阪》："观潮阪上松林里，认得芙蓉白云巅。"）、兄藏（《题扇面富士山》："六十余州不二山，芙蓉矣兀尘束关。"）、源义根（《送人游葛城山》："海南遥望玉芙蓉，千障相连紫气重。"）等多数学者对于"芙蓉（峰）"之名是否受过中国思维的影响并不在意，或者说他们并没有意识到这一点。对他们而言，或许"芙蓉（峰）"是比"八叶（峰）"更能体现日本自主性、更适合描写富士山之美的"雅称"，这点从江户后期的日本主义者藤田东湖仍使用"骏台西指玉芙蓉，烂烂朝晖豁雪峰"④便可略见一斑。

在广泛使用"芙蓉（峰）"的同时，主流知识界还创造了一个新的概念即"白扇倒悬"来表现富士山的完美山形。它最早见于江户前期著名汉诗人石川丈山（1583～1672 年）的《富士山》："仙客来游云外巅，神龙栖老洞中渊。雪如纨素烟如柄，白扇倒悬东海天。"⑤"仙客""神龙""东海"等概念说明，"白扇倒悬"的富士山形象是在东亚文化视域下构建起来的。石川丈山本人曾为德川家康近侍，又被誉为"诗仙"，故其诗文在当时有很大影响。因此，"白扇倒悬"一经提出，便迅速为主流

---

① 例如，江户时代很有影响的河村岷雪的《百富士》（1767 年）的"松间"就收录了这样一首题诗："秀出玉芙蓉，不厌隔松树。绿叶与山光，相映自成趣。"

② 笔者以"芙蓉"为关键词检索"日本儒林丛书全文数据库"（http：//www2. sal. tohoku. ac. jp/jurin），计得 76 例。除少数用例是指植物的"芙蓉"而与富士山无关，大多数用例是指富士山。

③ 中井履軒『水哉子』、『續日本儒林叢書第 1 書目　随筆部』、東洋図書刊行会、1930、34 頁。

④ 高須芳次郎『新釈藤田東湖全集　第三巻』、研文書院、1944、207 頁。

⑤ 塚本哲三編『新撰名家詩集』、有朋堂書店、1923、11 頁。

学界所认可，成为他们描写富士山完美形象乃至优越性的一个重要概念："四时雪不消，无论自何藩观之，皆如白扇倒悬。"①

主流学界的"芙蓉（峰）""白扇倒悬"和佛教界的"八叶（峰）"几乎是一种互不干涉的平行竞争关系，一同构成了江户时代富士山山形描述的主流。不过，这种具有外来文化痕迹的富士山形象在成为"传统"之前，并不利于富士山的民族化及其作业。因此，江户后期，画家们塑造了"红富士""黑富士""宝石富士"等自主的富士山形象及其意义。其中，以"红富士"最为典型，如铃木芙蓉（1752~1816 年）绘《赤富士升龙图》（1771 年）、野吕介石（1747~1828 年）绘《红玉芙蓉峰图》（1821 年），画家们开始塑造作为"红富士"的富士山新形象和意义。这些作品虽然可能仍含有东亚共通的某些文化因素（如"龙""芙蓉峰"等），但实际上如"红富士"所示，也体现了使富士山特殊化的思维。稍后，浮世绘大师葛饰北斋完成《富岳三十六景》（1831~1833 年），其中的《凯风快晴》更是创造了较为彻底的民族化和生活化的"红富士"形象。因此，以"红富士"为首，画师们描绘的基于本土语境的富士山形象在当时受到世人的追捧，对其成为日本的民族象征发挥了极为重要的作用。它不仅确立了日本人关于富士山的同时性想象，推进了富士山成为日本象征符号的作业，还为这种作业提供了可供挖掘和反复自我特征化的历史资源。

由上可见，江户日本关于富士山的三种名称几乎互不干涉，分别在各自领域拥有影响力。"八叶（峰）"大体限于佛教界及其信徒，"芙蓉（峰）"和"白扇倒悬"限于主流知识界，"红富士"则限于美术界及其阅读者。虽然富士山山形的形象及意义也体现了逐渐脱离外来文化影响的倾向，但基于自我语境的"红富士"等形象和意义并没能占据压倒性的优势。不过，这对于推进富士山民族化的学者而言只是一个无关痛痒的问题，因为他们并不拘泥于这些描述，而是着眼于富士山山形的"完美性"和独特性，并将其与日本的民族性相连，进而证明两者之间的一致性。

---

① 風来山人『風流志道軒伝　巻四』、富山房、1903、74 頁。

江户前期，日本主义者山崎暗斋（1618～1682 年）和"俳圣"松尾芭蕉（1644～1694 年）是开展这一作业的代表。按前者之说，国土山川都是"神功呈妙手"① 的结果，故富士山自然具有"八面如一"的完美形状和独特景象。"乎是富山恰美哉，琼瑶削出莫织埃。四隅四面四时雪，八叶八方八字开。……五行运处几峰岭，神秀悉钟野马台。"② 这番文字表明他在竭力证明富士山完美形状的始源性。然而，"对观富岳冠东方，想像泰山甲大夏。潜圣昔时浮海来，必登绝顶小天下"③ 等叙述也说明，他仍不自觉地依赖于中国文化原理来证明此点。松尾芭蕉同样聚焦于富士山作为"完美之山"的独特性和"超神山"的属性，他写道："远闻昆仑、蓬莱、方丈者仙地也。眼前，富士山拔地而支苍天，是为日月而开云门乎？所向皆表，美景千变。诗人不能尽句，才子文人亦绝言，画工亦舍笔而走。若藐姑射之山有神人，能作其诗乎，能绘其画欤？"④ 依芭蕉所言，富士山是超越世俗乃至"中国仙山"的"完美无缺"的存在，具有"云雾萦峦时，须臾穷百景"的无尽风貌和"支苍天"的无穷力量，因此既无法为语言所描述，也无法被画师所描绘。不过，他在叙述富士山时仍无法避开中国神山话语体系。可见，不能脱离中国和中国文化讨论日本事物是二人富士山认识的共同点，而这也是整个江户时代日本文人无法避免的宿命。从这点上说，暗斋和芭蕉及其所代表的江户前期仍只是富士山"完美形象"建构及其民族化的起点。

富士山的"完美形象"可以为自身的自主性及"优越性"提供依据。江户中期以前，日本人大体依据儒佛原理来解释和定义富士山，故其神圣性和价值也大多由此所赋予和证明。在这种条件下，富士山非但无法拥有"自足的"价值，也难以与中国的昆仑、五岳等相比。因此，到了江户中期，以松宫观山、贺茂真渊、平泽旭山等为代表的日本文人意图在"本土语境"下构建富士山山形的"完美性"及其与日本民族优越性之间的

① 山崎闇斎『垂加文集 下之二』、『新編山崎闇斎全集 第二巻』、ぺりかん社、1978、335頁。
② 山崎闇斎『垂加草 第四』、『新編山崎闇斎全集 第一巻』、ぺりかん社、1978、43頁。
③ 山崎闇斎『垂加草 第四』、『新編山崎闇斎全集 第一巻』、28頁。
④ 佐佐醒雪『名家俳句集』、博文館、1913、35頁。

一体联系。松宫观山认为，富士山的山高（三国第一高山）、山形（八叶玉莲）等都是外国无法匹敌的日本"神国"特性的重要表现。"（日本）神圣之所生，其地乃灵，集乾坤之气。本土四面带大海，备百二之固。中央有三国第一之高山，峰削八叶玉莲，影浮万里沧海，四时常住雪，千岁不时烟。蜻洲有是物而妆宇宙之风景。惟降岳神而君臣世世，不乏哲人。道人相续，仁而寿，被称君子国。五毂秀美，金铁纯粹，实三才精英之所凝。民风刚悍，号古细戈千足国（有国星传）。仰神威，尊国王之义气，具于民性者，非异方之所比伦。"① 显然，他完全无视源自佛教的"八叶玉莲"的意义，而是基于一种批判"学者徒眩他美，有不省自己所居者，可谓忘君子安命之要也"的自我立场来构建富士山作为"神国"日本象征的形象和意义。作为主张恢复日本精神的国学者代表，贺茂真渊不仅对樱花、富士山等产生了"日本固有风物"的自觉，也尝试建立富士山"自足"且"完美"的价值，并将其归结于日本的"神国"特性及优越性。"（富士山）立于日出国，而闻及日入国。日经与日维、阴面与背面之形均相等，无所曲折，亦无些许隐藏之阴影，直斜式倾斜，裳裾宽般宽，有神坐于斯。然故，天皇以平稳、稜威之政为本，而无狭立之教，草民亦不置心于黜隐，尤其不云反对，天长地久而治，见之使人满、思之让人足者，乃此神在于高岭之面矣！"② 此段文字塑造了富士山"完美无缺的"圆锥形形状，构成了江户日本盛赞富士山之美的一种典型论述。该文收录于《观富士岭所记》（1763 年）。这说明，到 18 世纪中叶前后，日本人的富士山认识已悄然发生了重大变化。也就是说，不少学者形成了这样的认识：正是日本的"神国"特性及其优越性，才造就了富士山的"完美性"和优越性。实际上，这种认识不仅盛行于国学者之间，也开始见于主流儒者之间。例如，师从片山北海的儒者平泽旭山就有类似思维。其有名的游记文《登富士山记》记载："何况容貌绝美，其孰企及？盖天地间独我天皇，万古一姓，莫有革命者。是其无疆之镇，亦有兴

---

① 松宫观山『統三教要論』、『續々日本儒林叢書第 2 冊　随筆部及雑部』、3-4 頁。
② 久松潜一『賀茂真淵全集　第 21 巻』、續群書類従完成会、1982、100-101 頁。

于兹哉。特立于天下而无比伦，不亦宜乎？"① 由此可见，他们都将富士山的完美性格归因于万世一系的天皇统治，从而开创了构建富士山民族象征意义的封闭式道路。

江户后期，构建这种形象和意义的倾向进一步增强，以至各个领域的学者都参与了这项"神圣的"工作。他们大多以富士山"神造论"为基础，聚焦其"完美无缺"的山形，对富士山做了极尽可能的赞美，强化富士山优越性的合法性。例如，日本洋画创始人司马江汉（1747～1818年）主张："此山之形世界中绝无……此山乃自神代以前烧出，经数千年，吹降砂石于四面，成如此之形貌……山岳皆世界未开前之物，而有波涛之形。仅富士山，造出之山也，宜远望而不可登山也。"② 林吕亮的《富士山记》（1805年）仿照都良香的《富士山记》，也强烈地表达了类似意味："其美丽嘉祥之状，言而不可尽……史籍所载，人口相传，当知异域亦无有所比等焉。实神明所扶持，灵仙所游萃之处也……岂是皆以有富岳之壮观也，穷峻秀以示灵，启群奇以致兆，不啻人言，不虚纵令，移八湘，奚可及哉！"③ 佐久间象山（1811～1864年）则歌咏了与其《樱赋》并称的另一"千古绝唱"——《望岳赋》（1841年），以众多生僻的"好词""美文"对富士山做了极其夸张的美化："神岳崛岰其特秀兮，棍岚彩（犹岚光——笔者注）于穹苍。……八面玲珑其峭直兮，若剞劂（刻镂的刀具——笔者注）之以施拭拭（擦拭——笔者注）。……儿昆仑而孙嵩衡兮，镇皇舆以立极。……群仙集于天末兮，双阙竦于云际。……于是，钟坤灵之富有兮，兴宝藏之嵬羲（高大雄伟——笔者注）。"④ 此赋极度追求辞藻的华丽和工整，虽对庶民而言晦涩难懂，却增加了富士山的神秘感，并被认为"富赡有力"⑤；虽然采用了古典而美丽的纯汉文，却以"儿昆仑而孙嵩衡"的自大语气嘲讽中国名山。该赋在日本历史上首次直接

① 平沢旭山『漫遊文草　第一巻』、万笈閣、1887、20a 頁。
② 司馬江漢「春波楼筆記」、武笠三校『名家随筆集　下』、419 頁。
③ 長野県上伊那郡教育会『藤原拾葉』（第 8 輯）、鮎沢印刷所、1940、63-65 頁。
④ 佐久間象山「象山浄稿」、『象山全集　巻一』（増訂版）、信濃毎日新聞、1935、9-10 頁。
⑤ 佐久間象山『象山浄稿』、『象山全集　巻一』（増訂版）、11 頁。

用"八面玲珑"一词形容富士山"完美无缺"的形象，故在"东洋道德，西洋艺术"的价值体系内最大可能地提升了富士山的地位和价值，可谓江户时代富士山形象构建和民族化作业的一个小结。该文随后被刻入碑文，又被通俗化阐释①，对其后富士山完美形象和意义的普及发挥了重要作用。

综上可见，虽然江户时代有关富士山山形的名称还残留着外来文化的痕迹，但这些可以被忽略而实际上也被无视的因素非但未妨碍富士山新形象和意义的生成，反而是富士山民族化的重要环节和不可缺少的内容。换言之，"八叶（峰）""芙蓉（峰）""白扇倒悬"等名称或概念合力塑造了江户时代富士山的完美形象和意义，并确立了它与日本精神互为表征的富士山认识图式，奠定了其后富士山与日本国体及"大和魂"的优越性相互印证的历史基础。

（三）富士山风物的意义生成："斗笠云"的确立及其意义

就富士山的风物而言，雪、烟在江户以前就已形成了日本化的固定意义，而云的意义则不太确定，除了可以表示与"烟"一样缥缈无定的恋情（如《后拾遗和歌集》第 825 首："吾恋终归去，独留我心空荒芜，富士高岭挂白云。"），还可以表示山高（如《后拾遗和歌集》第 891 首："世人不及我，我恋深如海，高于富士云。"）等意义。至江户时代，雪和烟的象征意义几乎没有发生变化，而云随着绘画艺术的发展成为表现富士山形象的一个重要指标。比如，对"富士越龙""红富士"等富士景象而言，云都是一个不可或缺的存在。同时，它又因与民众日常生活密切相关而获得了异常的发展，形成了"斗笠云""吊云""山旗云"等新的物象和意义及基于此的富士山形象和意义。其中，以"斗笠云"最为典型。

"斗笠云"形象在江户时代异常发达的原因有二。一是"斗笠云"被认为创造了富士山绝美的容态——"斗笠富士"，甚至被认为增添了富士山的神秘感。比如，河村岷雪的《百富士》（1767 年）、葛饰北斋的《富岳百景》（"笠不二"）和《富岳三十六景》（"甲州三岛越"）等描写的

---

① 如平林有明的《樱赋望岳赋读法解释》（1907 年）等。

富士山"斗笠云",被认为创造了山和云完美结合的"斗笠富士"形象。二是"斗笠云"被当成观测富士山天气的重要指标。它不仅与富士山周边民众的日常生活密切相关,也与富士山参拜者和观光者的登山行为相关。虽然早在江户前期,俳谐诗人道之就提出了"斗笠云"[①] 的说法,但不能确定其是否指富士山。到了江户中期,河村岷雪所绘《百富士》之一就有"山顶云着笠之日也,富士参拜"[②] 之题句,说明将"斗笠云"作为判断是否登山参拜的指标。稍后,江户最出名的畅销小说家曲亭马琴又做了进一步说明:"富士参拜,朔日……每朝云起覆山顶,此谓斗笠云。彼国之人曰,其云向西行时不出三日则有雨,向东行时则天气快晴也"[《俳谐岁时记》(上),1803 年]。这段文字表明"斗笠云"已深度融入"彼国之人"的生活,作为"常识"对富士山参拜者产生了影响。当然,以上两个文献在江户时代都极有影响,尤其是前者多次重版,成为画师们的"模范",对江户美术界和知识界具有重要影响。这种状况极大地促进了"斗笠云"及基于此的"斗笠富士"形象和意义的形成与传播,不仅富士山周边居民间形成了"富士山若戴帽,近日会下雨"和"一重帽下雨,二重帽刮风又小雨"等谚语,在江户后期也形成了更多的富士山"斗笠云"形象(如 1830 年刊行的江户风俗事典《嬉游笑览》就记录了 30 种以上的"斗笠云")。

毋庸置疑,绘画、谚语等通俗文艺形式所确立和传播的日常化"斗笠富士"不仅增强了富士山的神性和美,也极大地缩小了日本人与富士山之间的距离,甚至创造了现实和想象相结合的"山、人"一体感。换言之,它在促使富士山民族化和形成富士山共同体意识上发挥了超越"斗笠云"本身的作用。

二 "三国第一山"与富士山的民族象征化

"三国第一山"的意义建构和宣扬是江户日本构建富士山作为日本民

---

① 北村湖春「続山井」、1667、第 045 号、早稲田大学図書館古典籍総合データベース、https://www.wul.waseda.ac.jp/kotenseki/。
② 河村岷雪「百富士」、1767、第 031 号、22b 頁、早稲田大学図書館古典籍総合データベース、https://www.wul.waseda.ac.jp/kotenseki/。

族象征的典型叙事。一方面，"三国第一山"意味着富士山的民族象征化，即建立富士山与日本人之间唯一、专属的联系；另一方面，它意味着富士山"优越性"的建构，即以富士山的"极致性"建构日本精神的"优越性"。富士山信仰重建、富士之美的再发现等构成了支撑这一作业的宗教和物质基础。

现悬挂于新仓富士浅间神社和北口本宫富士浅间神社鸟居的"三国第一山"匾额展示出，无论是过去、现在，还是将来，富士山对日本人而言都是一座具有特别意义的山。所谓的"三国"在江户时代有时指骏河、甲斐、相模这三个藩国，有时又指中国、日本和印度。如果按照中世日本人的世界观，则"三国"代表整个世界。所以，"三国第一山"有时指"骏甲相第一山"，有时指"世界第一山"。江户时代，因受民族主义思想的影响，日本人关于"三国第一山"的认识也有着明显的变化：江户前期，几乎不见富士山是"三国第一山"的说法，而随着民族意识的增强和对富士山作为民族象征的自觉，江户中期以后"三国第一山"的提法开始流行，并被解释为"世界第一山"。这种解释的核心和实质就是富士山乃日本优越性的象征，或者说"三国第一山"是这种优越性的具体表现，体现了"作为风景的富士山乃世界最优"的民族优越意识和"唯日本才最受造物神钟爱"的"选民"意识。这类话语在现代或显荒谬，因而或被付之一笑，或被人诟病，在江户时代乃至近代①却发挥了支持富士山民族象征化的重要作用。

（一）江户前期："三国第一山"的萌芽与富士山民族化的起点

江户以前，日本知识阶层很少有将富士山作为民族象征的意识，自然也没有关于"三国第一山"的明确记载。前述两个神社所述"三国第一山"的缘起皆出自其"社传"，并没有其他文献作为依据。前者的"社传"记载，807年，富士山喷发，平城天皇遣使前来，举行保护国土安泰

---

① 例如，作曲家下村荚的《月下怀乡》、小说家林不忘（1900~1935年）的《丹下左膳》、冲野岩三郎（1876~1956年）的《迷信的故事》等作品仍可见"三国第一山"的说法或主张。

的富士山镇火祭，同时授予该社"三国第一山"的封号及亲笔匾额。后者的"社传"则记载，为了祭祀日本武尊，该社于 1480 年建立了当时日本第一的大鸟居，其匾额则写了"三国第一山"。可以说，两个神社关于富士山"三国第一山"的记载疑窦丛生，但仍具有使富士山的这一性格获得"古老"而"神圣"力量的物质结构。

江户时代以后，随着民族意识提高，日本知识界开始产生将富士山、樱花等风物作为民族象征的意识，并开始了塑造这一形象的作业。与以樱花进行自我特征化的思维类似，林罗山也将富士山作为日本最重要的象征。其游记《丙辰纪行》大量引用中日两国关于富士山的诗歌及典故，以最大篇幅对其做了自我特征化的美化描述。"富士山之名，不惟独鸣于我朝，亦远闻及于中华矣。（山部）赤人之歌载于《万叶集》，都良香之记见于《本朝文萃》……诚我朝无双之名山也……一山高出众峰巅，炎里雪冰云上烟。大古若同仁者乐，蓬莱何必觅神仙。"① 这些文字显示了他借助富士山构建自我身份的意识，然对宋濂富士山诗的引用及"蓬莱"等用语也说明，他对富士山的民族象征化仍缺乏足够的文化自信。

对于推进富士山的民族化，暗斋学派的栗山潜锋（1671~1706 年）、谷秦山（1663~1718 年）等最为积极。该学派是江户前中期民族意识最为强烈的学者群体之一。栗山潜锋曾为德川光国所聘，参与《大日本史》的编撰，后又任彰考馆总裁。这种独特经历培养了他强烈的民族意识，他不仅撰写了《保建大记》（1688 年）、《倭史后编》等力倡"尊皇论"的著作，而且展开了证明富士山与日本民族性之关联的论述。"富山天下之望也。望之温然玉立，茫乎无垠。虽不知其中何所韬畜亭毒（成长、化育——笔者注），而道德之士，固有所仰止仪刑（效法——笔者注）。而凡功名词章、争时斗智之徒，下至都市贩缯、田亩饭牛之家，莫不愿与之比高、比大、比富厚也。甲申季冬，江府（江户——笔者注）人服氏适梦其山之屹然乎门中，觉犹如有所见。府之俗以梦之而为祥，因请所相识题咏之，令予序其首。盖梦者心之影，心之所向，影必从之。服氏之于道

---

① 林羅山「丙辰紀行」、塚本哲三校『日記紀行集』、179-181 頁。

德、功名、富贵，其将何所向也。"① 照此说法，无论是贩夫走卒还是"道德之士"，日本人都十分敬仰富士山；因为心中有富士山，"服氏"才会梦到它"屹然乎门中，觉犹如有所见"，而梦到富士山即意味着祥瑞，也已是江户的"风俗"。全面继承了暗斋学问体系的谷秦山也对富士山抱有作为民族象征的强烈自豪。他声称"千古富士留白头"②，盛赞富士山是乾坤世界无法比拟的山峰，就连中国大文豪欧阳修和苏轼都难以赋出适合它的诗词。他甚至认为，富士山见证了"万国来朝"的景象："富士恭己群峰服，何物乾坤得匹俦（匹敌——笔者注）。大地俯临尘一点，高天仰见雪千秋。八洲督府联青麓，万国贡船望白头。面面看来无苦窳（粗糙质劣——笔者注），谁佣匠石削琼球。"③ 在此，富士山显然被当成了日本人构建同一性的重要象征。

与以林罗山为代表的知识界的转变相应，江户前期的俳谐界亦出现了借富士山构建自我身份的动向。以山口素堂、上岛鬼贯为代表的俳句诗人不仅继承了日本人原有的富士山情思而展开了富士山精神的重构叙事，也对它产生了日本"特有景物"的自觉。山口素堂题为《九月十三夜》（1688 年）的俳句称"唐土若有富士山，还请看看今夜月"④，意指中国既没有富士山，也没有"十三夜之月"⑤，暗示它们都是"日本独特的景物"⑥。显然，这是以富士山为区分中国和日本的标志的思维。上岛鬼贯所咏"富士雪永恒，叶花一时吉野山"⑦ 则以对比的形式隐晦地提出了"富士（雪）"和"吉野（樱花）"这种象征自我的存在。

不仅如此，江户前期的佛教界也出现了构建富士山作为日本象征的思维和作业。1655 年赴日的朝鲜通信使南龙翼所记"达柏（中达和绍柏）

---

① 栗山潜锋『弊帚集　上』、山城屋佐兵衛、1856、12 页。
② 谷重遠『秦山集　卷五』、谷乾城、1910、9 页。
③ 谷重遠『秦山集　卷五』、10 页。
④ 勝峰晋風『芭蕉七部集定本』、岩波書店、1925、104-105 页。
⑤ 据《躬恒集》记载，919 年 9 月 13 日，醍醐天皇在清凉殿举办了赏月宴，是为"十三夜之月"之始。因而，依山口素堂所言，"八月十五夜"是中国传来的文化，而"九月十三夜"则为日本独创的风俗。
⑥ 勝峰晋風『芭蕉七部集定本』、105 页。
⑦ 大野洒竹編『鬼貫全集』、春陽堂、1898、30 页。

两僧"所呈的富士山系列诗歌就是很好的说明。其代表性的诗歌有："噫吁嚱，危哉，奇哉，异矣哉，富士之山！……忆昔共工头触不周山，山崩地维缺，东南之土化诸西北。上帝恶不均，却命夸娥掷此山于嵎夷（东表之地——笔者注）旸谷（日出之处——笔者注）之天表，巍巍几万仞，远远几万步……观此山不啻天壤杳，此山犹不屈服五岳与三山。尉佗魁居自在圣化外，有若南越尉佗之僭娇。我自耳惯五岳目三山，闻此不惊见亦藐。我愿上帝更命夸娥掷此山于中国、我国间，俾霈雨露制强蹻"；"玉立秋山势最尊，山头积雪四时存。天倾杞国撑为柱，地缺炎方补作根。冲北夜争星斗迥，压东朝凝日车翻。三韩形胜谁高下，欲唤仙人仔细论"；"若使夸娥移禹甸，雄奇当与太行论"，"若有神仙应在此，虽无载籍亦堪传"；等等。[①] 可见，两僧虽然仍需借助中国神山话语来建构特殊化的富士山的合法性，却对富士山产生了强烈的民族自豪感和优越意识，并欲使之为朝鲜学者所接受。这些主张虽然被南龙翼以"颇有夸大之意"定性，却在一定程度上反映了当时日本佛教界日益高涨的富士山民族化意识。

可以说，江户前期（1603~1680 年），明确用富士山来区分中国和日本的思维并不普遍，多数学者的富士山认识仍处于从普遍性向特殊性视角过渡的阶段。正如有"爱山之癖"并歌咏 600 余首富士山诗歌的加藤利正所咏"君子国中神德风，四时吹雪失青空。若令孔圣浮沧海，直指富山入日东"[②]，室鸠巢所咏"上帝高居白玉台，千秋积雪拥蓬莱。金鸡咿喔人寰夜，海底红轮飞影来"（《富岳》）等，既反映了诗人们一定程度的民族意识和本土崇拜，也体现了东亚的普遍思维和价值。

此时期几乎见不到以富士山为"三国第一山"的说法，仅有极个别类似用例。例如，"富士山乃三国无双之名山，故代代之人咏成之和歌、作成之汉诗不可胜数"（《百物语》，1659 年）。结合引文后面所举藤原家隆、藤原定家、宋濂等所作诗歌可以推测，这里的"三国"可能是指中、日、印三国，也可能指"骏甲相"三国。不过，这一说法仍可视为"三

---

① 南竜翼『扶桑録』、『朝鮮群書大系続々』（第 5 輯）、340-343 頁。

② 加藤利正『富士百詠』、1682、2 頁、信州大学附属図書館近世日本山岳関係データベース、http：//www-moaej. shinshu-u. ac. jp/。

国第一山"的萌芽。虽然江户前期是富士山民族化的起始阶段，却也充分体现了江户日本通过重构富士山的形象和意义而重构自我的民族意识及作业。

（二）江户中期："三国第一山"的意义转换与富士山民族化的自主构建愿望

江户中期（1681～1780 年）以后，富士山民族象征化的建设迎来了一个历史性的转折。知识界不仅有了将富士山作为民族象征的普遍自觉，还试图重构它与本土文化之间的联系及其所体现的优越性；基于本土信仰的平民性的"富士讲"与面向民众的"咄本"则极力强调富士山作为"三国第一山"的性格和优越性。

在主流知识界，荻生徂徕、柴野栗山（1736～1807 年）等开始以日本文明能力及其"优越性"的象征求诸富士山、琵琶湖等具象化存在。例如，徂徕致黄檗宗僧侣道章的信言道："秋色将尽，芙蓉峰上雪，寒色照人，不识中华有此好孱颜否？岱华（泰山与华山——笔者注）想当相伯仲耳。琵琶与西湖终如何？"① 其逻辑是，富士山是世界第一山，而这样的山连世界文明中心的中国都没有，所以日本胜于中国，亦优于世界万国。关于这点，他的早期门人安藤东野在《萱园随笔》（1714 年）刊行时所作的"序"里做了解释："徂徕先生其芙蓉白雪耶。芙蓉临天，不独我东方，彼航而泛洋者皆言森茫汗漫之中，见埵堁天际者芙蓉已。则芙蓉大乎天下，非吾之党言也。独怪名山大川，天下淑灵之气所钟，不于中国而于东方，抑何诸？呜呼，吾知之矣！"② 依安藤之意，富士山是"天下淑灵之气所钟"，不见于世界文明中心的中国，因而是"名副其实"的世界第一山；这点不只是"吾之党"的日本人所主张，也为"彼航而泛洋者"的外国人所承认。可见，与山鹿素行等以抽象的士道构建日本"优越性"的思维相比，徂徕及其学派开创了将日本的"优越性"求诸富士

---

① 荻生徂徕『徂徕集』、平石直昭编『近世儒家文集集成　第三卷』、ぺりかん社、1985、314-315 頁。

② 荻生徂徕『蘐園随筆』、『續日本儒林叢書第 1 書目　随筆部』、1 頁。

山等实在的先河，而它们作为"可视的"具体存在，在激发日本人的民族优越感，进而构建日本人身份认同方面更能发挥作用。随后本居宣长大肆宣扬"山樱花"的日本特殊性，也是这个道理。更有甚者，幕府儒官柴野栗山还认为富士山为"众岳之宗"，强调其无可比拟的"优越性"："谁将东海水，濯出玉芙蓉。蟠地三州尽，插天八叶重。云霞蒸大麓，日月避中峰。独立原无竞，自为众岳宗。"① 其中从"八叶（峰）"到"八叶重"的转变还表明，原本受儒佛影响的富士山神圣化思维开始向本土语境转换。

此时期主流知识界的富士山认识虽然尚未完全摆脱儒佛等东亚普遍文化的束缚，却也表现出强烈的自主化倾向。与此相对，贺茂真渊、平泽旭山、松宫观山等具有强烈自我意识的学者则意图在"本土语境"下重构富士山的"优越性"及其与本土信仰之间的联系。这种思维和作业集中体现于对富士山"完美形象"及其象征意义的构建，不仅以富士山为区分中国和日本的标志，还开始强调富士山的独立价值及其"优越性"。这也说明，江户知识界已开始从精神和存在两个方面来构建日本人的同一性，使"日本精神"和"日本风物"的发现及标签成为18世纪日本文化民族主义的基本特征。

与知识界展开的富士山民族化的两种路径相比，江户时代盛行于日本的"富士讲"在推进富士山的民族化方面则更为激进，对庶民的影响也更为深刻。江户中期以后，如"江户八百八讲，讲中八万人"所称，"富士讲"经过村上光清、食行身禄等宗教领袖的大力推动，以江户为中心爆发式地向全国扩展，使庶民对富士山的信仰具有了一种社会运动的性格。随着这一运动在全国展开，富士山也被塑造为"日本之御柱，三国无双之灵山"② 以及"三国第一山"，甚至是"三国之根元也，万物之元、日月之体也"③ 和"世界之柱、人体之元"。"夫当山者，天地开辟国土之柱也，又万物之根元也。先自世界空空之时始，水凝固而御山出现……伊

---

① 塚本哲三编『新撰名家詩集』、155 頁。
② 村上重良［ほか］編『日本思想大系 67　民衆宗教の思想』、454 頁。
③ 村上重良［ほか］編『日本思想大系 67　民衆宗教の思想』、443 頁。

弉诺、伊弉弥立而引四方，是云天之御中主命。初生山，是大山祇命也。又生海，成海三神……生于世界者，皆一仙之元。万事自水始而以为元也。"① 由上可见，"富士讲"在日本创世神话谱系下定义富士山，从而无限拔高了富士山作为日本象征的神圣地位和本源优越性。"此山，天地间由是出生也。阴阳之本也……为人而万民皆由是出生也。此山，日、月、明星三光之阴气、阳气也。"② 不仅如此，它的这种地位和性格还被当成了日本"优越性"的依据。"一切之事皆说明，日本远比唐、天竺开通……世界有东西南北，而东则为日月开辟之元，此岂非日本乎?"③ 综上可见，以"仙元大菩萨"或"仙元大日"为依据，"富士讲"虚构了富士山作为日本之"御柱"、"三国第一山"和"万物之元"的激进价值体系，构成了江户时代富士山民族象征化的重要环节。虽然这种极其荒谬的价值体系是一种落后和封闭的自我中心化的"癔症式叙事"，也是"记纪"神话、佛教和阴阳五行等思想的大杂烩，却有很强的欺骗性，故"富士讲"的流行对富士山这一形象的普及发挥了巨大作用。

与此同时，含"三国第一山""三国无双名山"之类说法的"咄本"大量刊行，也极大地促进了富士山"优越性"的意义建构和传播。据考察，《新竹斋》（"三国第一"）、《轻口耳过宝》（"三国无双"）、《闻上手》（"三国第一的名山"）、《管卷》（"三国之名山"）等笑话集都使用了这些说法。这里的"三国"虽然可能指"骏甲相"，然而结合《正直咄大鉴》（1694年）所述"古之歌人亦尽心，尤其羡慕可以早晚看到天竺、汉土、日本之三国无双之名山——富士山"推断，它们也完全可以被理解和解释为"中日印三国第一山"。而且，这种认识一旦形成，便具有溯源的解释力，使原本暧昧不明或不是指"世界第一山"的说法转为该意义。这也从另一个角度说明富士山"优越性"的意义建构在江户中期已是一种普遍的作业，也表明这种属性的富士山形象在民众之间得到了广泛的传播和相当的普及。

---

① 村上重良［ほか］编『日本思想大系 67 民衆宗教の思想』、459 頁。
② 村上重良［ほか］编『日本思想大系 67 民衆宗教の思想』、647–648 頁。
③ 村上重良［ほか］编『日本思想大系 67 民衆宗教の思想』、443 頁。

（三）江户后期："三国第一山"的泛滥与富士山象征意义的普及

江户中期是富士山被塑造为日本民族象征及其形象得到广泛普及的重要阶段。对此，知识界的富士山叙事和以民众为主体的"富士讲"、面向民众的笑话集不仅发挥了互补的作用，也对江户后期（1781~1867年）日本人的富士山认识产生了深远影响。

以"三国第一山"为例，此前一般只见于"富士讲"、笑话集等文献的极端主张，至江户后期不仅为知识界所认可，也开始见于一些通俗作家或画家的富士山论述。例如，畅销小说家曲亭马琴就认为，"（富士山）实三国第一番之名山，蓬莱不死之仙境也"[①]。曾游览日本各地的医生橘南溪不仅称赞富士山为"天下"最高山，还以其为"天下"名山的标准。"余自幼好山水，逢他邦之人必问名山大川，皆各各自赞其国山川，以为天下第一。是为甚难信也。既巡游天下而以公心论是，山之高者以富士为第一……皆甚似富士，一峰秀出，则如绘画一般。"[②] 虽然他所言的"天下"是指"日本"，却留下了以后被扩大解释为"世界"的可能性。著名旅行家百井塘雨则认为富士山之美为各国所承认，"原本富士峰之秀丽，不独为本朝古今所赏美，异国之书籍亦详也……云其为三国第一山，实不为耻"[③]。幕臣兼狂歌师大田南亩不仅高咏"富士入苍穹，三国第一山。唐人若欲见，请到日本来"，表现了对富士山作为世界第一山的民族自豪感，还企图在"言西行必说樱""言西行必说吉野"的图式下另建"言西行必说富士山"的文化图式，进而构建"西行"、富士山和樱花之间的一体性联系。"说西行则思富士，说富士则觉西行，此山、此人当为古今一对也。呜呼，又出赫夜姬，不替吾言矣。"[④] 幕末浮世绘大师五云亭贞秀则将这一主张贯彻到绘画世界，先后绘制了《三国第一山之图》（1849年前后）和《大日本富士山绝顶之图》（1857年），形象地构建了"三国第

① 曲亭馬琴『富士浅間三国一夜物語』、8頁。
② 橘南谿『東西游記・北窓瑣談』、有朋堂書店、1922、192-194頁。
③ 百井塘雨『笈埃随筆 卷五』、『日本随筆大成』第2期第6卷、359頁。
④ 大田南畝『蜀山人全集 卷二』、吉川弘文館、1907、33-34頁。

一山"和"大日本"之间的象征关系。

不但如此，江户中期以后，更多面向民众的笑话集如《轻口笔彦噺》（"三国第一"）、《新玉帚》（"三国第一之大山"）、《笑嘉登》（"三国第一"）、《新作落噺》（"三国第一"）、《落噺千里薮》（"三国第一"）、《落噺笑种莳》（"三国第一之名山"）等开始采用"三国第一山"的说法，有些作品甚至还将有关富士山生成的"巨灵一夜劈""终年冠雪""完美山形"等叙事与"三国第一山"联系起来，以说明富士山作为日本象征的合理性。"西面是琵琶湖出而形成的山，即有四条登山口，被称为东海之天的芙蓉峰，亦命名'二十山'。此即世上所说的三国第一山，无论山形，还是山高，富士山都无可挑剔。什么？那座山也只是看上去高，若去掉其积雪，也就只有一半高了。"① 这说明，至江户后期富士山是"三国第一山"的认识已相当通俗化，无疑对富士山成为日本"优越性"的象征发挥了重要的支撑作用。

由上可见，富士山为"世界第一山"的认识在江户后期几乎已成为知识界的共识。一方面，知识界人士继续构建并宣扬富士山的"完美性"，以此强化其"优越性"的合法性基础。这类论述大多聚焦于富士山的"完美山形"和"神造"之起源，对其做了极尽可能的赞美。另一方面，不少学者还展开了对中国名山的矮小化作业，以突出富士山之美及其作为日本象征的合法性。他们或以富士山为中国昆仑山的源头，或对泰山做矮小化的描述。前者的典型论述是著名民族主义者赖山阳（1780~1832年）的《题富岳图》，他声称该图的两首汉诗均是"戏翻"自秋山玉山的《望芙蓉峰》，却对昆仑山与富士山的关系做了完全相反的解释："帝掬芙蓉雪，置之赤县西。凝作昆仑山，敢欲较高低。""帝掬芙蓉雪，抛作昆仑山。雪汁即黄河，却向东海还。"② 显然，诗文反映了他以富士山为日本象征并建构日本文化本源性的民族主义思想。后者的典型是广濑青村（1819~1884年）的《富士山图》。其题诗"一岳排东海，三峰撑北斗。

① 「面白艸紙噺図会」、武藤禎夫編『噺本大系　第 16 巻』、東京堂出版、1979、87 頁。
② 頼山陽『山陽遺稿』、千代田書房、1911、16 頁。

置之齐鲁间，泰山是培塿"①，贬泰山为"小土堆"，却对富士山极尽溢美之词。毋庸讳言，这些富士山论既体现了江户后期日本知识界日益高涨的"去中国化"思想，然其所表现的与"他者"比较的思维也恰恰说明，日本知识界对作为日本"优越性"象征的富士山乃至本国文化仍缺乏足够的自信。这种以中国事物为标准而使富士山正当化的思维和叙事不仅意味着富士山在江户时代仍未成为一个具有"完全自足价值"的文化符号，也反映了江户日本进行自我叙事时不得不以中国文化为标准的历史事实。换言之，江户日本着力构建且自认为的"纯粹日本精神"实际上仍处于中国文化的射程之内，而且这种两难之境即便在借助"文明范式"否定或吞噬中国文化的近代日本仍无法得到彻底消解。这种困境或许是深受中国文化影响且保留汉字的日本人构建自我身份时始终无法避免的宿命。

总体而言，江户时代的知识界开始了将富士山塑造为日本民族象征的作业，甚至有少数人尝试在本土语境下构建"主体性"的富士山，同时也使这种形象通过知识传播和宗教传播得到了相当程度的普及。"三国第一山"之意义的形成和传播更是树立了日本人对富士山作为日本象征及其符号意义的自信和自豪。不过，相关论述无论如何强调富士山的"完美性"及其"优越性"，都未能完全摆脱儒学和佛教的思维范式。《富士山记》《望岳赋》等有关论述，以及"秦皇采药竟难逢，东海仙山是此峰。万古天风吹不断，青空一朵玉芙蓉"（安积艮斋《富士山》）等对后世产生了极大影响的诗文，都莫不如此。这意味着，构建这种富士山形象的理论支撑仍称不上"纯粹"，而是杂糅了中国文化、佛教文化等诸多要素。因此，对这些有关富士山的所谓"外来文化元素"的无视、吞噬乃至彻底否定②，就成为近代日本构建富士山作为日本象征的形象、意义及其优越性的必然选择。从这点上说，江户时代仍只是日本人推进富士山民族化的重要节点。换言之，富士山在江户时代并没有被充分地符号化和民

---

① 簡野道明編『和漢名詩類選評釈』、明治書院、1915、273頁。
② 这种作业实际上是一项永远不能完成的工作，因而近代日本开展的这种工作只是一种"主观的作业"，并不是一种"对事实的作业"。

族化，尚未成为一个本身拥有自足价值且又能表征日本价值的文化符号，即"富士山就是富士山"①。

三 富士山的日常生活化与民族化： "被同时生产、消费"的富士山

虽然富士山自古以来就是日本人所憧憬和敬畏的对象，但与其产生"知识性"联系的一般只限于知识界和佛教界人士，他们也在文学、绘画等艺术或宗教领域塑造着富士山的形象和意义。然而，至江户时代，富士山与日本人之间的关联发生了较大的变化。也就是说，富士山的日常生活化和自我特征化（民族化）异常发达，成为日本人有关富士山叙事的主流。前者意味着，富士山成了庶民极易亲近的"身边"的存在。他们不仅大幅度地参与了富士山形象和意义的塑造，也通过极为发达的通俗小说、浮世绘、净琉璃等文艺形式分享着知识界所塑造的富士山形象和意义。后者则意味着知识界和民众合力生产并共同消费着富士山的独特性乃至"优越性"，形成了对它的"同时性想象"，促进了富士山作为日本象征符号的形象和意义的生成。

可以说，富士山的日常生活化为它的民族化奠定了坚实的基础，而民族化又为它的日常生活化提供了动力和支持。两者的结合就是富士山作为日本民族象征之新意义的生成和传播。

（一）有关富士山的新故事及其意义的生成

听、讲或阅读故事即叙事，是在描述自己，也是在描述他者。这种行为是人类的本然行为之一，不仅能给人类带来"高级的快感"，还可以发挥凝聚群体、社会关系的黏合剂和传播知识的重要作用。同样，有关富士山的"故事"也发挥了形成共同体、塑造民族及其传承的作用。

江户以前，日本人关于富士山形成了"圣德太子骑白马越富士山"、

① 大町桂月『日本男児論』、富山房、1914、341 頁。

"赫夜姬传说"以及"役行者每晚登顶富士山修行"等故事，主要发挥了塑造并增强富士山神性的作用。至江户时代，类似的新故事被大量创造出来，如"巨灵一夜擘""一富士二鹰三茄子""富士见西行"等。其显著特点是，不仅庶民参与了新故事的创造，故事本身也有极强的生活化和日常化色彩而易被庶民接受，同时又通过各种通俗文艺形式向日本全国传播。这些新故事的生成及其传播对江户时代以富士山为媒介的文化共同体的形成发挥了重要作用。

"一富士二鹰三茄子"所体现的"初梦富士"是江户时代以民众为主体创造的新故事的典型。它指每年正月初一晚至初二早晨所做的第一个梦（初梦），若梦见富士山、老鹰和茄子，则意味着平安长寿（buji）、高贵（taka）和成功（nasu）。即它们被视为日本三大吉祥的象征，尤以富士山为第一。这一故事不仅增添了富士山的神性，也塑造了它的亲民性。而且，如狂歌《巴人集》（1784年）的"初梦"所述，"确实梦见了，一富士二鹰三茄子。施得魔法做好梦，不为貘所食"[1]，由此可以推测，这一故事在江户前期就已形成，至江户中期已在民众间广为流布。至江户后期，这一故事不仅被平户藩主松浦静山的《甲子夜话》、歌川芳虎的《新板初梦双六》等日本各地文人的作品提及，还被收入《嬉游笑览》（风俗百科事典）、《俚言集览》（国语辞典）等辞书。例如，福山藩汉学者太田全斋对此做了解释，"一富士二鹰三茄子，云瑞梦之次第。一说认为云骏河国之特产，是一富士二鹰三茄子四扇五烟草六座头"[2]。这一论述表明，虽然日本人关于该故事之意义的看法存在分歧，但认为它表示"瑞梦之顺序"是当时的一致意见。不仅如此，《鹿子饼》《管卷》《年忘嘶角力》《时势话纲目》《春笑一刻》《初登》《夜明鸟》《落话花之家抄》《笑话之林》《春袋》《岁旦话》《福喜多留》《庚申讲》《正月之物》等在民众间流行的"咄本"也都提到了"初梦富士"的故事，甚至还出现了以其为"日本第一梦"[3]的说法。这进一步说明，这一故事及其塑造的富士山形

---

① 大田南畝『巴人集』、『蜀山人全集　巻二』、227頁。
② 村田了阿『俚言集覧　上巻』、皇典講究所印刷部、1899、168頁。
③ 「初登」、武藤禎夫編『噺本大系　第11巻』、東京堂出版、1979、292頁。

象不仅在江户各阶层之间广泛传播，也在全国范围内得到了广泛传播。

增添富士山神性和亲民性的另一个典型故事是关于其生成的"巨灵一夜擘"。该故事认为，日本孝灵天皇时"巨灵一夜擘"，其凹陷形成了琵琶湖，而原来的近江国的土石则形成了富士山。因为近江与富士山的这种联系，日本人认为若近江人登富士山则不会有"坠死之虞"。按江户前期儒者堀杏庵所述"土人传说，此山者，孝灵帝时巨灵一夜擘，近江国开江湖，运土石筑成，江州覆一篑，今三上山是也。常庵袭其说，琵琶湖开兮，富士山出矣"，可以推测，故事在江户初期就已在富士山周边地区流行，同时随着富士参拜和观光的盛行而向全国传播。这点从1636年赴日的朝鲜通信使金世濂"遥望"富士山的相关记载中也可得到证实："从富士山南麓行……游观者若不一月斋戒，必有坠死之患。若近江人则不然，盖琵琶湖拆而富士山耸出故也。"① 到江户中后期，《春袋》《百福物语》《庚申讲》《面白草纸噺图会》等笑话集都对此有所提及，甚至形成了以琵琶湖为"富士山故乡"的说法。"这个春天的梦，真是一个完全的好梦。比梦见富士山还好。那是什么梦啊？梦见了近江之湖。什么？梦见了湖。那它为什么好呢？因为它是富士山的故乡。"② 这说明，"琵琶湖拆而富士山耸出"的故事在日本全国范围内得到了传播，甚至成了民众的固定认识。"巨灵一夜擘"故事的形成对富士山的民族化具有重要意义，不仅增添了富士山的神秘性，还如同"木花开耶姬说"构建了富士山与樱花的一体性联系一般，打通了日本最高山和最大湖的联系，并使富士山最有可能成为象征日本的三大具象化存在的中心。

塑造富士山神性和民族性的故事还有"富士三里艾灸""富士人穴""富士与龙"等。"富士三里艾灸"是源自汉医界的故事，意指在富士山三里之内用艾灸治病，可以包治百病。该故事很早就被收录于"咄本"《醒睡笑》（1623年）："有患中风者。去医生处看病，使其诊脉，仅用药则难治之证也……富士山者，众所周知之大山也。传说在富士山三里之

---

① 金世濂『海槎録』、『朝鮮群書大系続々第4輯　海行摠載二』、同文館、1914、431頁。
② 「春袋」、武藤禎夫編『噺本大系　第11巻』、29頁。

内，若施以艾灸，则不论何病皆可治好，然原本艾灸可持久吗？雄长老曰，艾灸均赖富士之烟，只要其不绝……"① 之后，这一故事亦被《竹斋之话》《秋夜之友》《轻口露之话》等"咄本"提及，实现了超越汉医界的广泛传播。"富士人穴"原是因火山喷发而在富士山上形成的溶洞，因16世纪末"富士讲"鼻祖长谷川角行在此修道大彻大悟而出名。江户时代以后，随着"富士讲"的盛行而成为其信徒登山时必须到访的"圣地"。"富士人穴"故事不仅极大地增强了富士山的神性，也随着《醒睡笑》《新竹斋》《宇喜藏主古今咄揃》《百福物语》等笑话集的流传和富士讲在全国的展开而向各地传播。"富士与龙"则是铃木芙蓉（《赤富士升龙图》）、葛饰北斋（《富士越龙图》，1849年）、狩野永泰（《富士越龙之图》）等浮世绘画家所创造的故事，借助龙的神性增强了富士山的神秘性，并随着这些画作的流行向日本各地传播。

与这些塑造富士山神性的故事相比，"富士见西行"则是江户日本重新发现日本人人生观和美意识的典型叙事。西行本被称为"花（樱花）月歌人""旅途和草庵歌人"，是通过旅途发现"日本之美"的诗人代表。正因如此，西行不仅受到松尾芭蕉、本居宣长等致力于重构"日本之美"的知识分子的推崇和效仿，也受到美术界和演剧界的重视。"富士见西行"描述了西行穿蓑戴笠、腰挎行包而远眺富士山的背影。作为画题，"富士见西行"不仅是文人画和浮世绘的重要主题（如狩野尚信的《富士见西行·大原御幸图屏风》、葛饰北斋的《富士见西行图》等），还被绘于雕刻、陶瓷、玩具等日用品上；作为艺题，"富士见西行"被歌舞伎和净琉璃的舞台世界所演绎。例如，1742年3月在江户市村座初演的《富士见西行》，1746年2月在京都中村座初演的《军法富士见西行》等。可以说，"富士见西行"的故事不仅本身是对日本独特美意识的再发现，也使富士山与这种美意识紧密结合起来，甚至赋予了富士山作为三种神器象征的意味。"富士山者，三国之名山。虽云八叶峰，绘于画时则为三峰，

---

① 安楽庵策伝「醒睡笑」、武藤禎夫編『噺本大系　第2巻』、東京堂出版、1976、92頁。

是日本之神宝——三种神器所体现之山。"①

由上可见，富士山新故事的不断生成是富士山被高度民族化的重要体现。随着这些故事的广泛传播，富士山对于日本的特殊意义也逐渐被日本人所认识和接受。其中，日本全国各地仿效富士山而称呼本地名山为"某某富士"就是一个明显的证据。据说类似于富士山的饭野山被称为"赞岐富士"，就是源自西行所咏和歌"赞岐称其为富士，朝气之烟饭野山，无日不生焉"②。至江户时代，更是出现了"有马富士""津轻富士""萨摩富士""浅草富士"（《俳谐岁时记·江户浅间祭》）等"拟富士"之称。例如，"旅人天明起床，议论昨夜之初梦，有云梦见江户之富士山者。一人说，啊，我初梦梦见了有马的富士山。另一人又说，我嘛，梦见了萨摩的富士山"③。与此同时，为了照顾和满足信徒因故无法攀登富士山的愿望，以 1780 年高田水稻荷神社内建造的"富士冢"（微型富士）为开端，关东乃至全国各地迅速建成各种"富士冢"，从而极大地推动了富士山形象在全国的普及。显然，自江户时代起，富士山的形象及意义在全日本得到了快速而广泛的传播，成为民众的"故乡之山"。这无疑对富士山成为日本民族及精神的象征具有十分重要的意义。

（二）日常生活化的富士山俳句和绘画

江户以前，日本知识界虽以山高、山形、山名为中心构建了富士山的特殊形象，却集中于其风景的秀美和作为"神山"的神圣性描写。江户以后，知识界不仅继承了这一传统，也更注重对富士山的"生活化"和"空间化"描述，不仅构建了一幅幅生动活泼、各个阶层都可以亲近和体验的"日常的景观"，也以日常化的形式增强了富士山"超日常"的神圣性。

富士山的"生活化"是指将富士山与日常生活的事物或场景相关联的作业，即通过文学、绘画、日常用具、装饰等文艺形式以及道具或技术

---

① 『軍法富士見西行』、水谷不倒生校訂『並木宗輔浄瑠璃集』、博文館、1900、848 頁。

② 小西可春『玉藻集』、香川県編『香川叢書第三』、三秀舎、1943、18 頁。

③ 『歳旦話』、武藤禎夫編『噺本大系　第 12 巻』、東京堂出版、1979、57 頁。

使作为"眼前仙乡"的富士山进入日常生活，从而使日本人通过置身其中产生与"具有人格的、自然的"富士山的共鸣。① 与此相连的是富士山本身发生了时空的改变，即通过非宗教的日常用具、绘画、俳句等，不仅使富士山成为一个可视化、可再现和可想象的"实际的""身边的"存在，亦使其所象征的意义和价值"具象化"，进而使日本人建立起一种"超现实""超时空"的富士山体验和情感共享，最终形成日本人与富士山之间"同时空"的一体感。换言之，这种作业不仅构建了富士山与日本人精神生活之间的紧密联系，还以"时空共享"的方式促使各阶层形成对富士山的共同经验和感受，进而引发他们对于富士山的全民式狂欢和以此为媒介的一体化意识。

江户时代，与注重富士山神圣化描写的汉诗相比，俳句和绘画对富士山的生活化和日常化形象描写发挥了更重要的作用。就俳句而言，江户各时期的俳句大师如山口素堂、松尾芭蕉、宝井其角、上岛鬼贯、与谢芜村、小林一茶等，不再仅仅局限于以往诗人们偏爱的雪、烟、火等被认为最能体现富士山特征的名物，而是尽可能将富士山与身边的日常事物相联系，塑造了它的亲和性和大众化面孔，进而为日本社会各阶层共享富士山提供了可能性和便利。就松尾芭蕉和小林一茶来说，两人都是江户俳句界的宗师级人物，都对富士山的生活化发挥了重要作用。实际上，前者关于富士山的俳句并不算多，却对其名物、山形、山高等做了十分形象又极其生活化的描述，如"扇载富士风""卢生一夜做梦而筑成的积雪""高耸杉树般的山形""茶臼盖般的山形""以云为根般的山高"等。与此相对，小林一茶则歌咏了大量有关富士山的俳句，尤其喜欢以日常生活用具（铫子、扇、帚等）及与日常生活相关的动植物（蛙、时鸟、鲣、猫、河豚、鹭、蜻蜓、蝶、蚊、螳螂、蜗牛等，早苗、茄子、白梅、油菜花等）来表现富士山，从而构建了生活化或大众化的富士山形象。显然，俳句诗人们将富士山与"日常的风物"或"日本的风物"（如"十三夜"）相关联的作业虽是一种典型的封闭式自我叙事，却消除了富士山与日本人之

① 〔日〕青弓社编辑部编《富士山与日本人》，第22页。

间的时空距离，也建构了知识分子和民众关于富士山认识与体验的同一
性，进而为富士山精神共同体的形成奠定了基础。

　　与俳句界生活化的富士山叙事相比，富士山绘画则呈现出"梦幻化"
和"生活化"的两大趋势。一方面，富士山绘画虽然表现出摆脱宗教色
彩的趋势（如狩野元信的《富士参诣曼荼罗图》、仲安真康的《富岳图》
等），却保留了对富士山进行神圣化的"梦幻"式描写的叙事风格。例
如，"富士"与"龙"的组合便是一个重要题材，暗示富士山是神龙栖息
之所，旨在通过具有神秘力量的龙的形象塑造富士山的神秘性和神圣性。
这类题材和风格的代表画作有铃木芙蓉的《赤富士升龙图》、葛饰北斋的
《富士越龙图》、狩野永岳的《富士山登龙图》（1852 年）等。此类画作
虽然可能体现了东亚共通的某些文化因素，而实际上又如"红富士"所
示，亦包含了使富士山特殊化的思维。

　　另一方面，江户时代以后经济的发展和文化的发达也推动了南画、圆
山四条派、洋风画等画派的兴盛与交流，进而促成了富士山绘画的个性化
和多样化发展与繁荣。因此，此时期不仅几乎没有不画富士山的画师，而
且画师更是直接把富士山画入了屏风画、挂轴、画卷、参拜导游图、衣服
纹样、日常用具（陶瓷、扇子等）、工艺品、武器等日常生活世界。绘画
艺术的繁荣也使画师们能够更自由地描画富士山，由此形成了建构富士山
的民族化和生活化形象的绘画风格。这类绘画数量甚多，代表作有狩野探
幽的《富士山图》（1667 年）、池大雅的《富士白丝滝图》（1762 年）、
河村岷雪的《百富士》（1767 年）、丹羽嘉言的《神洲奇观图》（1770
年）、小田野直武的《富岳图》（1777 年前后）、狩野惟信的《富岳十二
月图卷》（1781~1783 年）、橘保国的《东海道富士图》（1786 年）、墨江
武禅的《芙蓉峰细见之图》（1799 年）、野吕介石的《红玉芙蓉峰图》
（1821 年）、原在中的《富士三保松原图》（1822 年）、五云亭贞秀的
《富士山真景全图》（1848 年前后）、歌川芳几的《富士山北口女人登山
之图》（1860 年）等。这些画作描绘了从不同季节和角度所能观察的种种
"现实的"和独特的"神洲奇观""红玉芙蓉"，建立了日本人关于富士
山乃至自我的同时性想象，在推进富士山成为日本精神象征的文化符号方

面发挥了极为特别的作用。

　　需要提及的是，对富士山的符号化发挥最重要作用的画作是浮世绘大师葛饰北斋的《富岳三十六景》和歌川广重的《不二三十六景》（1852年）、《富士三十六景》（1858年）。前者是以富士山为题材的46幅系列风景版画，曾受河村岷雪《百富士》的影响，对于富士山成为日本民族象征发挥了比此前任何同类画作都要显著的作用。北斋完全是从庶民生活的角度观察富士山，画题大多是百姓的生产和生活场景，其作品受到时人热烈欢迎的同时，也使富士山形象及其特殊性价值（如《凯风快晴》和《山下白雨》描绘的"红富士"和"黑富士"）得到认可、引起共鸣。不唯如此，他采用西洋画和东方画技法相结合的"革命性"表现形式，运用大胆的构图、远近法、蓝摺绘（靛蓝印画）、点描等技法，通过与庶民日常生活事物的对比来把握富士山的千姿百态（如《神奈川冲浪里》的"大波浪"与"小富士"），既凸显了富士山高大而又完美的形象，凝练出日本人精神与审美的至高境界，亦拉近了它与日本人之间的距离（如《诸人登山》）。歌川广重受《富岳三十六景》启发创作的《富士三十六景》系列风景画，同样运用了东西方元素相结合的表现形式，聚焦庶民的日常生活场景，描绘了一幅幅饱含日本趣味的富士山风景图。

　　显然，两者的富士山风景版画不仅是日本精神和文化的体现，也是从画题、表现手法、旨趣等角度竭力塑造富士山作为日本及日本文化象征符号的作业。这种作业通过生活化和日常化的表现形式，推动了庶民对富士山形象的认同和接受。两个系列画作尤其是前者更被认为是"再一次集中地展现了日本绘画以往的所有成就"的不朽杰作，其绘画风格及所构建的富士山图像甚至对欧洲印象派和后印象派的画家都产生了很大影响，从而催生出一种名为"日本主义"的美术流行，同时也使富士山作为日本象征符号的形象和意义被西方人所接受。关于这点，美国当代山岳研究者埃德温·伯恩鲍姆（Edwin Bernbaum）极为肯定："日本有着富士山这样一座特别震撼人心的山，因其单纯的形体而被运用了各种不同的描写法。借助普遍而确定的手法描写的初期风景画，富士山由此成为19世纪日本艺术中最受瞩目的存在，甚至广泛为西洋社会所知。具有一致外观的圆锥形的富士山，对于那种强调平缓的几何学形体和均质色彩的团块的木版浮世绘来说，是十分理想的绘画对象。"① 当然，这种"广为人知"的富士山形象及其符号化意义，反过来又通过跨文化交际增强了日本人对它作为民族象征符号的自我认识。

综上而言，以俳句界和绘画界为中心的江户知识界通过有关富士山的"十三夜月""神洲奇观"等自我特征化的叙述，不仅巩固了富士山民族象征化的认识模式和文化形象，也使这种形象随着各种文本的流行为一般民众接受和共享，从而为富士山精神共同体的成立奠定了基础，即"通过拥有与吸纳富士山风景的文学、绘画、宗教、历史以及科学方面累积的共同感受，日本人的心性得以磨炼"②。

（三）富士山参拜、观光与阅读：信仰的扩大和美的共享

对日本人来说，富士山自古以来就是一座"被信仰"的"神山"。即日本人自古就对它形成了既亲近又恐惧的特别情感。江户时代，随着经济发展、社会稳定和富士山自身的相对沉寂，日本人与富士山的关联方式也发生了很大变化。无论是富士山的信众还是旅人，他们既可以像过去那样"远眺"富士山，也可以做到以往只有少数人才能做到的"阅读富士山""（登顶）参拜富士山""观光富士山"。这不仅意味着富士山信仰的扩大，还意味着这种信仰和富士山的美可以在更大的范围内分享，从而形成富士山文化共同体。

参拜富士山是当时江户及周边地区民众极为流行的活动。参拜富士山不仅是因为其本身的神秘和壮观秀丽，还因为这是由"富士讲"这样的团体组织的。即便当时的富士山相对沉寂，登山仍是一件十分危险的事情。"富士讲"要求信徒每年夏季集体登山一次，每次参加者为集团成员的 1/5～1/3，以便在三到五年内实现全员登山的目标。参加者在登山前也被要求先参拜山麓的浅间神社，沐浴净身，然后头戴草帽，身着白衣，一

---

① 「世界遺産一覧表への記載推薦書：富士山」、富士山世界文化遺産協議会ホームページ、http://www.fujisan-3776.jp/history/documents/nominationfile.pdf。
② 〔日〕青弓社編輯部編《富士山与日本人》，第 22 页。

起登山，最后参拜山顶的神社。这种仪式化的"崇高的"活动不仅构成了富士山一道道流动的人文风景，也被葛饰北斋等画师描写成画，成为信徒及观者心中永恒的精神寄托。因为这项活动不仅可以带给信徒超乎寻常的精神慰藉和审美享受，还被认为可以给他们及家族带来护佑，所以逐渐从江户扩展到更远的地区。除了登山，信徒们还可以"远眺"富士山尤其是"初富士"①，也可以"初梦"富士。显然，"富士讲"的存在不仅使民众对富士山保持作为"信仰对象"的敬畏，也增进了对它的亲近感，还构建了信徒之间的一体感。这也就使高桥虫麻吕所咏"唯此富士山，神圣镇四方，日本之守护，大和国之宝"的富士山形象和意义能够向更广泛的人群和地区渗透。

随着"富士讲"的盛行，便于富士山登顶的登山路、住宿设施、导游图等也逐渐完善，为文人和一般游客登山提供了可能，从而使富士山成为"行乐的对象"，推动了与"信仰登山"相对的"观光登山"的兴盛。一方面，它改变了知识分子与富士山的关联和记述方式。与都良香《富士山记》等"仰望富士山"的记述相对，文人们可以登顶富士山，展开他们重新发现富士山之美及其与日本人心性之间关系的"文化之旅"，如破村学人的《登富士山记》、平泽旭山的《登富士山记》等。另一方面，与"富士讲"一样，它增强了一般游客对富士山的亲近感乃至"日本有此神山奇峰"的自豪感。

当然，对日本人来说，并非只有攀登富士山才能对富士山产生特别的情感，旅途中的"远眺"、日常生活中的"一瞥"也足以让他们对富士山产生作为圣地美景乃至日本象征的自豪。而这也成为旅人乃至全体日本人共享富士山信仰和美的重要途径。江户时代，随着东海道等交通要道的整备、商品经济的发达、"参勤交代"的推行等政治、经济条件的改变，不仅往返于故乡与江户之间的旅人剧增，周游日本各地的文人墨客也远超以往任何一个时代。他们形成了从各种角度观察、描写乃至赞美富士山的文

---

① 据《东都岁事记》（1838 年）记载，"初富士"是指"富士讲"的信徒必须在每年正月元旦清晨朝着富士山朝拜，即站于可望见富士山的高处向它行注目礼。

字，完成了富士山自我特征化乃至优越化的文学建构。例如，松尾芭蕉在一次旅行途中翻越箱根关时，正值下雨，见富士山被云所覆盖，便咏"大雾时雨起，是有不见富士日。不见又何妨，别是一番趣"，描写了不受自然左右的心中"永恒的富士山"；活跃于关西的俳句大师与谢芜村回忆自己的江户之旅，咏"一切都遮住，独留富士立，嫩叶哉"①，描写了富士山不被任何力量支配的"绝对性"和神圣性。不仅如此，安藤广重、葛饰北斋等浮世绘画家更是创造了"红富士""神奈川冲浪里"等富士山的完美形象并使之永恒化。毋庸讳言，"旅行"进一步促进了富士山的形象及意义向日本各阶层和全国各地区传播，对富士山的民族化具有重要意义。

与此同时，随着江户时代印刷技术的发展和文化教育的兴盛，各种有关富士山的游记、诗文、画作等也比以往任何一个时代更受重视，得到出版刊行。这些作品不仅固定了富士山的形象和意义，也建立了其连续性，进而为更多阶层、更广泛地区的日本人阅读和分享富士山提供了可能。

综上可见，"富士讲"以及与富士山有关的旅行、阅读等活动极大地缩小了日本人与富士山之间的时空距离和心理距离，对于富士山与日本人的心性相连并使富士山成为日本精神的象征发挥了重要作用。

四　富士山民族化的构建原理及其转变

江户时代持续了将近 260 年，富士山民族化的构建原理也因时空和日本人自我觉醒程度的不同而不同，但总体上呈现出从依据中国文化和佛教思维到依据自我价值的转变。

在日本中世，如"汉魏以降，吾国赖以由中州之道也"② 所述，以儒佛为代表的中国文化是日本禅僧建构知识的依据。"古人云，常谓'富士山高，故雪不消'。唐人诘之曰，'富士山深'云云。至高者深也。高有

---

① 与謝蕪村『蕪村名句集』、文進堂書店、1934、99 頁。
② 翱之惠鳳「竹居清事」、上村観光『五山文学全集　第三巻』、2809 頁。

限，而深则不可测。"① 这段关于富士山是用"高"还是"深"来描述的文字则说明，中国文化也是他们建构富士山形象和意义的依据。对以中国文化为标准的禅僧来说，以昆仑神话、蓬莱神话和五岳传说为基础的中国神山话语体系是他们看待富士山乃至一切山峰的标准。"世之言山者，以昆岗为大"（龙泉令淬《松山集》）；"坤仪之间有五岳，皆为神仙所居也"（中岩圆月《东海一沤集》卷二）。佛教也是日本禅僧构建富士山意义的重要理据。他们一方面依据"八叶莲华"等原理，构建了"八叶白莲之灵岳，五智金刚之正体也"等"八叶（峰）""芙蓉（峰）"的富士山完美形象，另一方面又如"夫天下山之崇高者，莫如须弥"（义堂周信《空华集》卷十五）所述推崇须弥，并用富士山比附须弥，以此构建其形象和意义的正当性，如"夏冬常负半天雪，百亿须弥尽让豪"（虎关师炼《济北集》卷六）。

至江户时代，随着时空的变化和自我意识的增强，日本人一方面继续依据中国文化与佛教构建富士山作为民族象征的地位和意义，另一方面又企图构建一种本土价值，在此基础上构建富士山的独立价值乃至"优越性"。可以说，江户时代是富士山民族化的构建原理发生转变的重要节点，即这是一个既依靠旧原理又构建新原理的阶段。

中国神山话语是江户日本推进富士山民族化建设所依赖的旧原理，也是其主要原理。江户前期，日本文人意图在东亚价值体系内通过重构富士山与中国神山的关系来构建富士山作为日本象征的合法性，基于《义楚六帖》等中国文献认定富士山为"蓬莱"则是其主要体现。江户初期，幕府知识权威林罗山积极倡导并传播这一观点。1607 年，他初见富士山时咏"曾闻海外有蓬莱，富士巍然邪马堆"②，明确视富士山为"蓬莱"；《丙辰纪行》又依《义楚六帖》对富士山做了自我特征化的美化："富士山之名，不惟独鸣于我朝，亦远闻及于中华矣……徐福寻药而止于此山，称此为蓬莱山者，见于'义楚之帖'。"③ 江户时期流传甚广的《东海道名

---

① 野野村戒三编『世阿弥十六部集』、春阳堂、1926、135 页。
② 林羅山「随筆四」、『羅山先生文集　卷六十八』、平安考古学会、1918、394 页。
③ 林羅山「丙辰紀行」、塚本哲三校『日記紀行集』、179–181 页。

所记》也持类似观点："（富士山）甚至闻于唐土。有称徐福者，为寻不老不死之药，而留于此山。岂非'蓬莱山是也'之谓乎？"[1] 芭蕉弟子松仓岚兰（1647~1693年）杂糅流行于当时日本人之间的"巨灵一夜擘"的富士山起源说亦主张："不二者，日本之蓬莱山也。昔孝灵五年，山始现。徐福亦登山求仙药，辉夜姬亦化为神而留灵于此。"[2] 此外，井原西鹤的"常住的蓬莱山"（《西鹤织留》卷二），山崎暗斋的"画霁遣人看玉界，夜阴有盗隐蓬莱"（《垂加草》卷二），大田南亩的"当初人王第七世、孝灵帝七十二年，秦始皇遣徐福发童男女数十人，入海求仙，其处谓蓬莱者，盖吾富士岳是也"（《一话一言》卷十三），曲亭马琴的"实三国第一番名山，蓬莱不死之仙境也"（《富士浅间三国一夜物语》上卷）等，也是代表性叙事。这说明，"富士山蓬莱说"获得了江户文人的普遍认可且流传甚广，也充分证明了其所展开的富士山民族化作业对中国文化原理的依赖。

与"蓬莱说"相应，有人还试图重建富士山与昆仑、五岳的联系来证明富士山的民族性、神圣性和"完美性"。典型例子便是熊本藩儒秋山玉山的《望芙蓉峰》："帝掬昆仑雪，置之扶桑东。突兀五千仞，芙蓉插碧空。"[3] 用富士山比附昆仑或五岳是江户前中期日本文人的共识和惯例。这种做法虽然有助于借中国话语体系建立富士山作为神山和日本象征的合法性，却有"主体消除"的风险，故在一个民族意识日益增强的时代，自然不为那些率先觉醒自我的文人所喜。换言之，他们虽然不得不接受中国神山话语的规定性，却产生了构建富士山之"完美性"和"优越性"的意图，亦由此在东亚内部展开了对中国神山及其话语体系的相对化处置。江户前中期，山崎暗斋、松尾芭蕉、加藤利正、荻生徂徕是其中的代表。他们虽然承认"远闻昆仑、蓬莱、方丈者仙地也"，却认为富士山具有"岱华想当相伯仲耳""此山犹不屈服五岳与三山""若令孔圣浮沧海，直指富山入日东"等足以与中国神山并列甚至超越它的绝美风景。这充

---

① 浅井了意『東海道名所記　卷二』、17頁。
② 松倉嵐蘭「富士賦」、『日本近代文学大系　第17巻』、誠文堂、1933、61頁。
③ 塚本哲三編『新撰名家詩集』、129頁。

分显示了他们既依赖中国话语体系，又欲突出富士山之自主性乃至"优越性"的两难之地。

这种矛盾心理预示了江户中期以后基于中国神山话语的富士山民族化构建原理的分化。《风流志道轩传》（1763 年）和《登富士山记》（1769年）是这一分化的典型反映。前者承认"各国之山，虽以五岳为首"，却强调富士山相对于五岳在大小、形状和功用上具有"优越性"："其大亦远胜于五岳，八叶之峰傍立，亦被作于诗曰'四时雪不消，无论自何藩观之，皆如白扇倒悬'，亦被咏于歌曰'实无言描述之，不二之白雪'……五岳之类，于提草鞋者亦不足也。"[1] 显然，这种思维代表了从中国文化体系内部衍生的"扬富士而贬五岳、昆仑"的倾向，并在江户后期被推到了极致。他们或以富士山为昆仑山的源头，或对泰山等做了矮小化叙述，以凸显富士山作为日本象征的合法性及"优越性"。例如，柴野栗山、赖山阳等对秋山玉山描写的昆仑与富士山的关系做了完全相反的解释，认为富士山才为"众岳之宗"，而不是五岳或者说昆仑山是富士山的分支："帝掬芙蓉雪，抛作昆仑山。雪汁即黄河，却向东海还。"佐久间象山以及广濑系儒者等则展开了对中国神山的矮小化作业。佐久间象山声称富士山"专山岳之雄长"，故"儿昆仑而孙嵩衡兮，镇皇舆以立极"；广濑青村作《富士山图》，题诗"一岳排东海，三峰撑北斗。置之齐鲁间，泰山是培塿"[2]，通过贬低泰山为"小土堆"来突出富士山的神圣和伟大；广濑旭庄则否定了日本人尊五岳或昆仑的历史，虚构了日本人"尊富士而卑泰山"[3] 的传统。显然，这种建构富士山"优越性"的论述是日本民族主义思想的产物，虽然体现了江户文人日益增强的"去中国化"思想，却也说明他们在进行自我叙事时仍不得不以中国文化为标准的历史事实；也预示了中国神山话语的"他者化"命运及被随意解释的自我构建原理和路径。

《登富士山记》则代表了从依据中国神山话语向依据本土文化原理构

---

[1] 風来山人『風流志道軒伝　卷四』、74 頁。
[2] 簡野道明編『和漢名詩類選評釈』、273 頁。
[3] 広瀬旭荘『九桂草堂随筆　卷七』、『日本儒林叢書第 2 書目　随筆部』、178 頁。

建富士山民族性和"优越性"的转变。该文虽然承认"群岳之长为岱峰，封者七十，以为至极"，却强调富士山的山高和山容都远胜泰山，并归因于"万世一系"的天皇统治："此山中宫以上四十里，睥睨于半夜；何况容貌绝美，其孰企及？盖天地间独我天皇，万古一姓，莫有革命者。是其无疆之镇，亦有兴于兹哉。特立于天下而无比伦，不亦宜乎？"① 可见，这种论述虽然还会偶尔提及中国神山，却不再作为富士山民族化构建的"必需原理"，因为它已使富士山的形象和意义构建立足于内部因素及其优越性。这不仅显示了与中国神山话语的诀别，也说明在本土文化体系内构建富士山的完美形象和民族象征意义是这一作业的最终归宿。可见，对于中国神山话语，江户日本表现出从"依赖"到"摆脱"乃至否定的过程。

　　佛教也是江户日本构建富士山民族象征形象和意义的原理之一。虽然主流知识界因排佛的倾向而抵制这一原理，却并不妨碍其对"八叶（峰）"等名称的使用，也不妨碍佛教界及"富士讲"对佛教原理的利用。例如，元政（1623～1668 年）所咏"富士山高日本东，一峰直出太虚中。不知何代巨灵手，击却须弥坠碧空"② 就显示了依赖佛教构建富士山"优越性"的倾向。再如，富士山顶的八峰在江户时期被赋予不同的菩萨号，也是依据佛教构建富士山"完美形象"的例子。例如，《八叶九尊图》就是以富士山山顶中央为"大日如来"，又取阿弥陀、文殊、释迦、普贤、药师、观音、势至、地藏等菩萨名为八峰之号。再者，"富士讲"虽然立志在日本创世神话谱系下建立富士山的神圣地位和本源优越性，"夫当山者，天地开辟国土之柱也，又万物之根元也。先自世界空空之时始，水凝固而御山出现……伊弉诺、伊弉弥立而引四方，是云天之御中主命"，却仍需要"御山禅定者，昔释迦二十二年间之修行也"③ 等佛教原理的支撑。

　　由上可知，中国文化和佛教仍然是江户日本构建富士山形象和价值的重要原理，只是随着逐渐被他者化和外部化，其重要性和被依赖程度也越

---

①　平沢旭山『漫遊文草　第一巻』、20 頁。
②　元政『身延道の記』、磯村野風編『法華伝奇集』、平楽寺書店、1931、297－298 頁。
③　村上重良［ほか］編『日本思想大系 67　民衆宗教の思想』、459 頁。

发降低。相反，依据日本文化建立富士山"完美形象"和意义的思维和作业则越发占据重要位置。江户前期，这种思维尚不多见，也仅限于少数民族意识强烈的文人，如暗斋学派的谷秦山、俳句诗人山口素堂等。他们不仅对富士山产生了作为日本独特景物的自觉，也对其抱有作为民族象征的强烈自豪，甚至认为富士山优于世界各国山峰并体现了日本的"优越性"："富士恭己群峰服，何物乾坤得匹俦……八洲督府联青麓，万国贡船望白头。"①

到了江户中期，随着民族意识增强，以国学者为代表，更多知识分子转向了依靠本土文化原理构建富士山"完美形象"和意义的道路。松宫观山、贺茂真渊等认为，富士山具有"完美形象"和意义完全是"有神坐于斯"②的缘故。这意味着，富士山不仅具有"自足的""完美的"价值，而且这种价值源自日本的"神国"特性及其优越性，故有先验的合法性和正当性。同时，"形颇似富士"③，"明石之北稍西，有雌子、雄子两山……两山并立，形具似富士"④等论述也表明，还有人开始将富士山作为山峰的论述标准，增强了它作为"独立价值"的地位。这说明，江户中期以后日本已有了依赖自我价值进行富士山民族象征建设的明显倾向。

至江户后期，这种构建富士山"完美形象"和价值的倾向进一步增强。展开这种作业的学者扩大了其领域和规模，其作业亦构成了一种连锁互动的意义重构关系。他们大多沿袭此前国学者的观点，强调富士山的完美形象和意义源自"神造"，以此主张它作为独立价值的合法性。洋学者司马江汉主张"此山乃自神代以前烧出，经数千年，吹降砂石于四面，成如此之形貌……仅富士山，造出之山也，宜远望而不可登山也"⑤；林吕亮强调"富士山者本邦之名山也。盖古久远之时神造……其美丽嘉祥

---

① 谷重远『秦山集 卷五』、10頁。
② 久松潜一编『贺茂真渊全集 第21卷』、101頁。
③ 清君锦『孔雀楼筆記 卷二』、皇都書林、1768、1頁。
④ 清君锦『孔雀楼筆記 卷三』、16頁。
⑤ 司馬江漢「春波楼筆記」、武笠三校『名家随筆集 下』、419頁。

之状，言而不可尽"①；等等。这种基于本土价值的富士山象征论不仅为其形象和意义构建提供了"内部的"思想依据，也构建了被广泛传播和接受的土壤，并以"神州（日本——笔者注）自神州，西土（中国——笔者注）自西土，彼指我为外，我亦斥彼为下"②的自我构建为最终归宿。

与此同时，他们还常借外国人尤其是西方人赞美富士山之语，作为富士山具有"完美形象"和意义的证据。③百井塘雨、司马江汉、林吕亮等强调富士山之美和价值为各国所承认，"故岳在日东哉，一国之奇镇，而万邦均所美慕，其仰胜名，亦惟不虚谈"④。可以说，"西方人证言"为富士山"完美形象"构建提供了外部依据，后来也成为近代日本人构建富士山"完美形象"和自主价值的重要证据。

由上可见，江户日本构建富士山作为民族象征的"完美形象"和意义的原理总体上体现了从依赖东亚价值到依赖自我价值、从重视东方到重视西方的转变。这种倾向也为近代日本所继承，并随着时空环境的变化进一步加强。

结　语

江户时代是日本开始全面构建民族精神及其象征的时代。继此前富士山特殊化与神圣化的思维和操作后，江户日本知识界和民众对富士山产生了作为"日本象征"的明确意识，并开始了塑造这一形象的各种作业。这种富士山民族性乃至"优越性"构建的作业以"富士山祭神为木花开耶姬""三国第一山"等意义的建构和确立为主要标志，又集中体现于宗教、文学、绘画、工艺品、日常用具等各个领域的富士山叙事，并通过这些途径逐渐实现了向民众的渗透。与知识界构建并传播富士山形象的作业

---

① 長野県上伊那郡教育会編『蒑原拾葉』（第 8 輯）、63 頁。
② 藤田東湖「弘道館記述義」、『日本思想大系 53　水戸学』、岩波書店、1973、446 頁。
③ 向卿：《江户时代外国人眼中的富士山》，《日语学习与研究》2019 年第 6 期。
④ 長野県上伊那郡教育会編『蒑原拾葉』（第 8 輯）、65 頁。

相呼应，江户民众则通过"富士讲"、富士山巡礼等主体性体验自觉培养了对富士山的民族自豪感。而二者的结合更是奠定了富士山精神共同体的形成基础。同时，朝鲜通信使和赴日西方人的富士山论述则作为"外部证明"支持并促进了富士山作为日本民族象征的符号化意义的形成。

随着江户时代"富士山祭神为木花开耶姬""巨灵一夜擘"等话语的生成和传播，富士山成为江户日本三大民族象征的核心和连接点。这意味着，不仅富士山本身被赋予的意义可以为日本人的身份建构提供支持，樱花等民族象征所承载的"日本的价值"也可以嫁接到富士山，从而为该山成为日本民族及精神的象征提供了系统的支持。

综上可言，富士山被创建为日本的民族象征是"前近代"的日本构建民族身份的重要环节，它与近代民族国家创建民族象征的作业相比既有相同点，也有不同点。

第一，民族象征的创建反映了"自足的"民族精神尤其是价值体系和判断标准的创建，或者说是其具体化表现。富士山民族化的作业不仅构建了富士山本身及其符号化意义（日本国家和精神的象征）的独立性和独特性，还构建了它们之间的一致性乃至"优越性"。或者说，富士山的形象和意义是自我具有"自足的""独特的"价值和意义的外在表现及证据。它们一起构成了身份建构的"体系化作业"，互相支撑，互相补充，共同支持着民族文化身份的建设。江户时代，富士山与樱花被建构为"大和魂"的两大象征，是日本身份建构的重要内容。不但如此，相比于抽象的"大和魂"的构建①，它们还以"可视的"和"可体验的"具象性而使民族身份构建作业更具"真实性"和"可靠性"，故在凝聚日本人方面发挥了"更积极"的作用。

第二，民族象征的创建是一种连接"我们"的过去、现在和未来的作业。可以说，历史连续性是这一作业自我正当化的重要依据。通过对历史与传统的挖掘和发现，可以使被发现的民族精神及其象征具有一种

---

① 例如，武士道作为"大和魂"的重要内容，在江户时代实现了意义的重构，并开始了平民化的历程。参见向卿《试论江户时代武士道的平民化》，《日本学刊》2004年第5期，第120～134页。

"自古如此"的本源力量和性格。换言之，这种作业具有历史溯源力，不仅可以选择性地统合历史上有利于构建富士山自主性和"优越性"的各种资源，消除历史上富士山的价值曾由外来文化规定的不利侧面和影响，还可以建立连续性而为它提供历史依据。同时，我们现在关于民族精神及其象征的"发现"也可以为未来提供新的依据和资源。从这种意义上说，基于历史与传统发现的江户日本的富士山意义重构虽然确立了富士山被民族化的思维原理和路径，也为其后日本人的自我想象提供了历史依据和思想资源，但仍不过是它被塑造为民族象征这一漫长历史过程的一个重要节点。富士山成为一个彻底、全民性的民族象征符号，亦离不开近代以后官①民②合力对富士山的进一步"发现"。

第三，民族象征的创建不是近代民族国家所独有的现象，也可见于近代以前的异文化之间。换言之，只要存在"我们"所认为的"他者"，就会有自我及其象征。可以断言，不是"近代性"，文化同一性才是民族象征被创建的根源和动力。因此，一切可能表征自我的存在都有被民族化的可能。在江户时代，不仅是富士山，樱花也被构建为表征自我乃至自我优越性的日本独特存在。

第四，江户时代，富士山被创造为日本的象征，是近代以前由"恐惧"和"极致"创造民族象征的典型代表。一方面，恐惧感和神秘感可以制造距离，而距离会产生信仰，信仰则在促使共同体形成的同时，又塑造共同体的文化，最终塑造共同体及其象征。可以说，"恐惧"以及基于此的神秘感和不确定性是一切信仰的基础，日本人之所以形成对富士山的信仰并将其建构为日本的象征，在很大程度上乃是源自对它的恐惧和敬畏。另一方面，"极致"也可以因为特殊性或独特性形成"我们"与对象之间的最强关联，成为"我们"的最佳表征。"完美无缺的"山形、"高

---

① 近代日本政府在宗教、教育等方面实施了促使富士山民族化的政策，例如富士山的国有化（1871 年）、"富士讲"的神道化、"浅间大菩萨"称号的禁止、教科书中的富士山民族化叙述、作为文部省唱歌的"富士山"的推广等。

② 近代日本文人构建富士山作为日本及日本文化象征的论述可谓汗牛充栋，主要论述有志贺重昂的《日本风景论》、小岛乌水的《不二山》和《山水美论》、迟冢丽水的《日本名胜记》、德富苏峰的《名山游记》等。

耸入云"的日本最高峰等独一无二的特征无不显示，富士山之于日本就是一座"极致的"山峰，由此奠定了它成为日本象征的物质基础。尤其是"中日印三国第一山"的富士山属性更是强化了它成为日本象征的倾向。可以说，与因"极致"而被塑造为日本象征的樱花相比，富士山则是"恐惧"和"极致"合力创造的日本民族象征。

可以说，民族精神及其象征的创建是时空的作用以及这种时空下主体的主体化意识的产物。它既是一种历史的过程，也是一种历史的作业；既是一种主体的主体化过程，也是一种与他者的差异化过程。富士山之所以能成为当今日本"不容置疑的"民族文化象征，乃是江户时代及其后的日本以此前的相关传统为基础，对富士山进行持续发现的结果。

（审校：吴限）

江户时代的疫病与日本兰学的兴起

何鹏举*

内容提要：江户时代中后期疫病频发，一般人因为得不到可靠的治疗而只能采取迷信行为自救。同时，日本儒学与汉方医学也发生了重要变化，实证主义开始受到重视。在此背景下，兰学从对近代西方医学的营养汲取中兴起。通过对人体的研究，兰学家开始相信人皆为人的普遍人性理念。随着兰学家的世界认识不断扩展与深入，他们要求探寻普遍的客观真理，打破传统的华夷秩序而提倡平等的国家观，并尝试构思突破德川政权治下以封建等级制为基础的社会制度，迈出了日本近代化的第一步。

关 键 词：江户时代　疫病　兰学　汉方医学　普遍人性　日本思想史

日本天明八年（1788），兰学家、西洋画家司马江汉（1747～1818年）从江户出发前往长崎游学。当他来到一个名叫"大村"（现长崎县大村市）的小藩时，记录了如下情形：

> 入大村，见城下每家皆张挂注绳，入口处焚香，甚怪，问之驿站，言此地嫌疱疮，长崎正流行，故如此。①

---

* 何鹏举，政治学博士，北京理工大学外国语学院副教授、硕士生导师，主要研究方向为日本政治思想史。

① 司馬江漢『江漢西遊日記』、日本古典全集刊行会、1927、92 頁。此处的"注绳"即"注连绳"，是在日本神事活动中为了标明神圣清洁之地驱赶污秽而张挂的绳子。"疱疮"即天花。

这表明，面对传染病，18世纪后期的日本民众主要依靠上述神道甚至可以称为迷信活动的行为来应对疫情。就是在这样一种社会大背景下，1771年春，杉田玄白（1733~1817年）与前野良泽（1723~1803年）、中川淳庵（1739~1786年）等人在江户的小冢原刑场观看了一次人体解剖。事后，他们即相约翻译手里持有的荷兰文版解剖学著作 *Anatomische Tabellen*。这就是《解体新书》（1774年）的诞生契机。此书在日本的翻译问世被称为"日本学术发展史上值得铭记的金字塔"①，成为日本科学史上一次质的飞跃，开启了兰学与儒学、国学并驾齐驱的近世日本学问体系。② 当然，正如有学者指出的，《解体新书》并非日本接触近代西方医学的源头，在此之前已有从事西方医学研究的群体。③ 而且，一般谈到日本兰学的社会基础，学界都会从江户时代第八代将军德川吉宗于1720年缓禁西学汉籍与担任书物奉行的青木昆阳对兰书的译读谈起，认为这一系列举动延续了16世纪中期后兴起的"南蛮文化"。同时，以长崎的荷兰商馆每年为幕府提供的《荷兰风说书》为代表，在江户时代，日本已经积累了一定的西方文化知识，并促进了其经验科学的发展及自然观的变迁。④ 但是，这些都比不上《解体新书》给当时日本社会带来的巨大冲击，以及近代西方医学对兰学全面兴起发挥的推动作用，而前野良泽和杉田玄白更是被后辈兰学家视为兰学祖师。⑤ 但是，至今还有一个朴素的问题没有得到令人满意的回答，那就是为什么兰学的兴起会以近代西方医学为突破口。

对此，杉田玄白曾经以略带戏谑的口吻评论说："或许医家所言皆以就实为先，反倒领会得快，抑或因世人觉事情新奇有异方妙术，奸猾之徒为钓名射利将之流布。"⑥ 这只能说是兰学开创者在晚年对自己事业的过谦评价，并非一种合理的历史解释。我们需要搞清楚的是，《解体新书》

① 高橋礦一『洋学思想史』、新日本出版社、1972、72頁。
② 赵德宇：《日本近世洋学与明治现代化》，《南开学报》（哲学社会科学版）2010年第3期，第12页。
③ 杉本つとむ『蘭学三昧』、皓星社、2009、192-193頁。
④ 赵德宇：《西学东渐与中日两国的对应——中日西学比较研究》，世界知识出版社，2001，第165页。
⑤ 许美祺：《〈兰学事始〉与三个时代的兰学》，《日本研究》2015年第4期，第92页。
⑥ 杉田玄白『蘭学事始』、岩波書店、1984、11-12頁。

的翻译或许是一种历史的偶然，但这种偶然性的背后是否存在历史必然性？尤其是从思想史的角度如何解释近代西方医学与兰学兴起之间的逻辑关系？或者说，近代西方医学到底对日本人的精神世界产生了怎样的影响？为此，本文将从兰学家记录的江户时代的疫病入手，勾勒出他们的思想轨迹，进而关联疫病、生命、人心与社会，最终为前述问题提供一个思想史的解答。

一　兰学家笔下的疫病

居住于江户的杉田玄白曾记录过在江户时代中后期发生的多次重大疫情，在此可以列举其中较为典型的案例：

（1）明和四年（1767）发生了严重的流感，路上行人绝迹，江户城内各大名家中都煎起了汤药，疫情一直传到佐度、越后（现新潟县）地区，以高龄者为主，许多人因此丧命。

（2）安永元年（1772）冬至翌年春发生严重疫情，与明和四年流感不同，毒性甚强，染之即死。幕府甚至发放人参进行救济，奉行通过对棺材铺的调查，得知至少 19 万人因此丧命，其中以身份低微者居多，有地位的人较少染病。

（3）安永五年（1776）春暴发天花，几乎没有 30 岁以下的染病者，相比 25 年前暴发的天花疫情，这次尤为严重。

（4）大灾之后有大疫，天明四年（1784）由于大饥荒，幕府不得不下令，号召制作蒿饼作为储备。即便如此，灾情加上疫情导致陆奥地区（现日本东北地区）人迹灭绝，白骨遍野。[①]

从这些同时代的记录可以看到，当发生重大疫情时，江户时代的普通

---

① 杉田玄白「後見草」、『日本の名著 22』、中央公論社、1971、214 頁、221-222 頁、223 頁、241 頁、243-244 頁。

人几乎完全处于"坐以待毙"的状态。德川政权即便有心救灾，也回天乏术，而且当时日本的医疗水平在疫情面前同样难有作为，因此才出现了本文开篇司马江汉所记录的情形。实际上，这种状况到德籍医学家、博物学家西博尔德（1796~1866年）于1826年随长崎荷兰商馆馆长赴江户参访时，也没有得到根本改善。西博尔德也路过了司马江汉记录的大村藩，同样遇到了天花疫情，也注意到村口前张挂了注绳，据说这是山中修验者为了预防传染病而让村民们挂起的。有所不同的是，西博尔德注意到这个地方对传染病采取了严厉的隔离措施，只要哪个村落发生疫情，病人及家属全部会被送到偏远山地隔离直至治愈，当然，能否回来就要凭运气了。特别是在高岛这个地方，除了少数老人以外，居民全部因疫情死亡，可谓惨不忍睹。[①]

提到江户时代的疫病，就不得不提及3次霍乱的暴发，先后发生于文政五年（1822）、安政五年（1858）与文久二年（1862），文久二年还同时暴发了麻疹疫情。[②] 在文政五年的疫情中，仅萩（现山口县北部）一个地方在八月中旬的12天内就有近600人死亡；而在安政五年的疫情中，七月至九月江户的病死者数量更多达286964人。[③] 不过，在安政时代的疫情中也出现了一些积极变化，大阪兰医绪方洪庵（1810~1863年）大显身手，开始尝试使用荷兰商馆推荐的药物奎宁治疗病人，还根据实际经验总结出版了《虎狼痢治准》以普及防疫知识。[④] 绪方不仅医术好，而且门徒众多，就是在他开办的"适塾"里走出了此后引领日本一个时代的人物福泽谕吉（1834~1901年）。

由于日本社会的性观念在传统上就相对开放，江户时代又形成了以吉原和浮世绘为象征的町人文化，加之自1767年起掌握实权的田沼意次采

---

① ジーボルト『江戸参府紀行』、斎藤信訳、平凡社、1967、50-51頁。

② 野村裕江「江戸時代後期における京・江戸間のコレラ病の伝播」、『地理学報告』第79号、1994、11頁。

③ 菊池万雄「江戸時代におけるコレラ病の流行—寺院過去帳による実証—」、『人文地理』1978年第5号、66頁。

④ 緒方富雄『緒方洪庵伝』、岩波書店、1977、71-79頁。

取的放任政策进一步加速了町人文化的成熟与社会风气的颓废，①导致"花柳病"成了那个时代严重的社会问题。受此困扰的就有杉田玄白，因为他一生都在为医治梅毒进行坚韧的斗争。

　　……既巳辑录数百方，每逢患者，择其方从症试施，却无百发百中神妙之方。后涉阿兰之诸书，从其诸方中选取，同样试施，也无甚变化。就这样，逐年渐得虚名，病人越来越多，每年治疗千余人中，七八百为梅毒患者。如此过了四五十年，治疗此病也数以万计，现年逾七十却未见有痊愈者。此患者之不慎乎，抑或治疗之拙乎，愈知此病难治，与年若时毫无变化。②

　　由此可知，杉田玄白勇于开拓兰学、钻研近代西方医学是出于现实的强烈需求。这也是出身医官世家的杉田的责任感使然，是他的医者仁心。遗憾的是，当时的西方医学也未发展到足以让杉田如愿的程度，而日本民众的生活却时刻都面临着疾病与死亡的恐惧。正因如此，江户时代的奇才、博物学家平贺源内（1728～1779 年）借虚构的文笔对当时的医疗给予了极大的讽刺。

　　又有极恐之国，名为愚医国，又名薮医国。其人皆秃头，有留总发者，以治病为业，近年水平甚为低下，一看书眼就发昏，如坐针毡，半时也不能做得学问……值得显摆的唯有药箱，上面银环倒是闪烁，可对其中之药却毫无考究，言牛膝就是牛的膝盖，言鹤虱就要去找鹤身上的虱子，还说什么古人之言无误，简直是贻笑大方之国。③

　　我们现在读平贺的文字也许会禁不住大笑，但生活在那个时代的人特

---

① 家永三郎『日本文化史』、岩波書店、1982、200-203 頁。
② 杉田玄白「形影夜話」、『日本思想大系 64　洋学　上』、岩波書店、1976、283 頁。在当时，对"荷兰"的国名存在"阿兰陀""和兰陀""阿兰"等称谓方式。
③ 平賀源内「風流志道軒傳」、『日本古典文学大系 55』、岩波書店、1961、199-200 頁。

别是立志治病救人的兰医们却完全笑不出来，他们在苦苦地上下求索。通过前述内容，我们可以体会到江户时代中后期疫情频发、医疗水平有限、百姓求医无门的社会现实。另外，江户中后期日本的社会内部发生了一些重要变革，这种变革又为兰学的兴起提供了坚实的基础。因为兰学从来都不是对近代西方学术著作的单纯译介，也并非在一张白纸上勾勒出的西洋画。

二 兰学兴起的思想基础

传教士沙勿略（1506~1552年）于1549年到达日本后，通过天主教的传播，在日本掀起了一场以宗教文化为核心的文化变革，被称作"南蛮文化"。虽然天主教的传播因丰臣秀吉与德川政权先后禁止而中断，但在"南蛮文化"时期，西方的天文学、地理学、医学、药物学、农学、数学、测量学、兵学、航海造船技术等已在日本有所传播。不过，因为受制于传教士传教的需要，这种传播尚处于零散而不系统的阶段，有很大的随意性。在医学方面，伴随"南蛮文化"的兴起，西方的医学知识特别是外科相关知识得以流传，出现了以简单外科为主的"南蛮流"等医学流派。确实可以说，"南蛮文化"培养了日本一部分知识精英的实证精神，为此后兰学的兴起奠定了认识论基础。[①]

进入江户时代，日本统治阶层通过荷兰商馆一直保持着对海外信息的关注。而自1708年意大利传教士西多蒂（1668~1714年）因偷渡被捕，儒官新井白石（1657~1725年）通过对其进行讯问而著就《采览异言》（1713年）与《西洋纪闻》（1715年）后，西方文明再次进入日本知识精英的视野。此后第八代将军德川吉宗对兰学的推崇与对青木昆阳的重用更成了兰学勃兴的催化剂。但正如前文所述，社会大环境并不能直接解明西方医学为什么成为兰学全面兴起契机的内在思想理路，我们仍然需要进入日本医学思想演变的内部轨迹寻找答案。杉田玄白曾经给出了线索，他

---

① 〔日〕杉本勋：《日本科学史》，郑彭年译，商务印书馆，1999，第121~139页；赵德宇：《西学东渐与中日两国的对应——中日西学比较研究》，第42~49页。

说："当初从未想到兰学会变得如此兴盛，汉学是修饰文章之学问，因而发展迟缓，兰学则是将事实原原本本记录，所以才更易被接受吧。实则，因在汉学开人智见之后，才如此迅速，也未可知。"① 虽然杉田玄白并不十分肯定，但他还是从自身的经历中体会到汉学对兰学兴起的基础性作用，而最为直接的原因，实际上就是中医在日本的一脉——汉方医。

（一）汉方医的思维转向

中医据说最早于 6 世纪通过朝鲜半岛传入日本，吴人知聪于 562 年携医书来到日本是中医直接传入的较早记载。② 此后，中医与日本本土医学不断融合，形成了所谓的汉方医学。由于日本的汉方医学经典多为汉籍，所以在江户时代，医生多为儒者兼任，行医也成了儒者谋生的一种手段。③ 因此，日本儒学的发展变化自然也会影响到汉方医学的学术风格。从 17 世纪中期起，日本儒学发生了重大转向，那就是以山鹿素行、伊藤仁斋、荻生徂徕为代表的"古学派"兴起。他们反对陷入朱子学形而上的哲学思辨，主张实学，着力将自然认识从封建伦理中解脱出来。这种灵活、宽容的儒学环境对兰学的兴起确实至关重要。④ 就连杉田玄白本人在行医过程中也曾受到荻生徂徕的启发。

> 未曾想读徂徕先生的《钤录外书》，其中讲真正的战争非军学者之流所教，地有险易，兵有强弱，绝无何时何地同样准备而皆能预定胜败之论……书中记"平常学得军理，再依大将之量，而胜败乃临场方定"，读此才明，所言实然。乃悟我医如不更改面目，则不得立大业。此后方知，真正医理乃在远西阿兰之处。⑤

---

① 杉田玄白『蘭学事始』、54-55 頁。
② 王亚丽：《文化的异域生存——以中医文化东传日本为例》，《中医药文化》2019 年第 6 期，第 79 页。
③ 岸田知子『漢学と洋学—伝統と新知識のはざまで—』、大阪大学出版会、2010、1-3 頁。
④ 王玉强：《朱子学的日本化与兰学的兴起》，《东北亚论坛》2007 年第 2 期，第 125 页。
⑤ 杉田玄白「形影夜話」、『日本思想大系 64 洋学 上』、256-257 頁。

一方面，"古学派"的学术风格不仅仅影响了杉田的人生选择，更直接改变了汉方医学的发展方向。受到明清中医学发展的影响，江户时代前期主要流行的是所谓"后世派"，这一流派的汉方医主要尊崇"金元四大家"，特别是李东垣与朱丹溪的学说，强调"辩证论治"。而随着儒学内"古学派"的兴起，汉方医学内部也兴起了"古方派"，他们将《伤寒论》作为经典，强调病症与经方相配的"方证对应"的实证经验主义。[①]代表人物有主张"万病一毒"的吉益东洞（1702~1773 年）和强调"亲验实试"的山胁东洋（1705~1762 年）。

日本历史上首次经官方许可的人体解剖就是由山胁东洋于 1754 年实施的。山胁本人从 40 岁时起热衷于徂徕学，终于在 50 岁时实践了他遵循的实证理念。[②] 需要指出的是，杉田玄白等兰学家并未亲自参与解剖[③]，在这点上汉方医学可以说比兰学先行一步。根据解剖的结果，山胁于 1759 年刊行了《藏志》一书，这本书也直接影响了杉田玄白，而杉田的同僚小杉玄适甚至还直接参与了那次解剖活动。最为关键的是，山胁对解剖结果的分析还不能让杉田满意，因为当山胁发现人体内部结构与当时汉方医学所遵循的经典不一致时，他未能对汉方医做出彻底的反思，只是评价说"上古称九脏，今分五脏六腑，乃后人之杜撰"。[④] 杉田正是读了山胁的著作后下决心亲自观察人体内部构造以辨真伪。

另一方面，汉方医学通过"古方派"的努力，逐渐抛弃了"阴阳""五行"等形而上的哲学理念，确立了"经方"在汉方医内的主流地位。他们也不再强调"辩证论治"，而是侧重"症治"的统一性，[⑤] 改变了汉方过度依赖医师个人能力而导致治疗效果参差不齐的弊端，为此后开发研

---

① 邵沁、宋欣阳：《明清中日医学交流对汉方医流派形成的影响》，《医学与哲学》2019 年第 1 期，第 78 页。

② 川嶌眞人『蘭学の泉ここに湧く—豊前・中津医学史散步—』、西日本临床医学研究所、1992、72 页。

③ 杉本つとむ『蘭学三昧』、192 页。

④ 杉田玄白『蘭学事始』、32 页。

⑤ 参见平马直树、王晓明《日本江户时代的古方派》，《中医药导报》2015 年第 9 期，第 6 页；赵熠玮：《近世日本中医思想变革中的身体机械论影响考》，《自然辩证法研究》2019 年第 11 期，第 81 页。

制具有普遍医疗效果的现代汉方制剂奠定了坚实的基础。

日本儒学与汉方医学内部发生的变化实际上也是东亚地区学风转变的结果，因为清代学人所倡导的疑古与实证之风在17~19世纪流行于整个东亚地区，只不过清学的变革多发生在儒学系统之内，而其在日本却促发了儒学之外学术的繁荣。① 正是因为这种时代潮流，即便在固守"身体发肤，受之父母，不敢毁伤"与"逝者为大"的中国，清代医家王清任仍然坚持开展解剖观察活动，并刊行了《医林改错》（1830年），该书从实证角度纠正了中医长期以来在解剖与生理认识上的错误。此外，明清时期中国的学术成果在无意间还直接影响了兰学的学术构建。比如，19世纪初德川幕府组织编译西方家庭日用百科全书《厚生新编》，在这一过程中兰学家使用的重要参考资料就是《本草纲目》；② 明末清初方以智的科学巨著《物理小识》东传日本后也一直受到各方关注，后来更成为平贺源内通过举办展示奇珍异宝的东都药品会而总结编纂《物类品骘》（1763年）与大槻玄泽（1757~1827年）补译恩师作品而刊行《重订解体新书》（1826年）时的重要依据。③

综上，我们可以得知，在东亚地区，特别是日本的儒学及汉方医学的学术方法所发生的转向是兰学兴起的重要思想条件。以杉田玄白为代表的兰学家本身大多是学医出身，而且具有较为深厚的汉方医的学术修养，一方面能够感受到日本儒学及汉方医学内部的变化，受到重视实证经验的学术风气熏陶，另一方面也深切体会到汉方医学所具有的局限与问题，因此他们寻求从以实证为根本的荷兰医学中释疑解惑就成为水到渠成之事。日本儒学及汉方医学的发展可以说从"内部"或者说"正面"为兰学的兴起开辟了一片新天地。而江户时代中后期的种种社会矛盾则可以说从"外部"或者说"反面"为兰学的兴起提供了巨大刺激，这突出表现在兰学家对江户时代的社会批判上。

---

① 宋念申：《发现东亚》，新星出版社，2018，第189页。
② 徐克伟：《日本江户兰学中的中国知识及其局限——以〈厚生新编〉（1811—1845）对〈本草纲目〉的参考为中心》，《自然辩证法通讯》2019年第7期。
③ 李红、周萌：《论〈物理小识〉东传与日本兰学渊源关系》，《云南民族大学学报》（哲学社会科学版）2017年第3期，第145页。

（二）兰学家的社会批判

江户时代中后期出现的种种社会矛盾是促使兰学兴起的重要外部原因，这种外部矛盾的刺激作用突出表现在早期兰学家的精神世界中。首先，表现在兰学家对以儒学和汉方医学为代表的江户时代学问的不满上。司马江汉断言："吾国人，不好穷理万物之事，不好天文地理之事，浅虑短智。"① 这是他对当时仍然存在的空谈性理学风的强烈批判。而且司马江汉并不孤单，因为持同样批判态度的大有人在。他在前往长崎的途中到一个名叫金刚坂的地方给一位名叫森岛平四郎的人带信，结果到森岛家门口却发现门上挂了块牌子，写着"儒者、学者、虚名者并乞者不可入"，② 儒者在那个时代的名声居然已经沦落到与乞丐相同的地步。

当然，兰学家最为不满的还是汉方医学，杉田玄白曾经评论称"唐流"③ 的外科没有可看之书，虽然关于内科他也承认没有比"唐"更精细的，但他仍无法理解中医学说因人而异的状况。例如，汉方医学对人体结构没有明确认知，甚至出现了自我怀疑的现象。吉益东洞便认为脉诊不可靠而主张腹诊，杉田则认为吉益有此怀疑是因为他不了解皮下血管的构造，如果明白脉搏的起伏变化与血液循环相关，自然可知脉诊是一种可行的诊断方法。④ 总而言之，杉田认为汉方医学的最大问题就在于：

> 汉人之说，人人各有其思，如滑伯仁、张景岳之脊骨说，各不相同。无论哪国，人身并无智、愚、贤、不肖之差别，必定相同。各自逞见，争先倡奇，何是何非哉。形体不定之事，必当疑之。以此相考，可知汉人乃从肉上寻摸而定其见。经脉骨度相异之唐医书，其说其论不可信也。⑤

---

① 司馬江漢「春波楼筆記」、『日本の名著 22』、430 頁。
② 司馬江漢『江漢西遊日記』、53 頁。
③ 在江户时代，对于中国的称呼有"中华""汉土""唐""西土"等，兰学家抛弃了以中国为中心的华夷观念，所以多用"唐"等称呼而不使用"中华"。
④ 杉田玄白「形影夜話」、『日本思想大系 64　洋学　上』、259-261 頁。
⑤ 杉田玄白「和蘭医事問答」、『日本思想大系 64　洋学　上』、206 頁。

人体构造都是相同的，为何关于人体的医家之说却各不相同？就是这个十分朴素的疑问一直驱动着杉田去寻求答案，激励杉田学习西方医学，并在日本建立起有别于汉方的一门新医学。

其次，在这种对汉方医学不满的背后，存在兰学家对华夷观念以及盲目崇拜中国而不顾日本实际情况的不满。平贺源内曾批评说："唐是唐，日本是日本，昔是昔，今是今，即便三代礼乐也不相同，曾经立而拱手为礼，现今在贵人面前却不能立。即便是圣人之政，如欲行井田之法，百姓也会斥为愚蠢之极。"① 平贺讲的就是要尊重各国国情特殊性的道理，不能盲目地以中国的标准为标准。杉田玄田则提出："如夫以周之衣冠为是，行之赤道下渤泥、苏门答剌等国，则民不耐其热，恐生疾病焉，圣人生其国，则必新衣冠，当使其民不苦也，以是观之，则衣冠文物，明尊卑之分，不必以支那为是，以从风土之宜为是也，道者，非支那之圣人所立，天地之道也。"② 杉田在这里提出一种全新的思维方式，即"衣冠文物"须从"风土之宜"。杉田还指出，"天地之道"并非"天理"，而是以西方医学、天文学、地理学为代表的客观规律。从中可以看出杉田对日本特殊性的维护，以及对一种基于自然科学的全新的普遍性的追求，这要比将"道"看作圣人之"作为"的荻生徂徕的主张更具现代性。

如后文将要论述的，正是兰学家的一些不满孕育了日本走向现代的第一步。当然，杉田的主张也遭到"道学先生"的反对。对此，大槻玄泽说道："寸有所长，尺有所短，择善而从，何错之有。守株不改，可笑之至。"③ 但改变普遍存在的定式思维绝非易事。一次，司马江汉到某武家做客，席间一位姓织田的公家朝廷官员说："江汉熟知西洋之事。可是荷兰人并非人类，乃是禽兽。只不过善于工技。"司马江汉只能气愤地回答说："看来人不如兽。"④

再次，兰学的创始者们不仅批判旧思维、旧观念，他们的批判还直接

---

① 平賀源内「風流志道軒傳」、『日本古典文学大系 55』、167-168 頁。
② 杉田玄白「狂医之言」、『日本思想大系 64　洋学　上』、239-240 頁。此段原文即为汉文。
③ 大槻玄沢「蘭学階梯」、『日本思想大系 64　洋学　上』、338-339 頁。
④ 司馬江漢「春波楼筆記」、『日本の名著 22』、446 頁。

指向了德川封建世袭体制。因为在这个体制之下，所有人都按照武士、百姓、町人等等级被严格划分，没有人不被身份制度牢牢地禁锢。所以，司马江汉才感叹道："天下有才者，生于农夫工商之家，因卑贱而不得用。生于诸侯贵家者，虽无才而用之。有才不得用者如愚人一般，无才得时受用者却宛如才子。"① 而处于统治阶级地位的武士集团则因为长期养尊处优出现了风俗败坏的现象。据杉田玄白记载，天明七年（1787）正月十七，在御番头水上美浓守的府内，七名武家官员举行宴会，还请了六七名歌伎，席间两名武士因敬酒的小事吵了起来，最后演变成一场"混战"。这些官员大打出手，损坏了将军下赐的家具，更有甚者居然在席上大小便，还有人用筷子夹起大便乱扔。杉田斥之"旁若无人，不知羞耻"，还不如"鄙夫下人，堪称人妖"。②

当然，兰学家批判的矛头也并未完全指向统治阶级。正所谓"怒其不争"，如前面提到的，汉方医学鱼龙混杂、缺乏普遍适用的医疗手段等弊病，导致江户时代的普通民众只能依靠迷信活动等"自救"行为抵御疫病。对此，平贺源内讽刺说："医者分什么'古法家''后世家'，只知背地逞强，却治不好病，一旦流感暴发便统统杀光。"③ 至于百姓的迷信活动，除了前述挂注绳防灾外，在安永元年至次年的那次大疫情中同样出现了奇怪的现象，杉田发现家家户户门上都挂着写有据说能祛除病疫的男巫名字的牌子，而那个巫师实际上只是深川蛤町一个名叫水屋半助的普通人。结果，男巫与他的家人最终也因为感染疫病死亡。对此，杉田无奈地说："世间一般都在干着如此愚昧的迷信事，实在是可笑之至。"④

民众的愚昧还并不完全体现在疫情这种特殊时刻。司马江汉作为"地动说"的普及者，在去往长崎的途中曾经拿出地球的图示给民众讲解最新的天文、地理知识，结果一位三十六七岁的妇人过来，说她听懂了天竺释迦所在之处，现在想问问极乐所在何处，自己想趁活着的时候去看

---

① 司馬江漢「春波楼筆記」、『日本の名著 22』、455 頁。
② 杉田玄白「後見草」、『日本の名著 22』、262-263 頁。
③ 平賀源内「放屁論」、『日本古典文学大系 55』、235 頁。
④ 杉田玄白「後見草」、『日本の名著 22』、222 頁。

看。司马江汉解释道："我们这个世界是圆的，周围都是天，像我们这样
的世界在天当中还有许多，所谓极乐世界就在天之中，可人是无法活着在
天中行走的。"结果妇人回答："那我更得求阿弥陀佛了。"① 像这样令人
哭笑不得的事情恐怕是无法尽述的，而兰学家所面对的、所要改变的就是
这样的社会现实。安政五年发生疫情时，骏河地区（现静冈县）的民众
为了祛除疫情还大规模前往京都吉田神社接神。②

　　当然，在江户时代也并非只存在愚昧，当西博尔德来到江户后，就发
现将军及大名这些处于统治阶级的人享受着"完善"的医疗保障。根据
他的记录，为统治者服务的医师被分为三个等级，即法印（仅由一名内
科医师出任）、法眼、法桥，这些医师分别属于十一科，包括内科、外
科、本草家、妇人科、小儿科、口中科、眼科、整骨科、针医、灸师、按
摩。③ 不知目睹过大村藩百姓张挂注绳的西博尔德在与这些医师交流时是
何心情。虽然"人皆同为人"，但阶级间医疗水平的悬殊造成了杉田玄白
在安永年间观察到的与上层统治阶级大为不同的民众应对疫情景象。我们
当然不能按照现代的标准去要求德川幕府为人民提供普惠的医疗保障，那
本来也不是武士政权的本职工作，但这种巨大落差恐怕在任何人的心目中
都绝非一件值得称道的事情，更何况那些已经开眼看世界、接触到异域信
息且坚持认为"人皆同为人"的兰学家。这些兰学家对现实的种种不满
并不会只停留在情绪层面，这种情绪最终将促使他们去构思一个别样的
日本。

三　早期兰学家的思想特征

　　在 1939 年靠一部《洋学论》成名的高桥碵一曾经评价说，以兰学为
先声的日本洋学的勃兴是"人民大众对正义与真理的欲求和为了获得作

---

① 司馬江漢『江漢西遊日記』、55-56 頁。
② 高橋敏「安政五年のコレラと吉田神社の勧請」、『国立歴史民俗博物館研究報告』第 109
　集、2004。
③ ジーボルト『江戸参府紀行』、191-192 頁。

为人的生活的斗争"。① 如果联想到所谓"和魂洋才"或"东洋道德，西洋艺术"等主张，高桥的评价是否有些过头了？兰学在兴起之时是否仅专注于医学、天文、地理等自然科学而缺乏人文关怀与社会意识？答案是否定的。不仅如此，恰恰是对近代西方医学的钻研以及他们所获得的最新天文、地理知识，使得早期兰学家的思想已经迈出了走向现代的步伐。

（一）追求"普遍人性"

首先，早期兰学家思维中的现代性萌芽表现在他们已经发出了对"普遍人性"的呼唤。如果可以将"普遍人性"定义为"一切社会、一切人类个体所具有的属性，是全人类之共性"，并将其分为"自然属性和社会属性两大类，或自然属性、社会属性和精神属性三大类"的话，② 兰学家们对普遍人性的追求恰恰就是从对其自然属性的肯定再发展到对其社会属性的探寻。通过对人体解剖的观察，杉田玄白坚信所有人类在人体结构上都是相同的，因而"古今无论哪国，所谓人，上至天子下到万民，男女之外并无他种。虽分上下，立位阶，命名其人，定四民之名目，但人皆同为人，只不过分贵贱尊卑之名耳"。③ 虽然这段话里存在肯定"贵贱尊卑"的历史局限，但是杉田能够在牢固的等级制社会中直白地讲出"上至天子下到万民""人皆同为人"的道理也值得关注，福泽谕吉的名言"天不生人上之人，亦不生人下之人"在思想理路上可谓与其一脉相承。

杉田玄白行医救人的理念也能够体现这一点。正是因为他确立了对"普遍人性"追求的人文关怀，所以才能明确告诫后生"欲立医业者，第一不得失廉耻之心"，对待病人要像"对待妻儿一般不厌其烦"，"无论贫贱还是高官富豪，须同样疗治不得有二志"。④ 由于医学是以"人"为对象的科学，所以以医为业的兰学家才能对"普遍人性"有如此恳切的向往，这也是近代西方医学在思想史意义上对兰学兴起与发展的最大贡献。

---

① 高橋磌一『洋学思想史』、28 頁。
② 郑玉兰：《"普遍人性"概念的科学阐释》，《广东社会科学》2008 年第 2 期，第 78~79 页。
③ 杉田玄白「形影夜话」、『日本思想大系 64　洋学　上』、278 頁。
④ 杉田玄白「形影夜话」、『日本思想大系 64　洋学　上』、281 頁。

同样，对天文、地理更有所长的司马江汉通过对欧洲国家的"想象式理解"也发出了"贵人"之声，他说西方国家的学问"以天文为本，专以孝贞、忠信、人伦为道，虽贵有天子、诸侯，卑有农夫、商工者，然由天而定皆为人也"，还说之所以西方国家只有牛马车而无靠人力驾驭之车，乃因他们"不以人为牛马，作为人而贵人"。^① 此外，兰学家森岛中良（本名桂川甫粲，1754~1810 年）在与其兄——参与翻译《解体新书》的兰学家桂川甫周（1751~1809 年）——关于西洋风情的对话录《红毛杂话》（1787 年）中，同样着重介绍了荷兰的"贫院、幼院、病院"，并称"其国风以专施慈悲善根为第一"，"国中绝无弃婴"，"外来使客及国中病者，无论贵贱均可居入病院"。^② 兰学家如此关注欧洲的公共设施是其追求"普遍人性"的人文关怀使然。而把所有人都当作人来同等对待，这看似理所当然的道理在把人严格地分为三六九等的等级社会中，则可以说是对体制的颠覆性言论，兰学家实现理想的难度之大可想而知。

（二）探索普遍真理

早期兰学家还开启了对（超越圣人之言的）普遍真理的探索。当然，这里面首先有"西学东渐"的刺激，前野良泽介绍说："和兰都有学校。其中别有名穷理学校者。其立教也，即三才万物而穷其本原固有之理。名曰本然学也。是以敬天尊神、秉政修行、明事理精术艺、正物品利器用。而帝王布德教、公侯保社稷、四民安业、百工尽巧。盖其教化所至，实为远大也。"^③ 在前野看来，正是由于西洋诸国注重穷理，所以才能够富强兴盛。而在兰学家的眼中，当时的日本则是一个上上下下既不知地球围着太阳转，也不晓日本在世界的何方，更不明人体内部构造的"不知穷理"之国。因而司马江汉才认为日本人"浅虑短智"，在开化程度上也不及欧洲，在工艺上更技不如人。^④

---

① 司馬江漢「和蘭天説」、『日本思想大系 64　洋学　上』、485 頁。
② 杉本つとむ『蘭学に命をかけ申し候』、皓星社、1999、8 頁。
③ 前野良沢「管蠡秘言」、『日本思想大系 64　洋学　上』、130 頁。此段原文为汉文。
④ 司馬江漢「春波楼筆記」、『日本の名著 22』、461 頁。

正是由于兰学家能够认识到日本的不足，所以才没有日本国学家那种"夜郎自大"的"日本中心主义"。同样，正是因为兰学家认识到"夫地者一大球也，万国配居焉，所居皆中也"①，所以才能成功冲破华夷秩序的束缚。1804年俄国使节雷扎诺夫来到长崎要求与日本通商，幕府却将其扣留在长崎的出岛达半年之久。听闻此消息后，司马江汉不禁气愤地说："雷扎诺夫乃俄国使节，俄国国王也是国王，与我国之王无异。礼节是人道之第一步，这次的措施，就像我们裸体站在一位衣冠整洁之人面前。他们一定会将我们日本人看作禽兽。实在可叹。"② 既然人都是一样的人，那么国也应该都是平等的国。有研究积极评价杉田玄白在打破华夷秩序观念后能够树立一种"国家平等观"而没有滑向"日本中心主义"。③ 而从司马江汉的感叹中我们可以确信，杉田玄白并不孤单，在有着清晰世界认识的早期兰学家的思维中确实有一种"国家平等观"，即便还不成熟，也难能可贵。

（三）构思"理想社会"

更为重要的是，当早期兰学家认识到存在与日本及中国都不相同且更为"开化"的他者时，他们的思想活动没有停留在对他者的介绍层面，而是开始从介绍转向构思日本的社会制度变革。例如，前野良泽就在介绍欧洲诸国时着重描绘了罗马教廷的制度：

> 意大利亚在欧洲专教化之主。欧洲及非洲的四方学士，皆聚会于此，不劳耕织，于此处衣食者凡七十万人。国王不娶，专行教法。其国政悉委有司。教官之臣，有七十二员。王死时，国中之民，各以密封，记其官员中有德当嗣者一名荐之，以其荐多者嗣位。选教官时，亦如此授之。凡欧洲之诸国，王无子时，或诸官缺时，皆以此法选其

---

① 杉田玄白「狂医之言」、『日本思想大系64　洋学　上』、240頁。此句原文为汉文。
② 司馬江漢「春波楼筆記」、『日本の名著22』、465頁。
③ 谢辰、唐利国：《日本近世知识分子思想构成研究——以兰学家杉田玄白为例》，《中共贵州省委党校学报》2012年第5期，第113页。

人。无一人以私嗣位与官者。①

　　我们无须在此纠缠前野良泽的记述是否准确，这段引文的意义在于前野良泽通过介绍的形式向当时的日本人展现了一种超出他们生活体验的完全不同的政治体制。这里面没有依据身份的等级制度，也不存在建立于"私"之上的世袭安排，仅此两点就足以构成巨大的冲击。而已感受到这种冲击的兰学家在面对江户时代中后期的种种社会矛盾时，必然会忍不住提出他们的改革方案，比如关于如何选人用人，杉田玄白就表达了自己的看法。他在承认卑贱之人因为"小量而无深谋远虑"的基础上，大胆提议在各大名中选人：

　　　　恐上面也无法一一考量，不如命众人调查有口碑的人才。还有些人需要重新认识，可令众人写出被举荐者名字，密封呈交。如此有智慧的人物便能自然涌出，再选人望多者即可。改变迄今之办法，选人应不限于御谱代之中，即便外样大名，有用者亦可选任。总之，革除旧弊乃是国家长久之计。②

　　《管蠡秘言》成书于 1777 年前后，而《野叟独语》则于 1807 年完成。③ 即便没有证据证明杉田玄白的改革方案直接受到前野良泽的影响，因为杉田玄白还有其他机会接触到欧洲国家的国情知识，我们也可以清晰地在上述引文中看到兰学家从介绍异域国情到提出本国改革方案的思想变迁轨迹。杉田玄白的方案绝非现代民主制度构想，仅是一种选贤任能方法的改良，不过，即便这一小步如果被采纳，对于等级森严的德川体制而言也可以说是动摇其国本的转变。而这种转变一直到幕末的动荡时期才以所谓"列藩会议"方案的形式出现，只不过那时历史的天秤已经不在德川政权一边了。

---

① 前野良沢「管蠡秘言」、『日本思想大系 64　洋学　上』、147 頁。
② 杉田玄白「野叟独語」、『日本思想大系 64　洋学　上』、312 頁。
③ 「人物略伝・収載書目解題」、『日本思想大系 64　洋学　上』、586 頁、593 頁。

从前述兰学家追求"普遍人性"、探寻普遍真理、主张国家平等、构思社会改革的思想中，我们确实可以肯定，正如日本学者芳贺彻所评价的，兰学的兴起与发展并非"外发的"，而是一种"内发的"精神状态的变化，是一种文化的变革行为。[①] 虽然兰学是因日本人学习西方学术而兴起的学问，但正如日本儒学并非对中国儒学的单纯复制一样，兰学的兴起也是日本思想内部变迁的结果，而兰学的发展更推动了日本人精神状态的变革。需要指出的是，第一，日本的思想史并不会仅仅因兰学而彻底改写，兰学毕竟还需要与日本儒学、水户学、国学等思想潮流相互竞争、相互融合，而日本的思想史也是在多种思想潮流"竞合"的状态中演进的。第二，早期的兰学家虽然发出了走向现代的启蒙之声，但并不意味着他们本人都已经具有成熟的现代思维。反倒因为他们迸发出现代思维火花的一些观点与当时的日本社会格格不入，早期兰学家的人生道路往往以悲剧形式告终。例如，一生玩世不恭的平贺源内最终因发狂杀人入狱而亡，连杉田玄白都感叹他是"嗟非常人。好非常事。行是非常。何非常死"。而司马江汉因为理解了人死精神即灭的道理，到头来陷入了老庄的虚无主义。[②] 杉田玄白得以安享天年，晚年自号"九幸"，并撰写了《兰学事始》的回忆录，后人也才有机会从中体会早期兰学家的艰辛。

四　结语：九千里外存知己，五大洲中如比邻

"九千里外存知己，五大洲中如比邻。"这是杉田玄白为大槻玄泽在芝兰堂举办新元会（荷兰新年）所赋的诗句。所谓"德不孤，必有邻"，应运而生的兰学一兴起就"宛如一滴油入池水之中"[③] 传播开来。兰学的兴起对近世日本思想史的演变产生了本质性影响，此后我们在日本思想史中会看到积极主张"海外交易，开发属岛"的重商主义者本多利明

---

① 芳賀徹「十八世紀日本の知的戦士たち」、『日本の名著 22』、39 頁。

② 〔日〕唐纳德·金：《日本发现欧洲（1720~1830）》，孙建军译，江苏人民出版社，2018，第 91 页。

③ 杉田玄白『蘭学事始』、68 頁。

（1744～1821 年），宣传无神论且对儒学、佛教和神道教都给予批判的山片蟠桃（1748～1821 年），因谋划"幕政改革"而陷入"蛮社之狱"的渡边华山（1793～1841 年）和他的盟友、西博尔德的高徒高野长英（1804～1850 年），以及前面提到的深耕医学的绪方洪庵及其弟子福泽谕吉，还有写下《邻草》、最早在日本提倡立宪政治的加藤弘之（1836～1916 年），等等。当然，此时兰学的内容也逐渐扩展，"兰"已经不能再涵盖其义，幕末"洋学"应运而生。即便通过前文对兰学主要人物的简述，我们也能够认同詹森所言，兰学的兴起既是"日本世界观在转变的过程中已经崩溃的象征，又是促使其崩溃的因素"①。我们还可以说，兰学的兴起既是德川体制开始动摇的表现，也是造成德川体制逐渐崩溃的原因。兰学家的确迈出了日本走向近代的第一步。

　　最后回到本文的开篇之问，近代西方医学之所以成为兰学兴起的突破口，首先在于江户时代中后期商品经济的发展与主要依靠年贡的幕藩财政体制的不协调导致武家政权面临财政紧张的困境，有识之士纷纷思考如何改革。而频频暴发的疫病与天灾更是雪上加霜，在疫病与灾害所引发的社会矛盾面前，人们对医学的渴望与对生命的关注便尤为恳切。早期兰学家对近代西方医学的钻研与对社会问题的思考可以说是时代使然。其次，如前所述，日本儒学与汉方医学的学术风气的转变也培养了早期兰学家的实证精神与穷理的欲望。特别是汉方医学内的"古方派"直接刺激了兰学家对人体解剖的观察，这一偶然事件成为重要转折，使得兰学的全面兴起由学风转变的时代趋势变为俨然的历史现实。而兰学以医学为突破口全面兴起的历史必然性就隐藏在江户中后期人们对生命与社会二者相互关系的不懈探究中。再次，由于医学乃以"人"为对象的科学，早期兰学家从肯定"普遍人性"的自然属性逐步转向追求"普遍人性"的社会属性，这一转变也不断地促使兰学家关注异域国情，并大胆地构思如何改变日本的现状。虽然西方天文学、地理学的传入也对兰学家建构新的世界观产生了不可忽视的影响，但医学本身所具有的人文关怀是兰学及洋

---

① 〔美〕马里乌斯·詹森：《日本的世界观》，柳立言译，上海三联书店，2020，第 42～43 页。

学没有完全陷入"器"而逐步转向"道"的根本动力。如今，我们回顾江户时代的疫病与兰学兴起的关系，最大的价值就在于通过对思想史的追溯，发现可能有助于思考后新冠肺炎疫情时代关于人类社会中疾病、生命、人性与社会关系的启示。

（审校：熊淑娥）

• 经济史 •

日本国家知识产权战略概论[*]

叶　浩[**]

内容提要： 日本自 2002 年以来长期系统性地实施国家知识产权战略，形成了完整的知识产权战略制定、执行及评估体系。日本的国家知识产权战略不仅是法律制度体系的完善，而且紧紧围绕其国内发展与改革的主题，是广义范围的知识产权战略。通过长期的实施，日本在创新人才的培养、知识产权标准国际化、国家软实力建设等方面取得了一定进展。新冠肺炎疫情发生之后，日本政府发挥知识产权战略的积极作用，应对疫情的不利影响。

关　键　词： 日本　知识产权　国家战略

知识产权是法律赋予企业发明创造的专有权利，又称为"智力成果权"、"智慧财产权"或"智力财产权"。知识产权对特定发明或创造性作品在特定时间内的使用确立了法律认可及可执行的专有权，从而为创新提供了激励机制，使所有者能够从他们的活动中获得适当的利益。① 随着知识经济和经济全球化深入发展，知识产权日益成为国家发展的战略性资源和国际竞争力的核心要素，成为建设创新型国家的重要支撑和掌握发展主

* 本文为中央高校基本科研业务费项目"战后日本供给侧结构性改革研究"（编号：SISZZ202006）的阶段性成果。

** 叶浩，经济学博士，四川大学国际关系学院助理研究员，主要研究方向为现代日本经济。

① "The Intersection of Intellectual Properety Rights and Innovation Policy Making: A Literature Review", WIPO, 2015, https: //www.wipo.int/edocs/pubdocs/en/wipo_ report_ ip_ inn.pdf.

动权的关键。① 鉴于知识产权对于创新的重要意义，越来越多的国家开始动用行政力量，推行代表国家意志的知识产权战略。国家知识产权战略不是单指知识产权事业自身的发展战略，也不是单指知识产权保护战略，而是一个覆盖许多领域的极为重要的国家战略。国家知识产权战略涵盖知识产权的全部领域，也涉及对知识产权的权利限制及禁止滥用知识产权等内容。国家知识产权战略充分发挥政府的主导作用，调整和完善知识产权的法律法规政策体系，营造鼓励创新的政策环境。

日本在二战后的经济复苏及高速增长时期对知识产权的重视程度不足，也没有国家层面的知识产权战略。"泡沫经济"崩溃之后，日本政府及有识之士意识到原有的"引进—消化—吸收"技术发展模式无法持续，依靠自主创新才能实现日本经济再生。2002 年确立"知识产权立国"战略后，日本长期系统性地实施国家知识产权战略。日本国家知识产权战略由知识产权法、知识产权战略愿景、知识产权年度推进计划等组成，形成了多位一体的战略架构。国家知识产权战略对日本的经济改革、企业发展、社会进步做出了重要贡献。

一　战后日本国家知识产权战略长期缺位

战后初期，日本的经济工作重心在于恢复经济，对于生产过程中粗制滥造及盗版问题无暇顾及，因而盗版仿制问题突出，"东洋制造"一度成为假冒伪劣的代名词。在完成经济复苏并开始经济腾飞的 20 世纪六七十年代，为了快速缩小与美西方的生产技术差距，日本主要还是依靠技术引进，原创性技术研发不足，政府也没有重视知识产权保护，更谈不上国家层面的知识产权战略。"泡沫经济"崩溃之后，日本开始重视原创性技术，2002 年小泉纯一郎政府提出"知识产权立国"口号，将知识产权战略提升为国家意志，这标志着日本国家知识产权战略正式实施。

---

① 《国家知识产权战略纲要》，国家知识产权局网站，https：//www.cnipa.gov.cn/art/2018/6/1/art_ 734_ 48203. html.

（一）战后日本缺乏国家层面的知识产权战略

二战结束初期，在各种刺激经济发展的政策措施下，日本的专利、商标等申请数量开始增长，截至 1953 年，申请总量恢复至战前水平。[①] 日本的自然资源相当贫乏、国内市场狭小，故日本政府将"贸易立国"作为战后经济发展的基本国策，并根据世界经济发展的需要，将培育、扶持、发展重化工业等产品出口作为"贸易立国"的长期方向。从 20 世纪 50 年代后期到 1973 年第一次石油危机爆发，日本经济以每年 10% 左右的速度高速增长。为了获取经济发展所需的技术，日本主要采取技术引进的方式。这一时期，日本还不能称为"技术强国"。彼时，日本的知识产权制度并不完善，保护力度处于较低的水平。为解决经济快速增长带来的知识产权管理需求。1970 年，日本政府对 1959 年专利法进行了修改，甚至在有些地方对原专利制度进行了一些根本性的变革。例如，采取申请公开制度和请求审查制度，扩大先申请的范围，以及采取前置审查制度等。

20 世纪七八十年代，日本汽车、半导体等产业的技术创新水平逐渐达到世界领先水平，国内产业界和发明人对加强专利保护的呼声渐高。受 1973 年第一次石油危机的冲击，日本更加注重知识、技术密集型产业发展，并制定了"技术立国"战略。在此背景下，日本开始强调保护发明人知识产权的重要性。1975 年的专利法修订引入了物质发明制度，将化学物质和医药品纳入专利保护范围，由此扩大了专利保护范围。[②]

20 世纪 90 年代，日本出现了加强知识产权保护的趋势，1998 年和 1999 年两次修订专利法。此外，1998 年制定《大学技术转让促进法》（TLO 法），1999 年又推出《振兴产业活力特别措施法》。[③] 这一时期，日本出台并施行了大量的知识产权保护措施，但总体看来，知识产权问题并未上升到国家战略层面。

---

① 特許庁『工業所有権制度百年史　下巻』、発明協会、1984、68 頁。
② 田村善之『知的財産法』（第 5 版）、有斐閣、2010、187 頁。
③ 丸島儀一「1990 年代後半からの知的財産制度改革を振り返る」、『知財ぷりずむ』2017 年 1 月号、39 頁。

二战后，知识产权制度的逐步完善和调整对日本经济社会发展发挥了重要的作用。日本知识产权制度设计的背后逻辑与其经济社会发展阶段的特征始终保持协同，即当技术处于追赶阶段，知识产权政策的总体特征是弱保护；技术实现赶超后，知识产权政策才转为强保护。① 从二战后经济恢复期到经济高速增长时期，日本的产业发展思路是"在维持一定质量的同时，降低成本，利用成本优势提高产业竞争力"。这一时期，日本主要依靠引进欧美的先进技术，同时逐步国产化，从而在日本国内实现进口替代，最终实现出口导向。然后，日本又根据"雁行模式"所设想的经济发展模式，将其边际产业转移到东南亚及中国，实现整个产业发展的闭环。这一时期，日本经济发展对于原创技术的依赖并不强，所以日本并不重视知识产权保护，也不存在国家层面的知识产权战略。

（二）"失去的十年"催生国家知识产权战略

"泡沫经济"崩溃以后，长期的不良债权问题等各种因素的综合作用使日本经济陷入了前所未有的危机。② 在此期间，日本产业的国际竞争力显著下降。在现代经济中，技术创新发挥的作用越来越重要，知识附加值的重要性比以前大大提高。比起传统的围绕同一种产品或服务展开的价格竞争，现代企业更多的是面临围绕不同于其他公司的革新性产品或服务而展开的更具活力的竞争。日本政府深刻认识到，要实现产业振兴，必须发展前沿科学技术，因此提出"科技立国"的主张，并于 1995 年颁布施行《科学技术基本法》。为了更好地发挥知识产权制度鼓励创新活动的作用，日本于 1994 年加入《与贸易有关的知识产权协定》（Agreement on Trade-Related Aspects of Intellectual Property Rights，TRIPS），标志着其正式融入国际知识产权保护制度体系。

---

① 刘影：《日本知识产权制度的历史考察及启示》，《国外社会科学前沿》2020 年第 11 期，第 28 页。

② 知的财产戦略本部『知的财产推進計画 2004』、首相官邸ホームページ、2004 年 5 月 27 日、http://www.kantei.go.jp/jp/singi/titeki2/kettei/040527f.html。

　　2002 年 2 月，日本首相小泉纯一郎在施政方针演说中提到知识产权是研究活动和创造活动的成果，"知识产权推进计划"是关于知识产权保护、利用的战略，是提高日本产业国际竞争力的重要举措。① 同年，小泉政府提出"知识产权立国"口号，将知识产权看作推动日本经济发展、产业升级的关键因素。② 日本将知识产权战略上升为国家意志，也标志着日本国家知识产权战略正式实施。并且，立法、行政、民间层面相互合作，系统地实施国家知识产权战略。

　　2002 年 11 月日本国会通过《知识产权基本法》（2002 年第 122 号法律），依据该法于 2003 年 3 月设立了知识产权战略本部。2003 年 3 月，由内阁总理大臣、相关阁僚以及民间人士组成的知识产权战略会议成立。7 月，该会议确定了《知识产权战略大纲》。③ 2003 年 7 月，知识产权战略本部制定了《知识产权推进计划 2003》。从 2003 年开始，知识产权战略本部每年都会制定知识产权推进计划，作为日本推行国家知识产权战略的重要指南。

　　近代以来，日本通过引入欧美优秀的企业制度和技术标准，迅速实现了近代化和工业化。随着日本成为世界工业大国，其面临的国际竞争环境也发生了巨大变化，但日本在很长一段时间内仍然依赖从欧美引进规则和标准。"泡沫经济"崩溃之后的长期经济萧条使日本政府开始转向自主创新，也确立了企业从基本专利进口转变为自主研发的战略。④ 这也要求日本制定国家层面的知识产权战略，为日本企业自主研发的创新活动创造有利的制度环境。

---

① 髙山芳之『知的財産推進計画』、特許庁技術懇話会ホームページ、2019 年 5 月 20 日、http：//tokugikon.jp/gikonshi/293/293tokusyu04.pdf。
② 知的財産戦略会議『知的財産戦略大綱の評価』、首相官邸ホームページ、2002 年 7 月 3 日、http：//www.kantei.go.jp/jp/singi/titeki/kettei/020703taikou.html。
③ 髙山芳之『知的財産推進計画』、特許庁技術懇話会ホームページ、2019 年 5 月 20 日、http：//tokugikon.jp/gikonshi/293/293tokusyu04.pdf。
④ 知的財産戦略会議『知的財産戦略大綱の評価』、首相官邸ホームページ、2002 年 7 月 3 日、http：//www.kantei.go.jp/jp/singi/titeki/kettei/020703taikou.html。

二 "知识产权立国"及系统性实施国家知识产权战略

2002 年，日本首相小泉纯一郎确立了"知识产权立国"的重大战略，随后制定《知识产权基本法》、设立知识产权战略本部、改革知识产权制度。这些举措对日本而言都是划时代的，目的是借助知识产权战略，实现日本再兴和结构性改革。[①]

（一）小泉时代的国家知识产权战略

小泉纯一郎是日本政治强人，其人雄心勃勃，立志要在日本推行改革，实现日本的再次腾飞。小泉在推行国家知识产权战略过程中，将改革作为主题。

《知识产权推进计划 2003》提出，电影、游戏软件等信息技术类知识产权是国家的财富；贯彻"知识产权立国"政策，需要严格保护知识产权，实现其经济价值最大化，并刺激相关企业加大研发投入，形成良好的知识创造的循环。[②] 2004 年及之后几年的日本国家知识产权战略主题都是改革。《知识产权推进计划 2004》提出三个措施：一是改革知识产权制度，使之更适应当代社会；二是促进日本知识产权制度与国际接轨；三是改革知识产权管理体制。[③]《知识产权推进计划 2005》提出，创新是决定21 世纪国家能否成功的唯一最重要的因素。知识产权制度是创新的基础设施，应针对提高专利质量和提高审查效率等方面进行具体改革。[④] 2006年，日本制定了《国际标准综合战略》，首次明确提出，日本要以国家的名义积极参与国际标准的制定。《国际标准综合战略》包括三个视角及五

---

① 知的財産戦略会議『知的財産戦略大綱の評価』、首相官邸ホームページ、2002 年 7 月 3 日、http：//www.kantei.go.jp/jp/singi/titeki/kettei/020703taikou.html。
② 知的財産戦略本部『知的財産推進計画 2003』、首相官邸ホームページ、2003 年 7 月 28 日、https：//japan.kantei.go.jp/policy/titeki/kettei/030708f_e.html。
③ 知的財産戦略本部『知的財産推進計画 2004』、首相官邸ホームページ、2004 年 5 月 27 日、http：//www.kantei.go.jp/jp/singi/titeki2/kettei/040527f.html。
④ 知的財産戦略本部『知的財産推進計画 2005』、首相官邸ホームページ、2005 年 6 月 10 日、http：//www.kantei.go.jp/jp/singi/titeki2/kettei/050610.html。

个战略目标。三个视角是促进创新、加强国际竞争力、为制定国际标准做贡献。其中，"促进创新"指的是，将日本的研发成果按照国际标准推向市场和社会，实现技术创新；"加强国际竞争力"指的是，将日本的先进技术进行标准国际化，增强产业竞争力，促进日本的国际贸易；"为制定国际标准做贡献"指的是，通过全球范围内的标准国际化，促进新技术在世界各国的普及、提高全人类的社会福利，为全世界的发展做出贡献。五个战略目标包括提高产业界的标准国际化意识、加强国家在标准国际化战略中的作用、培养标准国际化相关人才、加强同亚洲等各国的合作、为公正的标准化国际规则做出贡献。①

2006年2月，在知识产权战略本部设立三周年的会议上，小泉纯一郎对知识产权战略的实施进行了回顾，并对之后的战略实施进行了安排。他认为，2003～2005年的重点是知识产权制度改革，已经取得了成效；2006～2008年的政策目标是使日本"在知识产权领域成为世界第一"，"成为最先进的知识产权国家"。《知识产权推进计划2006》在这种背景下出台，提出要积极参与标准国际化工作，并提出在技术创新、制度改革、内容制作、人才培养等方面的具体政策。②

小泉时代，日本将知识产权提升到国家战略层面，并制定相关法律法规，对知识产权制度进行了重大改革。具体包括：设立知识产权高等法院、设立大学知识产权本部、强化专利局职能等多项改革措施；积极回应公众诉求，使专利制度更加合理；与地方政府合作，使地方知识产权相关政策与国家战略同步推进；顺应全球化进程，推动日本专利制度国际化。③

（二）政治动荡期（2007～2012年）的国家知识产权战略

小泉纯一郎于2006年9月卸任，之后的2007～2012年，自民党与民

---

① 知的財産戦略本部『国際標準総合戦略』、首相官邸ホームページ、2006年12月6日、https://www.kantei.go.jp/jp/singi/titeki2/kettei/061206.pdf。

② 知的財産戦略本部『知的財産推進計画2006』、首相官邸ホームページ、2006年6月8日、http：//www.kantei.go.jp/jp/singi/titeki2/kettei/060609keikaku.pdf。

③ 知的財産戦略本部『知的財産推進計画2005』、首相官邸ホームページ、2005年6月10日、http：//www.kantei.go.jp/jp/singi/titeki2/kettei/050610.html。

主党轮流执政,首相更换频繁,日本政坛进入了长期动荡。受政治不稳定、次贷危机、东日本大地震等事件的影响,虽然这一时期日本还是不断出台年度性知识产权推进计划,但是战略意图不明晰。

《知识产权推进计划 2007》将知识产权战略与科学技术综合会议、信息化社会推进战略本部、观光立国推进战略会议、革新战略会议、亚洲门户战略会议、"美丽国家建设"企划会议等有机地联系在一起,其重点是知识产权的创造、知识产权的保护、知识产权的利用、创造有文化内涵的内容产品、培养国民的知识产权意识。[①]

《知识产权推进计划 2008》指出,进入 21 世纪后,技术革新、市场变化、数字化的发展速度和规模都大大超出了预期,世界各国为了构建主导性的新商业模式而展开激烈竞争。《知识产权推进计划 2008》的副标题是"面向全球的知识产权战略",主题是通过知识产权提高日本战略性产业的国际竞争力。[②]

2008 年的次贷危机导致全球经济减速,同时也重创了日本经济。为削减成本和扩大市场,《知识产权推进计划 2009》提出采用"开放式创新"的方式,共同应对基础性技术问题,并确定了五个重点领域,即促进技术创新、知识产权国际化、促进软实力相关的产业增长、确保知识产权制度的稳定性和可预见性以及构建符合使用者需求的知识产权管理系统。[③]

开创性的商业模式、标准国际化对于提高日本产业和相关产品的国际竞争力非常重要。《知识产权推进计划 2010》即提出要进一步推进标准国际化,并确定了七个标准国际化的重点领域,包括尖端医疗、水资源利用、新一代汽车、高铁、能源管理、新媒体、机器人。[④]

[①] 知的財産戦略本部『知的財産推進計画 2007』、首相官邸ホームページ、2007 年 5 月 31 日、http：//www. kantei. go. jp/jp/singi/titeki2/kettei/070531keikaku. pdf。

[②] 知的財産戦略本部『知的財産推進計画 2008』、首相官邸ホームページ、2008 年 6 月 18 日、https：//www. kantei. go. jp/jp/singi/titeki2/2008keikaku. pdf。

[③] 知的財産戦略本部『知的財産推進計画 2009』、首相官邸ホームページ、2009 年 6 月 24 日、https：//www. kantei. go. jp/jp/singi/titeki2/090624/2009keikaku. pdf。

[④] 知的財産戦略本部『知的財産推進計画 2010』、首相官邸ホームページ、2010 年 5 月 21 日、http：//www. kantei. go. jp/jp/singi/titeki2/2010keikaku. pdf。

《知识产权推进计划 2011》提出，无国界现象越来越普遍，全球创新体系正在经历开放化、全球化、扁平化等结构性变革，因此，提出应对全球网络时代新挑战的知识产权战略。该战略由四部分构成，涉及标准国际化升级、创新竞争、最先进的数字化以及"酷日本"战略。[①]

《知识产权推进计划 2012》出台的背景包括，2008 年次贷危机造成日本经济更加脆弱，日本企业在国际市场上面临更加激烈的竞争，东日本大地震、日元升值、泰国洪水造成产业供应链出现问题等。该年度推进计划提出，大力推进综合内容战略，将数字时代的来临视为重大的机遇；加快培育新产业、新市场，增强日本经济的活力；推进"酷日本"战略，增强日本的软实力；培育新的经济增长动力。[②]

可见，受政治动荡及金融危机等重大突发事件影响，这一时期的日本国家知识产权战略主要在于解决短期问题，主题并不明确。但值得一提的是，在这期间提出的"酷日本"战略对于提高日本国家软实力发挥了重要作用，并一直延续至今。

（三）安倍晋三第二次执政初期（2013~2017年）的国家知识产权战略

2013 年安倍晋三第二次成为日本首相，并实现了长期执政，日本政坛进入稳定期。安倍政府将知识产权政策定位为加强日本产业竞争力的重要举措之一，在安倍此次执政初期，日本国家知识产权战略的主题确定为提高日本产业的国际竞争力。

2013 年是《知识产权基本法》实施十周年，从新的经济社会条件出发，知识产权战略本部着眼于未来十年，重新修订了《知识产权战略愿景》[③]，提出四大支柱，即构建全球知识产权体系、增强产业竞争力，加强

---

① 知的財産戦略本部『知的財産推進計画 2011』、首相官邸ホームページ、2011 年 6 月 3 日、http：//www.kantei.go.jp/jp/singi/titeki2/kettei/chizaikeikaku2011.pdf。

② 知的財産戦略本部『知的財産推進計画 2012』、首相官邸ホームページ、2012 年 5 月 29 日、https：//www.kantei.go.jp/jp/singi/titeki2/kettei/chizaikeikaku2012.pdf。

③ 知的財産戦略本部『知的財産推進計画 2013』、首相官邸ホームページ、2013 年 6 月 25 日、http：//www.kantei.go.jp/jp/singi/titeki2/kettei/chizaikeikaku2013.pdf。

中小企业和初创企业对知识产权的管理，建设与数字社会相适应的知识产权环境，提高以内容为核心的软实力。还分别制定了短期（1~2 年）、中期（3~4 年）、长期（10 年）计划。① 《知识产权推进计划 2013》就是第一年的具体行动计划，提出要继续推动标准国际化、内容产业的发展。

《知识产权推进计划 2014》设立了三个目标：一是改革知识产权制度，吸引国外投资；二是努力使日本的知识产权制度成为亚洲等地区新兴国家的标准；三是培养知识产权管理国际化人才。② 《知识产权推进计划 2015》的主题是振兴地方经济、打造具有地方特色的可持续发展的社会，涉及三个重点：一是强化有关地方中小企业知识产权的战略，促进农村地区的产学合作；二是完善知识产权纠纷的解决机制；三是支持内容产业的海外扩张。③ 《知识产权推进计划 2016》提出了 2016 年度的四个重点领域，即以服务第四次工业革命为目标的知识产权创新、加强对国民的知识产权教育、推动内容产业的发展以及知识产权系统的基础设施开发。该年度推进计划还提出，鼓励产学合作推进开放式创新，引导企业加强对自身的知识产权管理及商业机密保护等。④ 《知识产权推进计划 2017》确立的重点领域是制定与"社会 5.0"（Society 5.0）相适应的知识产权制度、通过知识产权领域改革促进创新和振兴地方经济、振兴创意内容部门以及创建数字档案馆。⑤

2018 年 6 月，日本知识产权战略本部再次修订《知识产权战略愿景》，并对 2013~2017 年的国家知识产权战略实施情况进行了评估与分析，认为经过几年的努力，国家知识产权战略的实施取得了一定的成绩，主要体现在四大方面。一是提高了日本产业的竞争力、协助企业构建其全

---

① 知的財産戦略本部『知的財産推進計画 2013』、首相官邸ホームページ、2013 年 6 月 25 日、http://www.kantei.go.jp/jp/singi/titeki2/kettei/chizaikeikaku2013.pdf。

② 知的財産戦略本部『知的財産推進計画 2014』、首相官邸ホームページ、2014 年 7 月 4 日、https://www.kantei.go.jp/jp/singi/titeki2/kettei/chizaikeikaku2014.pdf。

③ 知的財産戦略本部『知的財産推進計画 2015』、首相官邸ホームページ、2015 年 6 月 19 日、http://www.kantei.go.jp/jp/singi/titeki2/kettei/chizaikeikaku20150619.pdf。

④ 知的財産戦略本部『知的財産推進計画 2016』、首相官邸ホームページ、2016 年 5 月 9 日、https://www.kantei.go.jp/jp/singi/titeki2/kettei/chizaikeikaku20160509.pdf。

⑤ 知的財産戦略本部『知的財産推進計画 2017』、首相官邸ホームページ、2017 年 5 月 16 日、http://www.kantei.go.jp/jp/singi/titeki2/kettei/chizaikeikaku20170516.pdf。

球知识产权体系。二是支持中小企业加强知识产权管理，增强中小企业的知识产权相关意识，对拓展海外发展事业的中小企业给予支持和奖励。三是营建了与数字时代相适应的知识产权环境。包括规划数字档案馆建设；构筑内容产业的交易平台，协助相关企业进行权利管理和利益分配；鼓励内容产业向海外发展、扩大市场。四是强化了以内容为中心的国家软实力建设。从内容产业及衣食住行等方面增强日本的魅力，加强对中小企业的支持；调整"酷日本"战略的推进体制。①

2013～2017 年，日本国家知识产权战略是服务于国家整体发展战略的。这一时期，日本国家知识产权战略的重点是提高产业竞争力，通过改革建立与数字时代相适应的知识产权制度体系，并通过国家知识产权战略支持地方经济、中小企业发展等。

（四）2018年版《知识产权战略愿景》及其实施

2018 年 6 月，日本知识产权战略本部再次修订《知识产权战略愿景》，明确了日本知识产权战略的中长期方向，并提出"价值设计型社会"（value design society）这一重要理念。"价值设计型社会"是此后几年日本国家知识产权战略的核心。知识产权战略本部下设知识产权愿景特别委员会，负责推动"价值设计型社会"的具体政策落地。

随着数字化的发展，信息的分发与传播的速度和规模急剧增加，大数据及人工智能越来越受到重视。在这样一个时代，每一个个体都可以进行价值创造；变革需要依赖前沿人才，社会各界应放弃原有人才评价标准，寻找某方面具有杰出能力的人，这就是"价值设计型社会"的理念。《知识产权战略愿景》提出了实现"价值设计型社会"的三个支柱：贯彻"摆脱平庸"的理念、鼓励接受挑战，通过融合加快创新，创建更具同理心的环境。②

---

① 知的財産戦略本部『知的財産戦略ビジョン』、首相官邸ホームページ、2018 年 6 月 12 日、https：//www.kantei.go.jp/jp/singi/titeki2/kettei/chizai_ vision_ e.pdf。

② 知的財産戦略本部『知的財産推進計画 2018』、首相官邸ホームページ、2018 年 6 月 12 日、https：//www.kantei.go.jp/jp/singi/titeki2/kettei/chizaikeikaku2018.pdf。

1. 贯彻"摆脱平庸"的理念，鼓励接受挑战

"价值设计型社会"强调的价值不仅仅指经济价值，还包括社会价值。在此之前，日本的知识产权战略强调基于"知识创造周期"的知识产权管理，"未来"的知识产权战略则强调基于"价值设计型社会"的知识产权管理。

在"价值设计型社会"中，强调前沿人才的重要性。在供给不足以满足需求的时候，有效地创造大量的同一事物并为此目的建立一个稳定的组织是至关重要的。彼时，社会需要具备平均能力的同质人力资源。然而，在"价值设计型社会"发展的过程中，在某些方面具有前沿才能的实体才是创造新价值的关键。围绕这一理念，知识产权战略本部出台了具体措施。

（1）促进前沿人才涌现

第一，为前沿人才提供崭露头角的平台。积极推广"ROCKET 天才儿童项目"①；在大学发展专门的教育项目，培养具有首席技术官（CTO）背景的工程师和具有交叉学科背景的博士；提供培训项目，使更多的民众既掌握科学知识又具备艺术素养。

第二，加强小学、初中、高中的创新教育。开发关于创新教育方面的教材，并在小学、初中、高中的示范班中使用；引入教材评估系统，保障教材质量；强化知识产权创造教育方面的师资。

第三，加强国民的知识产权教育。日本于 2017 年设立了创新教育促进联盟，在全社会范围内推广创新教育，推进相关活动开展，让全体国民体会到"创造新作品"的乐趣以及认识到"尊重创作"的重要性。

（2）鼓励企业创新

首先，支持前沿人才创办公司。从人力资源、融资和社会信誉等方面对青年人和初创企业提供支持。其次，政府通过合理的机制，支持全能型研究人员的创业活动；构建偏远地区的初创企业与大城市的投资者合作的平台；改革政府采购机制，使政府可以面向初创企业进行政府采购；充分

---

① "ROCKET 天才儿童项目"是日本基金会和东京大学先进科学技术研究中心的合作项目。

保护与创意相关的知识产权。再次，在社会上营造一种创新创业的环境，让前沿人才和公司能够轻松地接受挑战。政府将引导社会风气，让人们愿意进行风险投资，而不是把钱委托给银行；改进人力资源评估体系，使其对前沿人才更友好；为具有特殊才能的个人及其创办的企业提供试错平台；鼓励中小企业积极参与"开放式创新"。

（3）支持中小企业的创新活动

中小企业是地方经济的领导者，是创新的发源地，是未来地方经济活力的源泉。日本许多中小企业拥有卓越的技术，可以为本地经济发展做出贡献。为此，需要提高中小企业的风险认识，协助其建立知识产权管理系统。诸如，为海外的日本中小企业开发商业机密管理系统提供支持，防止其知识产权在海外意外泄露；对管理资源有限的中小企业提供技术信息管理方面的指导和咨询服务，派遣专家协助中小企业建立技术信息管理系统并获得认证；加强日本专利律师协会与本地中小企业的日常联系。

（4）改进知识产权制度，加强知识产权保护

第一，政府改进知识产权审查制度，构建鼓励知识产权开发的机制。具体包括：鼓励专利审查员与国外相关公司交流，加深他们对日本工业界知识产权制度和审查实践的理解，以缩短技术专利审查周期；建立企业界与司法官员之间直接对话的平台，以讨论与知识产权纠纷有关的各种问题；为了更好地应对包括知识产权案件在内的国际仲裁，政府采取措施扩大外国律师的国际仲裁和国际调解代理范围；构建涉及日本的知识产权司法判例数据库等。

第二，打击侵权盗版行为。在网络时代，漫画、动画、电影等领域的侵权行为越来越恶劣和复杂。政府有关部门要加强合作，共同应对网络侵权行为。比如，实施综合措施，包括版权教育、合法复制及分发的管理等；提高公众保护知识产权、拒绝盗版的意识；严厉打击跨境电子商务带来的盗版和假冒商品的流入等。

2.通过融合加快创新

"开放式创新"旨在通过"融合"来促进创新。随着创新的源头从供应方转移到需求方，广泛而复杂的"需求"是推动"开放式创新"的原

动力。为此，不仅要从供应商的角度开展合作，而且要通过产学合作等融合形式来实现"开放式创新"。

（1）推动产学合作

政府和私营部门建立合作机制，确定有前途的种子研究项目，吸引年轻研究者加入；优化合作机制，让企业、大学和公立研究机构可以进行大规模联合研发；构建实用技能认证体系，提高研究管理人员的素质；建立企业大规模联合研究的集中管理系统（开放式创新组织）以及与非竞争性领域的多个企业开展联合研究的管理系统，以促进"开放式创新"。

（2）通过制度调整，促进大数据、人工智能的发展

随着物联网的普及，标准化格式的数据开发及开源软件也变得越来越重要。

作为修订后的《知识产权战略愿景》的首个推进计划，在《知识产权推进计划2018》中，日本也给出了关于数据收集与使用的具体政策措施。例如，政府提供数据合同指南的英文翻译范本；稳步推进医疗卫生领域的数字化改革，允许相关机构收集和利用必要的个人信息；推动农业数据标准化，打通农产品生产、加工、销售和消费等各个环节，并创建一条智能化数字食品链。[①]

3. 创建更具"同理心"的环境

为了实现"价值设计型社会"建设、提高日本的国家品牌价值，需要创建更具同理心的社会环境。

第一，通过"同理心"促进价值的实现。传统上，市场交易多以市场价格为基准进行，但对于初创企业或者以提供智力产品为主的新型服务企业来说，这并不公允。所谓基于同理心的市场交易，指的是买方询问供应商的商品和服务的成本并根据成本进行价格协商，即以价值评估为基础确定交易价格，但目前这种交易模式还不是主流。在"价值设计型社会"中，政府将引导基于"同理心"的价值评估的交易成为主流。

[①] 知的财产战略本部『知的财产推进计画2018』、首相官邸ホームページ、2018年6月12日、https：//www.kantei.go.jp/jp/singi/titeki2/kettei/chizaikeikaku2018.pdf。

第二，基于需求方的新知识产权制度与当前知识产权制度平稳过渡。当前的知识产权制度主要基于"所有权"，这是一种基于供应方角度的知识产权制度。在"价值设计型社会"中，需要构建一个基于"同理心"的新的知识产权系统，要更多地从需求方角度考虑。

第三，强化日本国家品牌战略。以"酷日本"战略为核心，推动日本国家品牌战略实施。通过扩大日本软实力在全球范围的影响，塑造世界其他国家对日本文化的理解和认同。

2018 年新版《知识产权战略愿景》出台以后，日本又相继出台并实施了 2019 年度、2020 年度以及 2021 年度知识产权推进计划。这三版知识产权推进计划也是在贯彻执行 2018 年修订的《知识产权战略愿景》，并没有新的重大举措。2020 年度及 2021 年度的知识产权推进计划则在延续战略愿景规划的同时，重点提出了应对新冠肺炎疫情的对策。

三　新冠肺炎疫情下日本实施国家知识产权战略的应对措施

2019 年秋，知识产权战略本部重组了验证、评估和计划委员会，并设立了愿景委员会。愿景委员会的职责是确定日本国家知识产权战略的中长期发展方向、具体的政策措施及评估政策效果。愿景委员会确立了"价值设计型社会"的核心理念以及实现"社会 5.0"所需的数字创新，并制定了相关战略，如数字知识产权战略、地方知识产权战略、内容战略以及"社会 5.0"知识产权战略等。为了更深入地研究相关主题，还设立了地方价值工作组、创新工作组和内容工作组等。愿景委员会和工作组积极讨论新冠肺炎疫情全球传播的影响，制定了《知识产权推进计划 2020》，指出在新冠肺炎疫情之后的"新常态"下实现"价值设计型社会"的三大支柱，具体措施涉及在创新生态系统中战略性地使用知识产权、实施"酷日本"战略以及建立内容创作生态系统。

（一）"新常态"与知识产权战略

新冠肺炎疫情在全球传播，导致社会和经济系统产生重大且不可逆转的变化。"后疫情"时代，世界不可能完全回到之前的样子，这就是后疫情时代的"新常态"（ニュー・ノーマル）。① 在新冠肺炎疫情发生之前，日本提出了"价值设计型社会"和"社会 5.0"② 的概念作为日本追求的社会愿景，以指导相关知识产权战略的制定与实施。2019 年 10 月，知识产权愿景委员会着手制定年度性的知识产权推进计划，不久后发生了新冠肺炎疫情，这一突发事件对日本实施知识产权战略形成了冲击。不过，疫情管控措施使人们更容易接受工作及生活方式的改变，这为"价值设计型社会"和"社会 5.0"的实施提供了良好的社会基础。

1. 新冠肺炎疫情的影响

新冠肺炎疫情及一系列防疫措施对日本的相关产业、社会数字化转型、人们的行为方式等都产生了重大影响，既造成了危机，也带来了机遇。

疫情对文化产业产生重大负面影响。文化娱乐行业以及相关产业集群（休闲旅游业、食品服务业和时装业等）在日本的知识产权战略和"酷日本"战略中起着至关重要的作用；而且，文化产业中存在众多中小企业和个体经营者（包括自由职业者），创造了大量的就业岗位。按照防疫措施要求，取消或推迟文化演出、临时关闭相关娱乐设施、拒绝国外游客入境，导致文化娱乐行业从业者的收入大幅减少甚至没有收入，有些艺术团体宣告破产。

一方面，疫情给初创公司带来不小的打击。许多初创公司的估值集中于无形资产或知识产权，疫情导致其面临客户流失和融资难的双重困境。另一方面，领先的中型企业构成了文化产业集群以及地方经济振兴的主体，而疫情导致经济低迷以及文化和旅游活动暂停，这些企业的经营也面临严重困难。

与此同时，疫情加快了日本社会数字化转型的进程。越来越多的

---

① 知的財産戦略本部『知的財産推進計画 2020』、首相官邸ホームページ、2020 年 5 月 27 日、https://www.kantei.go.jp/jp/singi/titeki2/kettei/chizaikeikaku20200527.pdf。

② 2016 年 1 月 22 日批准的《第五项科技基本规划》提出："在以人为本的社会中，通过网络空间与物理空间的复杂整合而创建的系统，使实现经济发展和解决社会问题成为可能。"

公司采用远程办公和网络会议、学校引入在线课程。政府修订版权法，允许在特定情况下将受版权保护的学习资料通过网络方式传输给学生，加快了远程教育的发展。新冠肺炎疫情还促进了在线问诊服务的发展。

疫情也有利于"开放式创新"①。"开放式创新"是"价值设计型社会"的支柱之一，日本社会对"开放式创新"的重要性已经形成共识。为了抗击疫情，日本及海外的跨国公司和大学正越来越多地发布免专利费的专利、开源软件等。这些措施客观上促进了"开放式创新"的发展。

疫情还改变了人们的行为方式。受疫情影响，人们的行为更多地从现实世界转移到网络世界。除了在线购物和在线送餐的订单增长之外，新的互动形式也开始出现，例如在线探望老人和病人、在线工作面试、在线饮酒聚会、在线访友等。在新冠肺炎疫情发生之前，人们将注意力集中在现实世界和数字世界的融合上，当前的课题则是如何通过数字化的方法解决问题并创造价值。鉴于世界各国受到疫情影响的程度不同，制定日本未来的举措（包括"酷日本"战略和入境政策）时，有必要考虑到世界各地人们的旅游、娱乐和其他行为方式可能会发生变化。

2. "新常态"下政府的知识产权应对措施

"新常态"下，很可能出现富人处于更加优势的地位及"数字鸿沟"（某些人无法适应数字化）。为了应对这些问题，日本政府推出应对"新常态"的知识产权举措。例如，促进社会数字化转型，并且要"在知识产权保护、公共利益和私人权利之间取得平衡"。

第一，促进社会数字化转型。新冠肺炎疫情给世界各国发展带来了重大阻碍，也为医疗、教育、政府管理、金融服务、物流、安全等领域的数字化变革提供了机会。尽管日本进入虚拟数字领域晚于其他国家，但日本拥有丰富、高质量的真实数据。为了发挥这种优势，必须制定适当的法律法规，以促进真实数据的使用。一方面，调整相关法律法规，更好地适应

---

① "开放式创新"是将企业传统封闭式的创新模式开放，引入外部的创新能力。在"开放式创新"下，企业期望在发展技术和产品时，也能够像运用内部研究能力一样借用外部的研究能力，能够使用自身渠道和外部渠道来共同拓展市场。

社会的数字化转型；另一方面，关注整个社会过渡到数字化和在线运营可能面临的风险。

第二，在知识产权保护、公共利益和私人权利之间取得平衡。2003年制定的《知识产权基本行动》确立了日本知识产权策略的重点是对知识产权的保护。但近年来，日本知识产权战略的重点从保护知识产权的专有权转向"平衡知识产权的保护和使用"。公共利益和私人权利之间的平衡是个广泛的课题。日本政府也在考虑相应的举措，努力在知识产权保护、公共利益和私人权利之间取得平衡。

（二）在创新生态系统中战略性地使用知识产权

新冠肺炎疫情对世界经济造成重大影响，日本也受到消费支出增长停滞、入境旅游大幅下降、出口萎缩等影响，严重威胁中小企业及初创企业的生存。《知识产权推进计划2020》提出，要战略性地运用技术标准，推进以"开放式创新"为目标的知识产权管理。帮助企业更好地提高技术水平，并在疫情塑造的新环境下更好地服务客户。

1.战略性地运用技术标准

随着消费者需求从物质转变到体验，日本政府对知识产权的关注焦点也转向系统和服务。数字创新缩短了推广新技术所需的时间，标准的重要性凸显。在建设"可持续发展的社会"（如"社会5.0"）过程中，战略性地运用技术标准，可以将日本技术货币化并迅速推广，抓住这一机遇对日本而言至关重要。但是在技术标准化方面，日本面临一系列问题。例如，大多数日本公司倾向于将自己的技术种子作为审议的起点，竞争关系使日本公司在制定标准方面不容易认可同行业中其他公司的主导地位；在不同的技术研究领域，政府各省厅孤立地考虑各自的领域，没有从高层次、多层面的角度进行充分的审议；人们对失败或批评的风险保持警惕。

在未来的创新生态系统中，战略性地制定技术标准是必不可少的，需要对核心技术的标准国际化趋势进行分析，推动日本国内计划标准的整体优化。2020年，日本成立了标准化促进中心，建立技术标准的外部磋商框架、协调跨领域的相关问题。自2020年起，政府还对技术领先的中小企业独立开展的标准化活动提供支持。

2. 推进以"开放式创新"为目标的知识产权管理

"开放式创新"是一种出色的组织模式。在客户需求日益多样化的背景下，以"开放式创新"为目标进行知识产权管理的需求日益增加。2019年6月，日本公平贸易委员会发布了一项针对制造业中的中小企业（包括初创企业）的调查报告①，其中提及许多涉及中小企业的不平等交易。比如，中小企业被要求无条件披露专有技术，以使交易方能够仿制它们的产品；中小企业、初创企业与大企业进行联合研发，知识产权归大企业所有，而不论其是否对联合研究做出贡献；中小企业研发了专有技术，也被迫与其商业伙伴联合申请专利等。随着越来越多的大型公司和跨国公司与中小型企业和初创企业合作开展"开放式创新"，确保中小型企业和初创企业能够享有自由、公平竞争的合作环境至关重要。

为了解决这些问题，《知识产权推进计划2020》提出了具体措施：一是建立跨学科的研究中心、实验室作为推进机构，以跨组织的方式促进联合研究；二是鼓励开展旨在实现可持续发展的创新；三是制定示范合同和参考指南，确保中小企业与大企业之间进行公平的知识产权交易。

（三）进一步推进"酷日本"战略

受新冠肺炎疫情影响，"酷日本"战略正面临重大危机。出于防疫要求，人们的出行和聚会受到限制，对餐饮业、酒店业、旅游业、文化艺术活动及娱乐活动造成重大打击。日本的艺术文化是其软实力的载体，在"酷日本"战略中扮演着重要角色，而中小企业、个体经营者、自由职业者在"酷日本"战略的相关领域中发挥着重要作用。

日本内阁于2020年4月20日批准《应对新冠肺炎疫情的紧急经济措施》，包括紧急支持阶段和V形恢复阶段的措施。前一阶段侧重于保护就

---

① 公正取引委员会『製造業者のノウハウ・知的財産権を対象とした優越的地位の濫用行為等に関する実態調査報告書』、公正取引委员会ホームページ、2019年6月、https://www.jftc.go.jp/houdou/pressrelease/2019/jun/190614_files/houkokusyo.pdf。

业，维持商业运营和日常生活；后一阶段的措施旨在促进改革，并实现社会转型。在涉及文化产业集群的应急措施中，充分考虑了文化和艺术等商业类别的特殊性。① 具体应对策略包括四大方面。

1. 确保"酷日本"战略相关行业在疫情期间的生存

疫情对日本整个经济、社会产生了重大影响，也使"酷日本"战略相关行业如餐饮、酒精饮料、娱乐业、老字号企业、建筑、设计及艺术等产业陷入经营困境。对此，日本政府采取相应的政策措施，确保"酷日本"战略相关行业在疫情期间的生存。

饮食文化是日本提高在世界范围内影响力的文化领域之一，从"酷日本"战略角度来看，也是最重要的领域之一。新冠肺炎疫情对日本餐饮业造成了巨大的打击，许多著名的餐厅停业，厨师失业。为此，日本政府全面实施海外宣传计划，传播日本饮食文化，扩大日本食品爱好者的基础，以促进商品出口和入境消费增长。

酒精饮料是日本饮食文化的重要组成部分。疫情期间，日本酒精饮料行业受到严重影响，政府鼓励相关企业开发高附加值的品牌，以扩大出口。清酒酿酒厂是可以体验日本传统文化的一项重要资产，也可以为振兴入境旅游业贡献力量。

娱乐业是日本艺术文化产业的一部分，也是受疫情影响最严重的领域之一。娱乐业涉及大量就业岗位（演员、灯光师、音响师、化妆造型师等），停工导致大量从业者陷入贫困。娱乐部门涵盖许多不同的行业，每个行业都有自己的习俗和商业模式，政府在制定相关疫情扶持措施时，应充分考虑不同行业的特性。

老字号企业是日本的重要文化资产。目前，日本 100 年以上的老字号企业有 3 万家。日本老字号企业的典型特征是家族传承，即同一个家族连续几代人经营同样的企业。近年来，由于继任者和手工艺人的匮乏，越来越多的日本老字号企业面临倒闭。老字号企业倒闭是日本文化的一种损

---

① 首相官邸『新型コロナウイルス感染症緊急経済対策』、内閣府ホームページ、2020 年 4 月 20 日、https：//www5.cao.go.jp/keizai1/keizaitaisaku/2020/20200420_ taisaku.pdf。

失。从"酷日本"战略角度出发，需要建立日本老字号企业数据库，帮助其进行海外推广及传播。

另外，在海外，日本在建筑、设计、艺术等领域享有良好声誉，有巨大的潜力。比如，日本的"普利兹克建筑奖"①的获奖者数量仅次于美国。日本政府通过资金支持、创造文化交流平台等方式，强化对相关领域年轻人的支持，并支持其在海外的作品展出活动。

2. 有效利用内容产业

动漫、电影、游戏等内容产业是日本提高影响力的重要领域。创造力是日本的国家财富，从"酷日本"战略角度来看，鼓励内容产业的创新至关重要。通过鼓励更多电影公司到日本取景、充分利用日本文化资产等方式，拉动日本经济的发展。

通过"外景拍摄"提高日本的国家形象。国际上，通过电影、电视剧和其他荧幕作品来吸引入境游客已经比较普遍。日本是外国荧幕作品的热门外景拍摄地，一些地方政府在吸引外景拍摄方面取得了成功。例如，佐贺县成为泰国和菲律宾的荧幕作品热门外景拍摄地之后，来自泰国和菲律宾的入境游客激增。

有效利用文化资产。日本拥有悠久而独特的文化，多样性是其文化的主要特征之一。当今世界，人们的消费观念已经完成了从消费商品到消费体验的转变，开发利用文化资产变得越来越重要。通过合理开发利用文化资产，有助于振兴旅游业和地方经济。

3. 设立公私合作平台

"酷日本"战略是针对外国人的一项举措，这可能会给私人经营者带来语言和习俗上的挑战。确保"酷日本"战略的可持续性，需要鼓励私营企业经营者更积极地从事针对外国人的业务。如果私营部门经营者承受太大压力，并对外国人的业务产生负面情绪，将难以确保"酷日本"战略的可持续性。2015 年设立的公私合作平台是促进"酷日本"战略实施

---

① "普利兹克建筑奖"（The Pritzker Architecture Prize），又名"普利兹克奖"，是由杰伊·普利兹克（Jay A. Pritzker）和妻子辛蒂发起、凯悦基金会所赞助的于 1979 年设立的建筑奖项。"普利兹克奖"是建筑领域的国际最高奖项。

的关键实体。政府通过公私合作平台，持续不断面向金融公司、动漫和电影等文化公司、文化投资基金、个人艺术创作者等招募合作伙伴，通过搭建沟通协商的平台，积极促成合作，繁荣文化产业。

4.加大海外宣传力度

在"新常态"下，社会变得更加数字化，企业经营可能会面临根本性变革。在疫情期间，通过网络传播多语种的内容，可以维持人们对日本的兴趣并培养潜在的日本文化爱好者。此外，疫情及防疫措施可能会改变日本的国家品牌形象，因此有必要全面分析日本品牌形象的变化，并根据调查结果重新考虑推广日本国家品牌形象策略。

第一，充分利用日本各省厅、机构的海外据点。随着疫情的扩散，"酷日本"战略要求扩大海外宣传，日本各省厅、机构的海外据点可以发挥重要作用。外务省在152个国家中设有227个海外分支机构，在伦敦、洛杉矶、圣保罗设有"日本之家"。另外，日本基金会（JF）在24个国家设有25个办事处，日本贸易振兴机构（JETRO）在54个国家和地区设有74个办事处，日本政府观光局（JNTO）在19个国家和地区设有22个办事处。[①] 通过这些海外据点与当地政府合作，以举办文化论坛、艺术展览等方式，提升日本的国家形象。

第二，创作高质量的数字内容，扩大社交媒体传播。为了增强外国人对日本的兴趣，培养新的日本文化爱好者并振兴入境旅游，创造高质量的数字内容并适当地传播尤其重要。随着社交媒体成为全球主要的交流手段，有必要最大限度地挖掘赴日外国游客自媒体的宣传潜力。

（四）建立内容创作生态系统

新冠肺炎疫情对日本的内容产业产生了严重影响。大型演出活动取消，音乐会及剧场演出受到影响，娱乐业以及相关企业经营困难。《应对新冠肺炎疫情的紧急经济措施》指出，需要借助数字技术，创建各种新

---

① 知的財産戦略本部『知的財産推進計画 2020』、首相官邸ホームページ、2020 年 5 月 27 日、https：//www.kantei.go.jp/jp/singi/titeki2/kettei/chizaikeikaku20200527.pdf。

的业务模式，其核心是构建内容创作生态系统，持续地创作高质量内容。

1. 数字时代的内容策略

在数字时代，业务模式、营销渠道、利润结构和消费者行为已发生了显著变化。加快商业、教育、文化和艺术等各个领域的多样化内容创新，除了带来经济价值之外，还可以培养外国人对日本的亲近感、带动入境旅游以及各种商品的出口。疫情期间，依然要继续推进面向全球市场的内容产品开发。

日本在漫画、动画、游戏等领域拥有大量出色的内容产品，全球粉丝对日本的关注为日本的内容产业发展提供了重大机遇。诸如 5G 和物联网之类的技术使基于用户数据的消费者行为分析等内容策略已成为可能。因此，有必要制定适合不同国家和地区的本地化营销策略。《知识产权推进计划 2020》提出了一些具体的措施，包括：通过本地化合作及适当的营销策略，扩展日本内容产品的海外市场；鼓励使用 VR 和其他先进技术举办数字交易会；支持在内容生产和分发过程中使用数字工具等；免费向未商业化播放日语内容的国家和地区提供日本电视剧、动漫、纪录片、电影和其他内容，增进其民众对日本的了解，培养民众对日本的亲近感，以便将来向这些国家和地区进行商业扩展；鼓励将短视频作为企业文化的传播工具，通过短视频提高企业的品牌价值。

2. 建立数字档案馆

随着数字技术及物联网发展，新技术改变了社会运营的基础设施。数字档案馆可以促进社会知识、文化和历史资源的共享，在智力活动中起着基础性作用。自 1990 年起，日本就着手建立数字档案馆。目前，由于新冠肺炎疫情的影响，人们对远程办公的需求激增。数字档案馆作为社会基础设施，对社会经济活动起到了基础性支持作用，对文化的发展和保存具有重大意义。

为了促进数字档案的共享和使用，日本启动了正式版的搜索门户网站"Japan Search"，并推动博物馆馆藏文物的数字化；创建漫画、动画和视频游戏的信息中心；促进全国大学和其他研究机构与"Japan Search"的合作。

3. 振兴日本电影业

作为融合多种艺术元素的综合艺术，电影和电视剧等荧幕作品可以产生向世界其他地区宣传日本形象、吸引游客、振兴本地经济等多重效果。振兴日本电影业的措施有：鼓励电影行业的国际交流，为日本电影寻找国际合作资源，保障日本电影制作的高质量；通过电影促进国际文化交流，在包括中国、俄罗斯、印度在内的其他国家举办日本电影节，确保日本电影的放映机会；采取措施鼓励以日本为背景的外景拍摄，并给予政策支持。

（五）《知识产权推进计划2021》的概况

《知识产权推进计划2021》回顾了日本实施国家知识产权战略的政策效果，认为"日本的知识产权战略正处于一个十字路口"，并为未来的发展提出了新的政策优先方向。[①]

1. 日本国家知识产权战略的政策效果

第一，日本的创新活动及其全球地位有所下降。

当今世界，全球范围的竞争日趋激烈，这考验着每个国家的创新能力。然而，日本的创新生态系统并没有充分发挥作用。在世界知识产权组织（WIPO）发布的2020年版全球创新指数（GII）排名中，日本排在第16位。2007年，日本的这一指数排在第4位，2012年跌至第25位，此后几年虽然缓慢上升，但是自2012年以来，日本一直排在新加坡和韩国之后，并在2019年被中国超越。[②]

近年来，日本在商品领域的成本竞争中很难获胜，因此更加需要以创新为基础、重视知识产权的战略作用。然而，日本的知识产权战略和创新活动还没有达到足够的水平，没有为经济发展提供足够的支撑。

第二，日本公司的无形资产估值偏低。

---

① 知的财产战略本部『知的财产推进计画2021』、首相官邸ホームページ、2021年7月13日、https：//www.kantei.go.jp/jp/singi/titeki2/kettei/chizaikeikaku20210713_e.pdf。

② *Global Innovation Index 2021*，WIPO，https：//www.wipo.int/edocs/pubdocs/en/wipo_pub_gii_2021.pdf.

2020 年，标准普尔 500 指数成分股市场估值的 90% 属于包括知识产权在内的无形资产估值。同年东京证券交易所日经 225 指数成分股的市场估值中只有 32% 是无形资产估值。当今社会，知识产权作为研发的产出，不仅可以表现为有形商品的生产和供应服务，还可以为个性化需求等无形服务提供帮助。以知识产权为核心的无形资产甚至比有形资产更重要，成为竞争力的来源。无形资产支撑着美国企业的价值，占企业价值的大部分。然而，日本企业的价值仍然主要集中在有形资产上，在无形资产的竞争中远远落后于其他发达国家。

2. 延续了《知识产权推进计划 2020》的政策基调，提出新的政策方向

《知识产权推进计划 2021》延续了 2020 年知识产权战略的主要判断，提出要以"绿色竞争"和"数字竞争"为主线，并给出未来日本知识产权方面的七个优先战略方向：强化资本和金融市场的功能，鼓励企业知识产权的投资和利用；推动战略性地使用技术标准，扩大日本具有技术优势的领域；改善旨在鼓励数据使用的社会环境；推动与数字时代相适应的内容战略；鼓励初创企业和中小企业以及农业领域积极拓展知识产权的应用；强化管理体制、人才培养及法律基础设施；重组"酷日本"战略。[1]

结　语

日本国家知识产权战略体现了知识产权制度建设与社会进步、经济改革和企业创新相协同的效应。结合日本制定实施知识产权战略的经验和教训，有几点值得重点关注。

第一，国家知识产权战略应着眼于广义的知识产权。国家知识产权战略要服务地方经济社会发展，协助解决国家及地方发展中的问题；要重点关注重大技术创新、企业国际化发展、初创企业生存和发展、国家软实力建设等具体领域。有关部门在制定国家知识产权战略过程中，应广泛吸收

---

① 知的財産戦略本部『知的財産推進計画 2021』、首相官邸ホームページ、2021 年 7 月 13 日、https://www.kantei.go.jp/jp/singi/titeki2/kettei/chizaikeikaku20210713_e.pdf。

不同领域的专家及企业家的意见，加强与其他相关部门及地方政府合作，进行专项研究，更广泛征求各界意见；确保国家知识产权战略的出台更具备可操作性及可评估性；定期修订国家知识产权战略，制定年度知识产权推进计划，并定期评估实施效果。

第二，将创新人才的培养纳入知识产权战略重点内容。以往中国的知识产权政策侧重法律体系、制度建设等基础设施。在未来制定国家知识产权战略时，应强化对人才的甄别、培养、支持；对初创企业的知识产权保护、评估、融资等方面给予支持；改革政府采购机制，向知识型、创新型中小企业倾斜；出台指导方针，保障初创企业与大型企业的知识产权公平交易。

第三，将国家软实力建设融入知识产权战略。国家品牌 IP 及软实力对于公民及企业来说是经济学意义上的公共物品，需要政府出面组织相关机构及企业、公民共同维护和发展。比如，出台措施，鼓励居民和企业制作关于中国的内容产品，并在海外传播；吸引国际电影公司来中国开展外景拍摄；鼓励企业在海外发展过程中，协作进行国家 IP 的内容传播。

第四，注重标准国际化建设。包括：加强国家在标准国际化战略中的作用，积极争取标准国际化机构的主席或者干事的职位，并与标准国际化机构合作，加强环境、安全、福利等领域的合作，为国际社会做出贡献。同时，将国家的研发活动与标准国际化活动一体化推进，加强国家作为整体的标准国际化活动；利用具有标准国际化经验的专家，支援大学等的标准国际化教育，培养下一代标准国际化人才。同时，通过完善表彰制度和确立职业路径，提高对标准国际化活动的奖励。在美国对中国科技企业实施技术封锁的情况下，提高产业界标准国际化的意识，在新的技术领域主动发起新标准，积极参与原有技术领域国际标准的调整、更新。

（审校：叶琳）

日本大数据产业政策与产业链发展研究[*]

张文闻　瞿雪峰[**]

内容提要：自 2012 年以来，随着信息技术在社会方方面面的应用不断拓展深化，全球大数据产业发展迎来高速增长，日本的大数据产业也不例外，其相关产业政策及产业链发展值得研究。日本虽然在数据产生量和技术应用方面并不居于世界发达国家前列，但具有强大的技术研究能力和坚实的硬件制造基础，使得其产业上游能够为中下游持续输送动能，并广泛加深大数据技术在公共管理和人民生产生活各方面的应用。从大数据产业发展至今，日本政府在法规政策方面加强了对信息隐私权的界定和对信息的合法使用，从长期角度来看有利于鼓励数据的应用。未来，日本政府应该着手布局其大数据产业在世界范围内的数据交流，实现数据共享，从而服务更多民众。

关 键 词：大数据　产业政策　产业链　信息隐私权　数据合法使用

关于"大数据"，麦肯锡全球研究所给出的定义是，一种在获取、存储、管理、分析方面大大超出传统数据库软件工具能力范围的数据集合。[①]根据这一定义，所谓大数据至少包括了三个"V"，即"容量"（volume）、

---

　*　本文得到国家自然科学基金重点项目"中国宏观经济调控政策研究"（编号：71933001）资助。

**　张文闻，经济学博士，中银香港发展规划部/中国银行香港金融研究院高级经济研究员，主要研究方向为国际金融、宏观经济；瞿雪峰，香港中文大学（深圳）经济学硕士研究生，主要研究方向为国际金融、中国资本市场。

①　McKinsey Global Institute, "Big Data: The Next Frontier for Innovation, Competition, and Productivity", May 1, 2011, McKinsey & Company, https://www.mckinsey.com/business-functions/mckinsey-digital/our-insights/big-data-the-next-frontier-for-innovation.

"速度"（velocity）和"多样性"（variety）。"容量"是指大数据必须处理大量的低密度和非结构化数据，其中数据量的单位可以是几十 TB 甚至几百 PB；"速度"是指接收和处理数据的最快速度，大数据可以近乎实时地处理从各种服务平台、媒体、传感器等获得的海量数据；"多样性"是指数据具有多样化的形式，包括结构化数据和非结构化数据。除此之外，"价值"（value）有时也被纳入大数据的定义，因为数据本身是需要成本的，但数据可能没有任何意义，除非它的价值被发现。此外，同样重要的还有数据的"可靠性"（validity），即决定结果的有效性的因素之一是获取数据过程的可靠性。大数据产业一般而言具有数据的资产化、技术的高创新性、决策智能化与服务个性化等特点。[1] 其中，数据资产化是指各行业生成的大数据本身具有潜在价值，能够体现用户的信息行为，这一特点一方面能够使企业利用数据实现精准化生产，另一方面也容易产生隐私界定不明的问题。[2] 技术的高创新性是指数据的获取、存储、整合以及使用过程存在高速、大量的技术更新。决策智能化与服务个性化则以前述两点为基础。

1999~2019 年，大数据技术经历了从软件开发、科学研究到商业应用，再到国家战略，最终回到人民生活的五个发展阶段。[3] 图 1"韦恩图"体现的逻辑关系反映了以上变迁，即大数据概念以数据为核心、以技术为途径，最终渗透到社会生产和人民生活的方方面面。根据 2021 年《财富商业洞察》（Fortune Business Insights）发布的新闻，2020 年全球大数据分析市场规模为 2069.5 亿美元，2021 年为 2314.3 亿美元，预计到 2028 年将进一步增长到 5497.3 亿美元。[4]

---

[1] 参见迪莉娅《我国大数据产业发展研究》，《科技进步与对策》2014 年第 4 期。

[2] 参见冯登国、张敏、李昊《大数据安全与隐私保护》，《计算机学报》2014 年第 1 期；范为《大数据时代个人信息保护的路径重构》，《环球法律评论》2016 年第 5 期；程啸《论大数据时代的个人数据权利》，《中国社会科学》2018 年第 3 期。

[3] 参见李辉《大数据推动我国经济高质量发展的理论机理、实践基础与政策选择》，《经济学家》2019 年第 3 期。

[4] Fortune Business Insights, "Big Data Analytics Market | 2021 Size, Growth Insights, Share, COVID-19 Impact, Emerging Technologies, Key Players, Competitive Landscape, Regional and Global Forecast to 2028", Globe Newswire, December 16, 2021, https://www.globenewswire.com/news-release/2021/12/16/2353210/0/en/Big-Data-Analytics-Market-2021-Size-Growth-Insights-Share-COVID-19-Impact-Emerging-Technologies-Key-Players-Competitive-Landscape-Regional-and-Global-Forecast-to-2028.html.

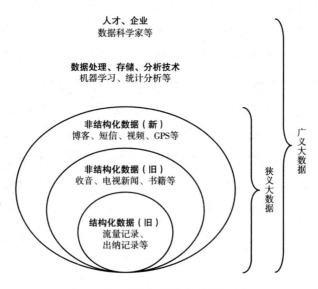

图 1 "韦恩图"界定的大数据定义

资料来源：刘鹏等：《大数据导论》，清华大学出版社，2018。

自 2012 年以来，全球多个国家先后制定了国家层面的大数据产业发展策略，从政策和资金上对大数据产业予以大力支持，释放推动经济社会发展的新空间。例如，美国政府于 2012 年斥资 2 亿美元，启动"大数据研究和发展计划"（Big Data Research and Development Initiative）；英国政府投资 1.89 亿英镑，用于大数据和节能计算研究；法国政府发布《数字路线图》，宣布投资 1150 万欧元推进 7 个大数据市场项目的研发；澳大利亚政府发布《公共服务大数据战略》，并制定了《大数据原则》，旨在利用大数据分析支持公共服务改革；日本公布了 IT 战略《创造最尖端 IT 国家宣言》，提出推动大数据技术在医疗、交通等公共场景的应用；韩国政府建设大数据中心，为大数据企业提供服务。[①]

虽然全球大数据产业实现了高速发展，但也产生了新的问题。不少学者认为，大数据是"新石油"，是一种具有巨大社会经济价值的生产资料和战略资源。因此，国家在网络空间的数据主权关系着产业战略制高点和

国家安全，意味着需要对工程技术、管理政策和人才培养等方面进行综合部署，即需要科技界、工业界和政府部门在国家政策的引导下的共同努力。①

自 2011 年，日本政府陆续制定了一系列有助于数据的披露、交流、储存及应用的政策规定。一方面，得益于过去积累的电子元件制造技术，日本在大数据产业上游环节的技术研发水平居世界前列，如 5G 技术等。2020 年，日本的国内生产总值（GDP）依然高居全球第 3 位，麦肯锡数字化部门的研究报告认为，日本取得这一成绩的基础是其成熟的高等教育系统、工业及自动化产业的领先发展地位以及高质量的基础设施等因素。另一方面，受市场等因素制约，日本的数字化竞争力和生产力仍处于有限水平，2020 年其数字化竞争力的全球排名居第 27 位，而且电子商务、手机银行和数字化政府部门服务的市场渗透率不足 10%。该报告还指出，阻碍日本大数据产业向下游发展的原因包括风险规避型的思维管理模式、较之生产力企业领导者更在乎公司寿命、私有部门和政府间的成本博弈，以及劳动力市场对软件开发工程师的大量需求得不到满足。② 当然，这并非意味着日本的大数据产业在中下游应用场景中没有得到发展，即使规模有限，日本大数据技术仍然应用广泛，应用场景包括制造业、智慧医疗、城市建设、电商零售、农业、金融业等。

综上，全球大数据产业发展迎来高速增长，日本的大数据产业也不例外，其相关产业政策及产业链发展值得研究。为全面勾勒日本大数据产业的发展，本文从日本大数据产业发展及特点出发，分析日本大数据产业政策演进，研究日本大数据产业链及其应用场景，发现：日本大数据产业具有坚实的上游技术基础和上游市场优势，虽然中下游发展受国内市场需求

---

① 参见李国杰、程学旗《大数据研究：未来科技及经济社会发展的重大战略领域——大数据的研究现状与科学思考》，《战略与决策研究》2012 年第 6 期；李学龙、龚海刚《大数据系统综述》，《中国科学：信息科学》2015 年第 1 期。

② McKinsey Digital, "How Japan Can Make Digital 'Big Moves' to Drive Growth and Productivity", February 24, 2021, McKinsey & Company, https://www.mckinsey.com/business - functions/mckinsey - digital/our - insights/how - japan - can - make - digital - big - moves - to - drive - growth - and - productivity.

等因素限制，但仍取得了不错的发展成果，在社会生产的方方面面均有体现；日本政府为大数据产业发展提供了较为及时和有效的政策支持，但在国际数据合作等方面仍有改进空间。

一　日本大数据产业发展及特点

（一）全球大数据产业发展的现状

目前，全球大数据产业处在一个快速发展的时期，不论是存储规模、行业规模还是技术研发规模，均具有巨大增长潜力。据国际数据公司（IDC）追踪数据，2013~2015 年，全球的大数据储量从 4.3ZB 增长到 8.6ZB；2016 年，大数据储量的增长率达到 87.21%。从全球范围来看，2020 年，欧洲、中东和非洲产生的数据量合计占比为 30% 左右，中国占 23% 左右，美国占 21% 左右，日本和其他亚太国家合计占 18% 左右。据市场调研公司 Wikibon 估计，2020~2025 年，全球大数据增长率将出现较小幅度的放缓，但依然会维持在 10%~15%，据此推测，到 2025 年，全球大数据硬件、软件和服务的整体市场规模将达到 920 亿美元。[①] 图 2、图 3 展示了全球大数据储量及产业规模的增长情况，图 4 则展示了对未来发展前景的预测。

（二）日本大数据产业的发展现状与特点

与世界主要数据大国相比，日本的大数据产业发展形势有所不同，还有较大的提升空间。2001 年，日本成立了 IT 战略总部，制定了《e-Japan 战略》，但是传统策略强调对 IT 的利用，没有充分把握用户的需求。[②] 2011 年，日本进入"大数据元年"，日本政府开始进一步推动数字化建

---

① 《2021 年全球大数据产业市场现状及发展前景分析，2025 年市场规模或突破 900 亿美元》，前瞻产业研究院网站，2021 年 6 月 15 日，https://bg.qianzhan.com/trends/detail/506/210615-6ad530f0.html。

② 「『e-Japan 戦略』の今後の展開への貢献」、総務省ホームページ、2022 年 4 月 7 日、https://www.soumu.go.jp/menu_ seisaku/ict/u-japan/new_ outline01.html。

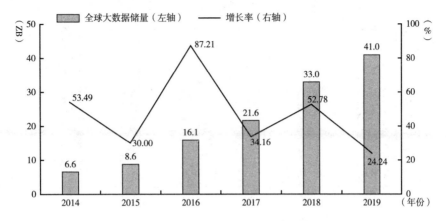

图 2　2014~2019 年全球大数据储量及增长情况

资料来源：《2021 年全球大数据产业市场现状及发展前景分析，2025 年市场规模或突破 900 亿美元》，前瞻产业研究院网站，2021 年 6 月 15 日，https：//bg. qianzhan. com/trends/detail/506/210615-6ad530f0. html。

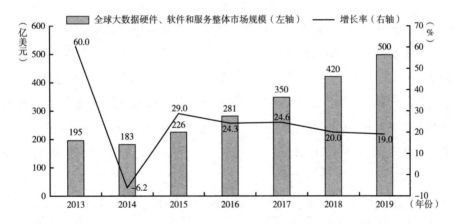

图 3　2014~2019 年全球大数据产业软件、硬件和服务市场规模及增长情况

资料来源：《2021 年全球大数据产业市场现状及发展前景分析，2025 年市场规模或突破 900 亿美元》，前瞻产业研究院网站，2021 年 6 月 15 日，https：//bg. qianzhan. com/trends/detail/506/210615-6ad530f0. html。

设，还上线推出了电子政府等电子行政办公的功能，但仍难以有效为国内外企业的商品开发以及服务质量提升等提供帮助。

在瑞士洛桑国际管理学院（IMD）于 2020 年 9 月发布的《全球数字

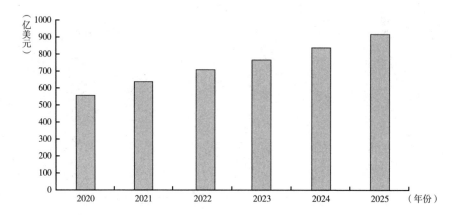

图4 2020~2025年全球大数据软件、硬件和服务的市场规模预测

资料来源：《2021年全球大数据产业市场现状及发展前景分析，2025年市场规模或突破900亿美元》，前瞻产业研究院网站，2021年6月15日，https://bg.qianzhan.com/trends/detail/506/210615-6ad530f0.html。

竞争力排名》中，日本在63个国家或地区中排名第27位，可以说日本在大数据的使用、数字人力资源的全球化和企业变革的速度等方面均与其经济生产水平高度不匹配。① 如图5所示，2020年，美国的大数据储量占全球总量的37%，中国占15%，而包括日本在内的亚太国家（不包括中国）合计仅占6%。另外，据2020年7月国际数据公司发布的《企业数据利用调查白皮书》称，日本企业已储存数据的利用率为24%，在12个接受调查的国家和地区中排名末位，可见日本企业的云计算利用率也相对较低。② 2020年9月，哈佛大学贝尔弗中心发布了《2020年国家网络力量指数》，该指数旨在衡量各国的网络力量，结果显示，美国排名第1位，中国排名第2位，而日本排名第9位，落后于英国、法国和德国等欧洲国家。③ 再据欧洲专利局2020年的一项调查结果，2018年，日本在人工智能等相关领域的专利申请数量排名世界第2位，显示出日本在该领域的研

① 洛桑国际管理学院：《全球数字竞争力排名》，2021年2月1日，https://www.lexology.com/library/detail.aspx? g=08273de9-b847-4a3e-8dcd-9831e120e1a9。

② 《全球企业数据利用率：日本最低，中国高于平均》，日经中文网，2020年7月17日，https://twitter.com/rijingzhongwen/status/1283956483290357765。

③ Belfer Center, "National Cyber Power Index 2020", September 1, 2020.

发方面具有优势；该调查结果还表明日本在从研究到商业服务进行转化的路径上存在问题。① 鉴于上文提及的阻碍日本大数据技术向下游产业发展的原因，日本必须思考如何将数字化上游产业合理转化至各应用场景以及在国际环境中找准定位。

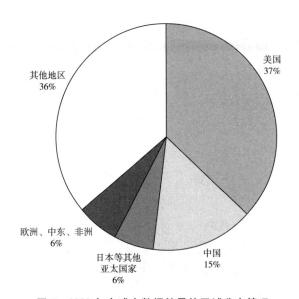

图 5　2020 年全球大数据储量的区域分布情况

资料来源：《2021 年全球大数据产业市场现状及发展前景分析，2025 年市场规模或突破 900 亿美元》，前瞻产业研究院网站，2021 年 6 月 15 日，https://bg. qianzhan. com/trends/detail/506/210615-6ad530f0. html。

　　总的来说，日本的大数据产业已累积了一定的发展成果，但相较于中国或者其他发达国家仍相对落后。究其原因，主要有两点。第一，日本的数据资源仍是较为稀缺的；第二，日本的共享数据意识仍有待提高。中国有微信、淘宝等体量极大的应用软件，当人们使用这些应用软件时，企业可以收集大量数据，并通过分析这些数据做出适合每个人的销售预测和主动建议。然而，在日本，以购物数据为例，人们在超市购

---

① Sonoda & Kobayashi Intellectual Property Law, "Japan Comes in 2nd Worldwide in Number of AI and Big Data Applications", LEXOLOGY, February 1, 2021, https://www.lexology.com/library/detail. aspx? g=08273de9-b847-4a3e-8dcd-9831e120e1a9.

物产生的数据体量往往较小，而且购物数据存储于各家超市的会员系统，并不能共享。同时，受日本人口规模的限制，电商交易金额甚至不及中国、美国电商企业的 1/10，可以说日本还没有出现大规模多元服务平台。

二 日本推进大数据产业发展的政策演进

截至 2000 年底，日本的互联网用户数约为 4700 万，比前一年增长了74%，互联网普及率也从 1999 年底的 21% 跃升至 37%，显示出其信息技术的显著快速发展。日本政府注意到信息技术的发展是一个全球性趋势，并计划以 2002 年韩日世界杯为契机，让世界各地的人们亲身体验和评估日本 IT 革命。①

为此，2001 年日本成立 IT 战略总部，并制定了《e-Japan 战略》，其目标是"在 5 年内使日本成为世界最先进的 IT 国家"。3 月，IT 战略总部又制定了《e-Japan 优先政策规划》，迈出了政府推进信息技术革命的新步伐。② 日本推出"e-Japan"战略是基于国内互联网用户高速增长的背景，将重点放在 5 个政策领域，包括：①推进高速、超高速互联网基础设施建设，②教育数字化和加大人力资源开发力度，③加强网络内容推广，④推进电子政府和电子地方政府的应用，⑤加强国际活动。日本政府还意识到在亚洲的信息技术革命中发挥核心作用非常重要，因此"e-Japan"战略也计划推动日本国内相关行业大力传播数字内容，使日本发挥作为亚洲互联网枢纽的作用，并开展知识产权、消费者保护等信息技术法规的国际合作。

以该计划为指导，日本在 2002~2004 年先后制定了《e-Japan 战略Ⅱ》《e-Japan 重点计划 2003》《e-Japan 重点计划 2004》等配套计划。

---

① 魏红江、李彬、祝慧琳：《制定我国大数据战略与开放数据战略：日本的经验与启示》，《东北亚学刊》2016 年第 6 期。

② IT Strategic Headquarters, "e-Japan 2002 Program", Prime Minister of Japan and His Caninet, June 26, 2001, https：//japan. kantei. go. jp/it/network/0626_ e. html.

2004 年底，为应对全球信息通信技术市场的激烈竞争，日本政府又提出了"IT 新改革"和以"4U"["无所不在"（ubiquitous）、"全球通用"（universal）、"用户导向"（user-oriented）、"独一无二"（unique）] 为指导思想的"U-Japan"战略，以建设"可持续发展的信息技术社会"。日本制定并实施这一系列战略的目标是到 2010 年使日本成为 IT 领域的"领头羊"。2006 年，日本信息通信部（MIC）宣布了"U-Japan"战略的具体政策方案，主要涉及"无所不在的网络"的发展、先进信息通信技术的应用、升级应用环境、国际战略以及技术战略（推进重点领域研发和标准化发展，提高创新竞争力）。2007 年，日本政府又先后发布了"IT 新改革"战略的配套政策包、《e-Japan 重点计划 2006》以及《通过IT 活跃地方经济的紧急计划框架》，以进一步规划和推动重点领域的发展。①

自 2011 年，日本开始施行一系列重点推动大数据及云计算产业发展的政策。2013 年，日本发布了《创建最尖端 IT 国家宣言》，期望在 7 年内建设成全球领先的 IT 社会。该战略以数字技术的快速革新为要点，通过利用信息技术、数据创造创新技术和复杂服务，为创造新的产业和工业部门的增长做贡献，也希望进一步推动数据的公开化、公共化建设。② 日本政府加大了对一系列大数据研发项目的投资，如开发高速网络设施、数据中心运营系统以及数据分析应用项目等。日本政府还推出了电子行政信息门户网站和集合地理、人流和政府财政报告等信息的综合大数据网站。

同时，在网络信息安全方面，日本也采取了相应的管理措施。2014年，日本在国会立法会议上通过了《网络安全基本法》③。2016 年和 2018年，日本相继通过了加强内阁网络安全中心（NISC）建设和设立网络安

---

① "U-Japan Policy", Ministry of Internal Affairs and Communications, https：//www.soumu.go.jp/menu_ seisaku/ict/u-japan_ en/index. html.

② IT 戦略本部『世界最先端 IT 国家創造宣言について』、首相官邸ホームページ、2013 年 6 月 14 日、http：//www.kantei.go.jp/jp/singi/it2/pdf/it_kokkasouzousengen.pdf。

③ 『サイバーセキュリティ基本法』、e-Gov ホームページ、https：//elaws.e-gov.go.jp/document？lawid＝426AC1000000104。

全理事会的法律修正案。在信息披露和使用权等方面，日本政府也对相关法规进行了与时俱进的调整。2005 年，日本开始实施《个人信息保护法》①。2015 年，日本首次对该法律条文进行修订，并于 2017 年 5 月 30 日全面实施。修改后的法案对个人信息的使用进行了严格界定，例如，如果对信息进行处理使得个人身份无法识别，该信息就可以作为大数据加以利用。该法案也明确提出要建立个人信息保护委员会，并处理个人信息全球化过程中出现的问题。

另外，日本的学校信息通信技术环境建设滞后，而且各地方之间的差距很大，因此迫切需要在全国范围内建设统一的信息通信技术环境。为此，2019 年 12 月，文部科学省公布了《GIGA（Global and Innovation Gateway for All）学校倡议》。② 该倡议旨在通过为每个学生综合开发一个信息终端和一个高速、大容量的通信网络，在全国各学校所在地可持续地实现公平和个体优化的学习，不让任何学生掉队。原定的时间表要求于 2020 年之前在全国所有小学、初中和高中学校安装高速、大容量的通信网络，并于 2023 年之前逐步在全国所有小学和初中学校为每个学生安装一台 PC 终端。新冠肺炎疫情发生后，为防止新冠病毒传播，学校长期临时关闭，为了让学生接受网络授课，日本政府决定在 2020 年底前实现所有学生每人都有一台 PC 终端的目标。

在国际合作方面，在 2019 年世界经济论坛年会上，日本时任首相安倍晋三发表宣言称，"我们所认为的增长引擎，不再依靠汽油运行，而是越来越依靠数字数据"，倡导"信任的数据自由流动"（DFFT）。之后，他又在 G20 大阪峰会上启动了"大阪 Track"，与相关国家、地区和国际组织合作，在 WTO 框架下制定数据分配和电子商务的国际规则。有关进程已经启动，其基本思想是建立一个国际框架，促进数据的自由流动，同时适当保护个人信息和重要的工业数据，确保个人隐

---

① 『個人情報の保護に関する法律』、e‑Gov ホームページ、https：//elaws. e‑gov. go. jp/document？lawid＝415AC0000000057。

② 「GIGA スクール構想とは」、ReseMom ホームページ、2020 年 4 月 11 日、https：// s. resemom. jp/article/2019/12/20/53944. html。

私和信息安全。^① 这是一种区别于其他国家的尝试，比如，在美国，像谷歌、苹果、"脸书"（Facebook）和亚马逊所谓"GAFA"这样的私人平台拥有数据并发挥主导作用；在中国，国家集中管理数据（包括公共数据和私人数据）；欧盟制定了注重个人权利的《通用数据保护条例》（GDPR）等法规。

在数据利用方面，2016 年日本立法者颁布《促进公私合营数据利用基本法》^②，重点关注公私合营数据利用。日本政府的开放数据举措已经从最初的经合组织排名底部跃居首位（2019 年排名第 4 位）。尤其在发布中央政府统计数据和其他数据以确保透明度方面，日本取得了较大进展，但其应对新冠肺炎疫情的措施又显示出日本政府明显缺乏与地方政府的合作以及对其持有数据的使用。大部分的任务组在开始分析传染病数据的主要任务之前，必须先手动打字来整理分散在各个地方的数据。此外，工作人员还需要把疫情报告输入 HER-SYS 系统（日本政府在 2020 年 6 月前后引入的感染控制系统），再由医疗机构通过传真发送到公共卫生中心。

三　日本大数据产业链及其应用场景

日本的大数据产业涵盖广泛，从信息通信技术软件和硬件开发到物联网、通信和信息服务业的各类应用，产业链触及社会的方方面面。大数据产业链的上游和中游由软硬件业、信息服务业（包括互联网）等支持数据传输和储存的技术行业构成，5G 技术的发展代表了日本大数据产业在"速率"和"容量"这两个维度的最新进程。大数据产业链的下游则包括政府及各行各业的应用端，大数据的"多样性"体现在电商、医疗、城市建设、移动通信、云服务、零售、金融等领域日新月异的发展当中。

---

① 『G20 大阪サミットデジタル経済に関する首脳特別イベント安倍総理スピーチ』、首相官邸ホームページ、2019 年 6 月 28 日、https：//www.kantei.go.jp/jp/98_abe/statement/2019/0628g20side1.html.

② 『官民データ活用推進基本法』、e-Govホームページ、https：//elaws.e-gov.go.jp/document?lawid=428AC1000000103.

（一）产业链中上游

1.5G 产业

日本的 5G 产业代表了其大数据产业在"速率"和"容量"两方面的最新发展成果。作为高度工业化国家，日本具备坚实的制造业基础和强大的工业技术，尤其在 5G 元器件制造、基础设施建设和服务等领域具有巨大潜力。不同于中、韩两国在 5G 终端和技术层面的优势，日本在 5G 元器件制造层面更具有优势。可乐丽、富士等日本企业基本掌控了元器件上游的材料供应；村田制作所、京瓷、TDK、罗姆等日本企业则在元器件制造领域拥有较大的市场力量。根据调查公司富士凯美莱总研预测，到 2023 年，日本 5G 产业的世界市场规模仅基站就将超过 4 万亿日元，智能手机、监控摄像头和小型无人机等 5G 相关设备的市场规模将超过 27 万亿日元。因此，日本各制造商加大研发投入，扩大产能，以把握 5G 浪潮来临的机会。[①]

2.信息服务业

信息服务业指为企业或政府开发和维护 IT 系统的行业，按业务内容可分为系统集成（SI）和技术人员派遣服务（SES）两类。一般来说，业务流程包括将系统开发业务外包给系统集成商，系统集成商再将业务外包给下级外包公司，形成行业的金字塔结构。系统集成业务一般可分为制造商系、用户系和独立系，日本制造商系的代表公司有富士通、NEC 和日立，用户系的代表公司有 NTT Data、野村综合研究所和 CTC，独立系的代表公司有大塚商会和 SCSK。

2020 年 2 月 22 日，IDC 日本公司发布了 2025 年日本信息服务市场的预测。报告指出，由于新冠肺炎疫情的影响，2020 年日本的信息服务市场规模预计将同比下降 2.8%，为 56834 亿日元；导致负增长的因素包括业务谈判停滞、新项目推迟、正在进行的项目进度中断和延迟、客户驻地

---

① 参见张文闻《日本第五代移动通信技术产业政策发展与产业链研究》，《现代日本经济》 2021 年第 3 期。

和内部中心服务的低利用率和工作延迟，以及供应链中断造成的设备交付延迟。2021 年，日本的信息服务市场将恢复正增长，出现 V 形复苏，并且有大量新兴项目出现；从 2022 年起增长率将逐渐放缓，但得益于更新和替换"遗留"系统的需求以及企业对数字转型（DX）进行全面投资的支持，2020~2025 年的复合年增长率（CAGR）预计为 2.4%，2025 年日本信息服务市场规模将达到 64410 亿日元。[①] 需要强调的是，随着疫情中人们生活和工作方式的快速变化，对数据的使用越来越频繁，企业正在全面开展数字转型，速度正成为企业选择 IT 供应商时越来越重要的标准。

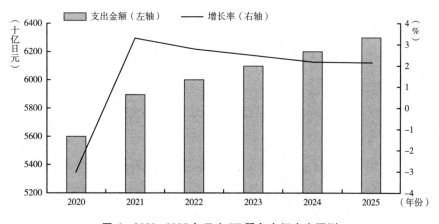

图 6　2020~2025 年日本 IT 服务市场支出预测

资料来源：IDC（Japan），*Japan Telecommunications Services Forecast 2021 - 2025*，June 2021，https：//www. idc. com/getdoc. jsp?containerId = JPE46568221。

3. 互联网行业

互联网企业在日本大数据产业中也居于中游，相对来说属于新兴产业。互联网企业通常会按照客户对象分为 2B 和 2C 两类。2B 类企业的业务主要提供门户网站制作、Web 广告、主机托管、云计算平台等服务；2C 类企业的业务常见的有社交网络服务（SNS）、搜索引擎、EC（电商）等。2021 年，日本互联网及附带服务业销售总额为 2.2 万亿日元，同比

---

① IDC（Japan），*Japan Telecommunications Services Forecast 2021 - 2025*，June 2021，https：// www. idc. com/getdoc. jsp?containerId = JPE46568221。

增长 14.3%。[①]

互联网企业和信息服务企业联系紧密，前者是"通过互联网提供服务的公司"，后者是"提供系统的公司"。有越来越多的公司同时提供网络和情报服务，例如一家生产系统的公司也提供互联网相关服务。但相较而言，日本本土的互联网行业并不发达，日本的互联网巨头乐天、LINE 等市值远低于中国或美国的互联网大企业，其排名靠前的企业主要为雅虎、谷歌、亚马逊等美国的互联网大企业在日本的分部。

日本互联网企业体量较小的原因主要有三点。第一，日本人口数量少，互联网企业可开拓市场的边界十分狭窄，也导致其吸引投资和劳动力的能力更弱。第二，日本人口具有深度老龄化的特征，本土劳动力成本也很高，无法孵化出类似中国快递业和外卖业的配送团队，整个市场在供需两方面的影响下很难形成行业巨头。第三，日本拥有发达的线下零售网络（见表 1），对本地人来说足够方便，因此"电商+移动支付"带来的便利附加值远远不足。

表 1　2021 年日本各零售商的营业额

企业名	营业额（亿日元）
乐天	414805
瑞可利	176607
Z 控股（LINE、雅虎日本）	94279
GMO 网络	11855
DeNA	34451
ZOZO	41575

（二）产业链下游：大数据应用场景

日本大数据产业链的多样性体现在制造业、智慧医疗、智慧城市、电

[①]　智研咨询：《2021 日本互联网服务业发展现状：ZHD 和 LINE 的合并将改变行业格局》，https://baijiahao.baidu.com/s?id=1725695068507593346&wfr=spider&for=pc。

商零售、农业、金融业等领域日新月异的发展当中。

1. 制造业

大数据技术支持大规模设备连接，可以将成百上千台设备终端接入同一网络，连接庞大的物联网，工厂可以监控产品质量、生产情况以及安全保卫情况等，有利于打造智能化管理的智慧工厂。2019 年，日本政府发起建设"local 5G"项目，即通过企业自行构建 5G 专网的方式，与外网隔离，更有利于企业实行智能化管理。日本电信大厂 NEC 是政府放开"local 5G"牌照申请后第一批申请成功的企业之一，获得"local 5G"牌照后，NEC 立刻根据"local 5G"的特点进行改造升级，打造智慧工厂 NEC DX Factory。NEC DX Factory 将设计、制造、出货、物流等全流程，以及所有相关人员、物品、设备等数字化，通过虚拟模拟、物理反馈的方式，实现设备、机器人和工作人员的协同工作，最终达到制造革新的目的。通过 5G 技术，NEC 在工厂内放置了数百个无人搬运机器人，这些机器人在自动操作的情况下通过联网自动选择最佳路线，高效进行货物搬运。

2. 智慧城市和智慧医疗

自 2012 年以后，以大数据为技术核心的智慧城市成为日本城市管理的建设主题，主要是因为优化日本社会系统运转的需求不断增加，如提高公共交通系统效率、节能减排和升级养老设施等。例如，2011 年，福冈市与日立（Hitachi）合作开展智慧城市建设，通过对居民手机数据等个人数据的合法监测，获得人员流动、出行方式的大数据信息，并据此对未来的城市商业建设进行更合理的规划。

在智慧医疗领域，日本曾设立目标，计划在 2020 年完成对国民个人健康记录数据的整合与储存，并据此为国民提供定制化医疗解决方案。同时，日本积极发展远程医疗服务，即通过远端设备的 AI 和机器人为使用者提供看护服务。日本是一个日渐老龄化的国家，根据厚生劳动省 2017年的数据，日本全国 1.26 亿人口中 65 岁以上人口为 1989 万人，老年人口占比达到 15.79%。根据推算，到 2065 年，日本的老年人口与工作人口之比将达到 1∶1.3，发展养老产业成为日本政府施政的一大重点。通过 5G 技术，可以进行远距离的复杂手术，为住在偏远山区和离岛或行动不便的老人提供更便捷的医疗服务。在政府主导的 5G 实证实验中，NTT DOCOMO 同和歌山县立医科大学合作，使用"问诊用高精细 TV 会议系统"，在手机上将图像以 5G 形式传送到医院医生的大屏幕上，为居住在和歌县山区的老人进行远程诊疗。

3. 电商零售

大数据技术正越来越多地应用于日本零售和分销行业，以实现扩大销售规模、提升市场营销水平和优化库存管理等目的。例如，在新冠肺炎疫情发生之前，经营家居的 Good Day 公司引入了商业智能工具，专注于数据分析，大大提高了疫情发生后公司经营决策的有效性。以乐天集团的零售业务为例，通过对内部的会员属性、购买历史、会员卡信息等数据进行分析，可以为顾客推荐合适的商品，做到定点营销与精准营销。

4. 农业

在农业发展中，大数据技术能够为作物的选育、种植、收获和加工等提供精准数据分析支持。例如，石川县与当地私营公司合作，开发了卫星测量作业的"白圭法"。即通过近红外数码相机拍摄的田地图像来确定稻米的蛋白质含量，按蛋白质含量对收获的大米进行分类，并成功地将低蛋白大米打造成品牌。又如，Vivid Garden 公司运营的 Food Choku 是一个使用土壤、空气和阳光等条件的大数据预测农业收入的管理系统。

5. 金融业

近年来，全球化、信息技术发展和气候变化导致公司所面临风险的复杂度不断增加，公司对大数据下风险管理服务的需求越来越大。例如，三井住友保险和埃森哲推出的 RisTech 服务利用信息技术分析和非寿险数据可视化来提供新价值，例如实现非寿险产品直观的风险区隔。

四　日本大数据产业发展的未来展望

日本的大数据产业发展既需要有建设数据基础设施、寻求世界数据规则制定的战略、宏观视角，又要有为民众提供便利的用户、微观视角。

首先，重视数据基础设施建设。具体包括建立作为日本数据利用基础的规则，以及发展数据协调基础设施（包括登记处和 ID 基础设施），使全国各地的数据都能得到利用，跨越公共部门和私营部门、中央和地方之间的界限。例如，新冠肺炎疫情下，医疗数据的重要性再次凸显。对此，庆应义塾大学的宫田宏明教授即提出了"数据共享权"的概念①。所谓"数据共享权"，即不完全取决于持有数据的人的同意，而是规定如果涉及重大的公共利益，即使是个人数据，也可以用于公共目的。为此，政府最好开发一个系统，在有助于公共利益的情况下使用公共数据或私人数据，包括医疗应急事件和防灾等紧急情况。此外，政府应将数据数字化，与中央政府以外的实体如基层地方政府管辖的县级政府及其公共卫生中心交换数据，并审查各地区"个人信息条例"，修订其中妨碍利用这些数据的条文，使数据在机构间、区域间、公共及私人间都能使用。

第二，与国际社会合作共享数据，在全球数据规则制定中占据主动。数据并不局限于国内领域，人们越来越依赖美国的平台公司，尤其是在新冠肺炎疫情下，人们长时间居家，进行网络办公、线上学习等，不得不使用这些平台公司。为此，日本政府有许多问题需要解决，包括拥有大量数据的平台公司会不会滥用其主导地位或者过度垄断数据。对此，应加强与国际社会共享数据，制定相关法律法规，制定合理的数据使用规则。

第三，强化数据服务的公私合作。加强与私营部门合作，推动便民服务数字化发展进程。为应对疫情，日本政府尝试与私营部门合作，例如从电信公司获取人流数据以及分析 LINE 的健康数据等。日本政府目前正在讨论的"信息技术基本法修订案"草案即"数字社会的建议方向（基本原则）"指出，在公私合作的基础上，政府将构建必要的环境，以提供满足公民多样化需求的服务，如促进数据和发展相结合的基础设施建设；

---

① 「日本がデータ活用大国になるための3つの視点」、東洋経済ホームページ、2020 年 11 月 9 日、https：//toyokeizai.net/articles/-/387039？page＝4。

政府本身将从用户的角度提供新服务。

第四，培育数字化人才，鼓励企业推行数字化转型。大数据的利用将给很多企业带来超预期的收益。对企业而言，逐步使用大数据进行企业管理和运营是一个潮流。政府将着手帮助解决企业生产经营中存在的数据源头不清、数据无法互通、数据处理人才短缺、数据安全受到威胁、大数据存储困难等问题。基于数据基础设施，政府可以加强企业间大数据标准体系的建设，通过行政手段或者经济补贴等消除企业间不必要的数据壁垒。同时，加快培养相关人才并投入市场，提高企业经营管理效率。为了提高全产业链对大数据的使用水平，还有必要着重推动和加强大数据在中小企业中的运用。

第五，提高公共服务普惠水平。除了服务于企业经营管理外，大数据还将进一步在健康医疗、社会保障、教育文化和交通旅游等领域直接提高人民生活质量。日本是医疗产业强国，大数据的推广使用将在档案建立、疾病防治、愈后跟踪、症状识别等方面全面提高医疗产业发展水平。日本同时还是旅游资源大国，大数据将在入境向导、行程安排、交通资源分配、旅游特色推广等方面为游客提供服务。诸如此类，通过利用大数据提高公共服务普惠水平，社会全体成员将从中受益。

结　语

目前，日本的大数据产业正处于稳健或者说高速发展时期。在产业链上游，日本制造的用于数据传输、储存的硬件在全球市场具有相当大的话语权，如电容、滤波器、光纤和天线零部件等。然而，在产业链中下游，日本在数据产生量和利用程度上仍落后于相当一部分发达国家，也落后于中国。日本大数据产业中下游发展相对落后的原因，包括近年来日本相对匮乏的数据资源产生量和相对欠缺的数据共享过程。针对这些问题，日本政府采取了一系列有利于实现大数据应用端蓬勃发展的举措，如《GIGA学校倡议》、"信任的数据自由流动"倡议等，这类数据开放举措对于大数据融入日本各行业的发展具有重要推动意义。可以说，在日本大数据产业链中下游，以 5G 技术为代表的大数据技术已逐渐渗透到社会生产和人民生活的方方面面，如移动通信、制造业、智慧医疗、城市建设、电商零售、农业、金融业、高清直播和无人驾驶等。未来，日本大数据产业的蓬勃发展离不开日本各经济部门对数据共享过程的优化、日本公司与国际公司的合作交流和致力于提高用户体验的设计理念。为此，需要朝着逐步落实数据基础设施建设、与国际社会合作共享数据、强化数据服务的公私合作、鼓励企业数字化转型、提高公共服务普惠水平五大方向努力。

（审校：叶琳）

日本自然资源法律体系的经验与启示[*]

张弼格[**]

内容提要： 日本是亚洲第二经济强国，其国土面积虽小，但有着复杂的地理条件，自然资源虽然相对匮乏，但在开发、利用、保护上成果突出。通过对日本主要的自然资源法律制度进行梳理，结合自然资源法律之间的内在联系，可以发现日本自然资源法律体系的基本框架为两个层级、六大领域，其自然资源法律体系围绕产业进行立法，在没有法典化的前提下实现了系统性联动，具有规范性、公益性、科学性等优点，同时也存在管理成本高、修法操作烦琐等缺点，其经验具有一定启示性。

关 键 词： 自然资源管理 日本法律制度 法律体系 比较法 立法模式

日本是世界第三、亚洲第二的经济强国，其国土面积不到 40 万平方千米，人口却有 1.2 亿，人口密度达每平方公里 346.9 人。不仅如此，山地和丘陵占据了日本国土面积的 73%，平原成为稀缺的资源。在漫长的历史中，日本人对自然环境进行了大量改造，在平原和台地之上开垦了耕地。2017 年，日本的耕地面积占国土面积的 11.7%，人均拥有耕地 0.03公顷。在保证耕地的同时，日本的建设用地占其国土面积的 8.9%，2019

---

* 本文为中央党校（国家行政学院）科研项目"基于权利体系化的自然资源法律制度研究"（编号：2021ZXWZ008）的阶段性成果。

** 张弼格，中共中央党校（国家行政学院）研究生院博士研究生，主要研究方向为行政法、土地法。

年日本的城镇化率已经达到 91.6%。① 日本同样稀缺的还有矿产资源，2019 年日本本土的矿产供给仅占其消费量的 1.6%。对于资源相对匮乏却要养活众多人口，日本确立了与国土、国情相适应并高效运转的自然资源管理制度。本文将对日本的自然资源法律制度进行梳理，呈现日本现行的自然资源法律体系的基本框架和主要内容。

一　日本自然资源法律体系的基本框架及主要内容

日本的地理条件决定了日本对自然资源的利用和管理模式，也深刻影响着日本的自然资源立法。日本对相关自然资源的管理主要围绕自然资源本身在国家战略中的定位和开发自然资源的产业来展开。整体而言日本的自然资源种类相对较少、体量小，并且日本采取生产要素私有制，以市场经济为基础对生产要素进行分配，因此在日本的行政管理体制中，对自然资源的管理分属于众多不同的部门。比如，对日本来说，土地资源的主要意义一方面是建设用地、交通用地，另一方面是农业用地，于是建设用地主要由国土交通省管理，而耕地、畜牧业用地则由农林水产省管理。再如，由于本土供给太少、主要依赖进口，矿产资源由经济产业省管理。② 日本学界相关研究中也极少提及"自然资源"一词，日本林业经济学会2016 年春季大会上曾经有学者围绕"自然资源管理"一词进行探讨，但遭到其他学者反对，认为该词"过于抽象"，为了拓宽"面"而失去对"点"的深入挖掘，这与日本对自然资源细分领域进行专业化管理的思路一致。③

日本的自然资源法律体系构建根据主要调整对象和相关产业，体现出围绕具体产业形成集群的特征，大致可以分为国土开发、土地资源、水资

---

① "Urban land area (sq. km) - Japan", The World Bank, https：//data.worldbank.org.cn/indicator/.

② 姜雅、李福：《日本自然资源管理体制基本架构及改革趋势研究》，《国土资源情报》2014 年第 11 期，第 6~15 页。

③ 「自然資源管理の論点—林業経済研究の視点から—」、『林業経済』2018 年第 4 号、1-25 頁。

源、农业资源、林业资源、水产资源、矿产资源七大类。接下来，对各种
类型立法中的主要法律进行梳理，限于篇幅仅介绍作为核心的重要法律。

（一）国土开发立法

国土开发相关法律从全国视角对日本的国土开发进行规划，为地方的
开发利用定下必须遵循的基本方针、原则，从而达到统筹、管理全国的国
土资源的目的。自然资源作为国土资源的主要部分，是国土开发的重点，
而土地资源是重中之重，因此相关法律内容多与土地规划有关。在日本所
有的国土开发类法律中，最重要、最基础的有两部，即《国土形成规划
法》和《国土利用规划法》，这两部法律确定了日本国土开发的基本制
度。此外，还有部分针对某一地区或某一问题的立法，如《梯田地区振
兴法》等，这些法律都是针对日本特殊的国情如少子化导致的土地闲置
问题、梯田大量荒废问题等所制定的，服务于国家的整体发展战略，但相
对具有针对性和灵活性，是对基本法律的补充。

1.《国土形成规划法》

《国土形成规划法》于 1950 年出台，是关于日本国土规划最早的一
部法律，立法目的在于通过国土形成规划等措施推进日本的国土利用、整
治和保护。该法对国土形成规划的概念、基本理念、制定和实施程序进行
了规定，是一部具有基础性地位的国土规划法律。

依该法解释，"国土形成规划"的含义是"为推进国土的利用、整治
和保护（即'国土形成'）而制定的综合、基本性规划"，主要内容涉及
自然资源和环境保护、灾害预防、城乡面积规划等相关事项。国土形成规
划由国土交通大臣制定，坚持两大基本理念，即"与时俱进"和"立足
政策"，是各地进行国土开发的基本指导。此外，该法还设立了国土审议
会和广域地方规划协议会这两个重要的咨询组织。《国土形成规划法》可
以说是日本关于国土开发最为宏观的一部法律，规定了国土开发中最基本
的问题，为国土开发提供了制度基础。

2.《国土利用规划法》

虽然《国土利用规划法》同样是从宏观角度出发，但与《国土形成

规划法》不同，它主要针对土地资源利用进行规划且相对详细。该法第一条即阐明了立法目的，即确定国土利用规划的必要事项，以及土地利用基本规划的提出、土地买卖规制措施和调整土地利用措施。该法分为九章，以较大篇幅对土地管理、买卖进行了规定；为防止投机、哄抬地价，该法特别赋予了知事对土地利用的监督权、许可权，还增设了土地利用审查会。

《国土利用规划法》作为国土开发尤其是土地资源规划的基本法，从社会公益的角度对私有制下的土地利用做了诸多限制，并赋予了行政机关较强的管制权。之所以采用这样的方式，从根本上说是为了公共福祉和土地的合理利用，土地使用应以保障民生为主要目的，在地少人多的国家，最大限度地合理规划国土资源是关系国民生存的第一要务。

（二）土地资源立法

截至 2022 年 12 月，日本统计局公布的日本总人口为 1.2505 亿人，相比 37.78 万平方千米的国土面积，人多地少的状况突出，再加上日本的山地多、平原少，可利用的土地资源更显珍贵，如何最合理地利用土地资源成为日本土地制度需要解决的核心问题。[①] 目前日本的土地资源相关法律制度采用的架构是以《土地基本法》为核心，在此管理框架内依《民法》的基本原理进行土地开发、交易，再针对具体领域单独立法进行补充规定，如《土地征用法》等。

1.《土地基本法》

1989 年制定的《土地基本法》确定了日本土地资源管理的理念以及基本责任划分，共四章。该法的目的在于规定与土地相关的基本理念，明确相关的土地所有人、国家、地方政府、企业家以及国民的责任和义务，规定土地政策的基本事项，以充分发挥土地的效用、提高国民的生活水平、保障国民发展。"总则"部分提出了"土地基本理念"，在此基础上，该法对各方的基本责任进行了划分，制定了基本政策。

---

① 『地図で見る統計（統計 GIS）』、e-Statホームページ、https：//www.e-stat.go.jp/gis。

《土地基本法》是日本土地资源开发利用和管理制度的总则，通篇采取原则性的规定和说明，公共福祉优先、科学管理利用、便利交易是其基本理念的核心，国家和地方政府有责任主动、积极地推进土地相关政策的实施，以保证土地基本理念的落实。

2.《民法》中涉及土地的物权制度

日本《民法》采取物权法定主义，第175条规定："物权非本法或其他法律，不能创设。"日本《民法》中规定的物权按通说分为两大类，一类是以事实支配为特征的占有权，另一类是以法律支配为特征的"本权物权"。本权物权当中的"用益物权"是专门针对土地资源创设的物权，分为地上权、永佃权、地役权以及入会权。这四种物权上的土地利用权都是对土地进行长期、直接利用的权利，出于各种原因被强制赋予了准所有权的强大效力，区别于土地租赁权。

（1）土地所有权

日本《民法》第206条规定："所有人有权在法律规定的范围内，对自己所有的有体物自由地使用、收益和处分。"一方面，日本为了充分开发利用土地，实行土地私有制，但近年随着日本的土地价格持续上升，传统的土地所有权观念开始妨碍社会和公共利益，加强对土地所有权的限制成为新的课题。另一方面，日本正步入收缩型社会，开始出现土地和建筑物的利用率与管理率低下甚至土地闲置等问题，这也产生了限制土地所有权的理论需求。①

（2）地上权

日本《民法》第265条规定："地上权人因拥有他人土地上的建造物或竹木而对土地拥有使用权。"地上权与土地租赁中的租赁权相似但不同，区别在于地上权是对土地无期限的直接使用权，只要依契约使用土地并缴纳地租，地主几乎无法解约。如今日本的实践当中绝大部分场合使用了租赁权，尤其是以建造建筑物为目的的土地使用普遍采用土地租赁的形

---

① 石田剛・武川幸嗣・占部洋之・田高寛貴・秋山靖浩『民法Ⅱ　物権』（第3版）、有斐閣、2019、1-40頁。

式，出现了土地租赁权的物权化①。此外，为满足随城市化和建筑技术的发展而产生的立体式利用土地的需求，日本还在地上权的基础上创设了仅使用部分空间的"区分地上权"。

（3）永佃权

永佃权是以耕作或畜牧为目的，对他人的土地进行利用的物权。日本《民法》第270条规定："佃户有权通过支付佃金在他人所有的土地上耕作和放牧。"永佃权除以支付佃金为设立条件之外，其性质与地上权相似，相比租赁权，永佃权赋予了佃户更大的权利。永佃权是日本的历史遗留物，源自明治初期普遍存在的"永代佃户"习惯，现行的日本《民法》制定时以促进永佃权的消灭为方针，将《民法》施行前设定的永佃权一律限制为50年，在具体实践中日本的佃东和佃户之间大部分已成为租赁关系。永佃权如今已成为一种例外的存在，在判例当中也不易被确认。

（4）地役权

日本《民法》第280条规定："地役权是依一定的目的为给某地（甲地）提供便利或利益而使用他人土地（乙地）的权利。"除地役权外，日本民事制度中调节不同土地间相互关系的制度还有相邻关系制度，但当事人依照共识可就地役权达成契约，更加灵活高效。地役权的种类没有具体限制，只要不违反相邻关系中公共秩序的规定即可，如引水地役权、日照地役权等。

（5）入会权

入会权是一种来自古老习惯的权利，起源于明治时代以前的农村中村民对特定的山林原野等以集体的形式进行支配，并为获取资源共同对支配地（即入会地）进行利用。② 关于入会权的法律性质，日本现今的多数判

---

① 土地所有人基于自己的有利地位和契约自由原则，会竭尽所能确定对自己有利的内容，发生对承租人不公平的结果，因而必然需要强化建筑物保护法以及强行对土地租赁权进行保护，结果以建造建筑物为目的的土地租赁权和地上权之间的差异大幅减少，发生了所谓的"土地租赁权的物权化"。

② 淡路剛久・鎌田薫・原田純孝・生熊長幸『民法Ⅱ　物権』（第4版補訂）、有斐閣、2019、131-207頁。

例和学说采取的观点是"村落等共同体依习惯对山林原野等的总有性①支配权"。日本《民法》以第 263 条"共有性质的入会权"和第 294 条"非共有性质的入会权"对入会权予以法律认可，内容则委任于各地的习惯。如今入会权作为一种古老习惯的延续，随着社会生产关系的发展，也逐渐趋于减少。

（三）水资源立法

日本位于东亚季风区，有着丰富的降水，年均降水量达到 1668 毫米，是世界平均降水量的 1.4 倍②。同时日本也深受水害，众多高低落差极大的河流容易发生洪水，因此治水一直是日本的重要课题。1896 年，日本制定《河川法》，将治水写入国策。二战后，工业用水、生活用水需求随着经济和社会发展迅猛增长，1964 年修改后的《河川法》加入了"水利"思想，采用水系主义的河川管理方式，并确认了"水利权"。③ 21 世纪以来，随着水污染和用水量与日俱增，水资源的循环利用也被提上日程，为此日本制定了《水资源开发促进法》和《水循环基本法》。两法加上《河川法》构成日本水资源相关法律中最重要的三部，其他还有《温泉法》等特殊补充。

1.《河川法》

目前的《河川法》共七章 109 条，调整的是河流的管理、利用过程中发生的各种关系，立法目的在于防止河流发生的洪水等灾害，适当利用和管理河流，维持河流的正常机能。虽然日本实行生产要素私有制，但是对于关系公共福祉和基本民生的水资源只承认使用权，将河流规定为公共物品。《河川法》对"河流区域"进行了定义、分级，并划分了管理者、使用者、相关利益者等不同主体的责任，详细规定了管理过程中的细则、

---

① "总有"即中国民法上的"共同共有"。这种村落共同体对物的总有性支配不局限于土地，旨在确保渔场和农业用水时对水面、水源也能生效，但日本法律上将前者规定为"渔业权"，将后者规定为"农业水利权"，与狭义上的入会权进行了区分。

② 基于 1986~2015 年的日本全国数据。

③ 奥田進一『共有資源管理利用法律制度』、誠文堂、2019、20~56 頁。

费用分担、审议会制度等，体现了日本对水资源利用、管理和保护的重视。

2.《水资源开发促进法》

《水资源开发促进法》是一部政策性法律，制定该法的目的在于合理开发水资源、保障民生用水。虽然该法笼统而简短，但体现了日本对水资源开发的慎重态度，因为水资源关系到各个产业尤其是农业的发展，日本全国年用水量大约为 900 亿吨，2/3 是农业用水，其中 90% 由河流提供。《水资源开发促进法》规定，虽然国土交通省是水资源的主要管理部门，但管理和规划也需多部门联动；即使指定了需要开发的水系，也必须由内阁做出决定，将河流的开发提升到中央决议的高度。

3.《水循环基本法》

《水循环基本法》制定于 2014 年，与日本近年来持续推进的水循环政策配套推出。日本之所以制定水循环相关政策，其背景在于 21 世纪以来日本的人口、产业发生变化以及旱涝灾害、水污染等问题凸显。[1] 该法的立法目的是综合、一体化推进水循环政策，以维持水循环的健全。其中第 2 条解释了"水循环"的定义以及基本理念，以此为基础划分了国家和地方政府的责任，规定了水循环基本规划的提出程序、一系列基本政策以及水循环本部的组织配置。《水循环基本法》将科学用水、节约用水提升到国策的高度，将水循环作为国家战略来实施，这取决于日本可利用水资源供不应求的现实国情，某种程度上体现了日本对水资源进行科学开发、科学利用的指导思想。

（四）农业相关自然资源立法

农业对自然资源有较强的依附性，尤其是土地资源。日本的耕地面积占国土面积的 11.7%，人均占有耕地 0.03 公顷，无法达到粮食自给。农业的发展不仅事关粮食安全，还关系乡村振兴，因此日本十分重视农业发展，针对农业相关自然资源利用进行了专门立法。作为基础法律的主要有

---

① 大塚直『環境法』（第 4 版）、有斐閣、2020、353 頁。

《农地法》《土地改良法》《牧野法》《地力增进法》4 部。

1.《农地法》

1952 年日本颁布《农地法》，主要目的是保障足够的农业用地，限制农业用地被用于非农业生产，同时保障耕作者的权益、调整农地利用关系、扩大农业生产，最终保障粮食供给稳定。《农地法》主要对农业用地的利用、转用、转让和管理过程进行调整，尤其针对农业用地转让进行了限制，任何农业用地想要进行转让或在其上设立以使用、获取收益为目的的权利，除法定情形外都必须由农业委员会批准，严重违规使用、转让农用地的行为可能受到刑罚。这种严格的限制使日本的农业用地始终能够保持在农业生产者的手中，防止农业用地被用作其他用途，保证了日本的耕地始终能维持 90% 以上的高利用率。[①]

2.《土地改良法》

《土地改良法》制定于 1949 年，奠定了战后日本农业用地的制度基础。该法的立法目的在于通过土地改良事业来改良、开发、保护农业用地，提高农业生产力、扩大农业生产规模以及改善农业结构。该法的主要内容较为繁杂，核心是"土地改良事业"，土地改良事业是以针对农业用地进行设施改造、开垦和填埋、区划整理等一系列改良和保护措施为中心的事业，具体规定主要集中于土地改良事业中具体的组织、管理、责任划分、执行程序等。《土地改良法》是进行农业用地改造时必须遵守的一部重要法律，日本农业用地开垦、改造的基本规则和制度由《土地改良法》确立，确保农业用地的有效利用则依靠《农地法》，二者承担不同的任务，但共同服务于农业，为农业用地提供法律保障。

3.《牧野法》

"牧野"，即放牧的草原，特指不用于耕作而主要用于饲养家畜的放牧和采取草料、垫草的土地。日本是多山的国家，拥有大面积草地的牧场对日本来说尤为珍贵。《牧野法》制定于 1950 年，共有五章，立法目的

---

① 『令和 2 年農作物作付（栽培）延べ面積及び耕地利用率』、農林水産省ホームページ、2021 年 9 月 7 日、https://www.maff.go.jp/j/tokei/kekka_gaiyou/sakumotu/menseki/r2/menseki/index.html。

是让地方政府科学管理牧场、防止牧场荒废，最终服务于国土的保全和牧场的高效利用。因为日本的牧场面积比耕地面积少，《牧野法》的重要性不及另外几部法律，内容也相对简单。

4.《地力增进法》

《地力增进法》本身不涉及对土地资源的直接利用管理，而是通过赋予农林水产大臣和都道府县知事建议权、制定"地力增进基本指导"来指导农业生产者科学地改善土地质量，以提高农业生产力、稳定农业发展。

（五）林业资源立法

日本的国土构成中山地居多，拥有众多高海拔山峰，再加上丰富的降水和季风气候，孕育了随海拔变化的茂密森林。日本的森林覆盖率达到66.3%，国有森林占30%，以生态、水源保护等公益性目的为主，其中91%是保护林；私有森林则以木材、林产等的开发利用为目的。因此日本的林业资源立法主要围绕两方面展开，一是国有森林的管理、保护，二是私有森林的管理、开发利用；① 在立法模式上，采用围绕具体产业以基本法为中心、加上针对性的单独立法的方式。直接涉及林业资源管理的基础性法律主要有《森林、林业基本法》和《森林法》两部，针对性的单独立法主要有《森林经营管理法》等四部。

1.《森林、林业基本法》

1964 年制定的《森林、林业基本法》虽然在时间上晚于《森林法》，但所规定内容都是森林、林业相关政策的基本理念和基本事项，是整个林业资源管理真正的"基本法"。该法的立法目的是规定森林、林业政策的基本理念，明晰国家、地方政府的职责，推进森林和林业政策实施，提高国民生活质量和发展国民经济。其基本理念有二，一是发挥森林的多种功能，二是促进林业的持续和健康发展。这两大基本理念贯穿

---

① 「森林経営管理制度（森林経営管理法）について」、林野庁ホームページ、https：//rinya. maff. go. jp/j/keikaku/keieikanri/sinrinkeieikanriseido. html。

整个森林、林业管理过程，政府需要据此制定森林、林业基本规划，国家、地方政府、林业从业者、森林所有者在行使自己的权利或履行职责时都必须考虑这两大基本理念。该法用了较大篇幅对实现基本理念的具体措施进行了详细规定，从护林、造林、采伐、育苗乃至人才培养、产业调整等一应俱全。《森林、林业基本法》为日本的森林、林业资源管理定下了基本理念，为所有相关政策和其后法律的制定提供了基本指引。其后的法律以其为中心，向具体领域进行拓展、辐射，形成一套完整的林业自然资源法律体系。

2.《森林法》

《森林法》制定于1951年，立法目的是规定森林规划、保护林和其他森林相关的基本事项，对森林进行持续保护、培养和提高森林生产力，以此促进国土的保全和国民经济的发展。该法的主要内容集中在森林规划、森林经营、森林维护和监督，森林规划分为全国森林规划和地区森林规划，分别由农林水产大臣和地方知事制定，地方依森林规划开展经营、维护等一系列工作。《森林法》具体规定了林业资源的管理方式、开发模式，从上到下逐级分配权力，赋予了管理者较大的裁量权。虽然该法规定私人能够拥有森林，但在开发利用时仍然需要得到批准，并且需要按照政策来管理、利用，体现的仍然是公共利益优先的思想。另外，该法体现了林业资源管理的循环利用思路，即开发和保护同步进行，力求实现可持续发展。

（六）水产资源立法

日本的渔业生产量在1984年达到年产1282万吨的峰值后持续下降，2017年跌至430万吨的历史最低值。为保证水产品的稳定供给，2018年日本政府出台了水产业改革措施，在指导思想、管理方法、制度设计等方面都有很大变化，改革力度极大。① 日本水产业整套政策体系的基础是日

---

① 「水産政策の改革について」、水産庁ホームページ、https：//www.jfa.maff.go.jp/j/kikaku/kaikaku/suisankaikaku.html。

本水产资源相关法律，为配套改革进行了诸多修改，其中作为基础的是《水产基本法》、《渔业法》和《海洋生物资源保护及管理相关法律》三部法律，单独立法有《水产资源保护法》《海洋水产资源开发促进法》等。

1.《水产基本法》

《水产基本法》制定于2001年，作为"基本法"为日本水产资源管理定下了基本理念，规定了最基本的责任划分和权力分配。日本的陆上食物资源不算丰富，因而水产品作为重要的食物来源得到开发，而水产资源开发又带动了日本渔业乃至造船业的发展，因此日本政府高度重视水产资源管理。《水产基本法》共四章39条，立法目的是规定水产相关政策的基本理念和基本事项，明确国家和地方政府的责任，综合推进水产相关政策的实施，改善国民生活和发展国民经济。水产资源管理有两大基本理念，一是确保水产品的稳定供给，二是保障水产业的健全发展。在两大基本理念下，进一步划分了国家、地方政府、水产从业者及消费者各自的基本责任，规定了水产业的基本政策。《水产基本法》确定了日本水产资源管理的基本理念，在水产资源法律体系中占据核心地位，所有的水产资源政策都依该法的理念制定，其内容反映出日本水产资源管理的目标导向、价值取向，是水产资源法律体系中的"基本法"。

2.《渔业法》

如果说《水产基本法》定下了日本水产资源管理的基本理念，那1949年颁布的《渔业法》可以说定下了日本水产业的运作规则。《渔业法》全文除去附则共十章198条，秉承《水产基本法》的基本理念，通过制定渔业生产基本制度，保证水产资源可持续利用、提高渔业生产力。其"总则"部分对"水产资源""渔业"等相关重要概念进行了解释，划定了适用范围、国家和都道府县的责任，并在此基础上搭建了水产资源管理的基本制度，创设了"渔业权"和"入渔权"这两种准物权制度。整部法律从水产资源的保存和管理、渔业许可、渔业权、渔场管理和规划等角度，全方位对渔业管理中涉及的主要问题进行了详细的规定和解释，是日本渔业运作需要遵循的主要法律，保障了渔业的秩序化、效率化，使渔业权始终能保持在渔业者手中并发挥本来的功能，契合了《水产基本法》提出的两大基本理念。

3.《海洋生物资源保护及管理相关法律》

制定于1996年的《海洋生物资源保护及管理相关法律》针对的是日本专属经济区内的海洋生物资源，目的在于与《渔业法》《水产资源保护法》相配合，对海洋生物资源进行保护和管理，确保国际相关条约的实施，促进渔业的发展和水产品的稳定供给。

4.《水产资源保护法》

1951年制定的《水产资源保护法》专门针对水产资源的保护问题，条文不多，但内容相对集中。该法的立法目的相对单一："对水产资源进行持续保护和培养，借此助力于渔业的发展。"该法的适用范围与《渔业法》相同，在主体部分"水产资源的保护和培养"中采用了授权农林水产大臣和都道府县知事以及限制捕捞方法两种方式对水产资源的保护和培养提供保障，主要从资源保护的角度出发，为水产资源的保护提供了强制力后盾与合法性基础，是水产资源可持续利用的重要支柱。

（七）矿产资源立法

矿产资源作为现代工业的重要原材料，对任何国家来说都是不可或缺的重要资源，尤其是制造业十分发达的日本。但矿产资源属于非可再生资源，因此矿产资源稀缺的国家往往只能依赖进口，日本就是典型的矿产资源匮乏国家。1970年，日本本土的矿山曾一度达到246座，但到2007年仅剩下11座，目前超过90%的矿产资源依赖进口和海外开采。[①] 在本国矿产资源匮乏的情况下，日本针对本土矿产资源管理的立法需求较少，数量也相对少，主要有《矿业法》和《采石法》两部核心法律，其他针对性立法还有《砂石采取法》《深海底矿业暂定措施法》。

1.《矿业法》

《矿业法》制定于1950年，定下了矿业的基本制度，创设了矿业权

---

① 「鉱物資源政策について」、経済産業省資源エネルギー庁ホームページ、https：//www. enecho. meti. go. jp/category/resources_ and_ fuel/mineral_ resource/。

和租矿权，还对采矿涉及的探矿、矿难赔偿等做出规定。整部法律共九章 152 条，立法目的为"规定有关矿业的基本制度，通过合理开发矿物资源来促进公共福祉的提高"。"总则"部分采用列举的方式对"矿物"等概念进行了解释，并确定了矿物开采的基本原则。"矿业权"和"租矿权"是该法的核心，在性质上都被视为物权，准用不动产相关规定，但非日本国民或法人不能取得矿业权，租矿权虽没有资格限制，但经济产业大臣批准后才可设立。《矿业法》是日本采矿业的基本法，虽然日本矿藏较少，但一旦涉及矿业开采，《矿业法》仍然是必须遵循的基本法律。随着日本在海外推动矿业扩张，也许今后《矿业法》中会增加相关规定。

2.《采石法》

《采石法》制定于 1950 年，区别于矿业权针对的矿物，《采石法》规定的是针对岩石的开采制度。《采石法》内容相对集中，围绕"采石权"和"采石业"展开。"总则"部分将立法目的规定为创设采石权制度，防止因采石发生的灾害、促进采石业健全发展；第二条采用列举的方式确定了"岩石"的范围。"采石权"是该法的核心部分，性质上被视为物权，准用地上权的相关规定。"采石业"部分则规定了采石业从业者的登记义务和知事的许可权、强制权以及对违法开采的刑罚。因为大部分岩石的稀缺性不同于矿物，《采石法》较之《矿业法》也更为常用，成为采石业必须遵守的基本法律，但同《矿业法》互为补充，将所有出产自土地的金属、非金属矿物质纳入管理、调控。

二　日本自然资源法律体系的特征与优缺点

前文梳理了日本自然资源法律体系的框架与主要内容，在此基础上可以对其主要特征进行总结与分析。同时，为了对日本的自然资源法律体系有一个相对客观的认识与评价，还将与德国、美国这两个有不同的立法传统但在自然资源立法上成果较为突出的国家进行比较，并结合具体实践讨论日本模式的优缺点。

（一）日本自然资源法律体系的基本特征

通过前文的梳理可以看出，日本的自然资源立法有一个典型特征，就是大多以开发、利用自然资源的产业为中心，在该领域通过一到两部基本法确立基本理念和基本原则，再针对具体事项进行补充立法，构建起一个以基本法为核心、围绕相关产业形成集群的法律体系。另外，从纵向上看，国土规划类法律从国家整体发展战略的层面出发，具有引领、统筹各类产业发展以及资源利用的地位，虽然不是上位法，但就其实际功能与战略意义而言发挥了实质性的引领作用。因此，综合来看，日本的自然资源法律体系可以概括为两个层级、六大领域，两个层级指的是整体规划和具体制度，六大领域指的是土地资源、水资源、农业自然资源、林业资源、水产资源和矿产资源。接下来将展开具体说明。

两个层级中，第一层级是《国土形成规划法》和《国土利用规划法》，这两部法律相互结合使对国土进行的宏观规划得以实现。《国土形成规划法》授予国土交通大臣国土形成规划制定权，要求其综合考虑日本的自然条件以及经济、社会、文化等因素，从八大基本方面来制定国土形成规划，为国土资源的整体开发利用定下基本框架和方向。《国土利用规划法》则对《国土形成规划法》进行更具体的补充，主要对最重要的土地资源利用进行规划，赋予国土交通大臣和都道府县知事制定土地利用基本规划的权力和对土地买卖进行限制的权力，一方面从方向上进行指引，另一方面在参与过程中进行适当调控，保证土地资源的利用始终行走在有利于社会发展和民生的轨道上。

第二层级是具体制度，包括六个具体领域的相关法律。其中，土地资源的相关法律以《土地基本法》和《民法》中涉及土地的物权制度为中心；《土地基本法》确定了土地资源管理利用的四大基本理念和基本管理措施，是土地资源法律制度的血管；物权制度是土地流通、使用的载体，是土地资源法律制度的血液；其他相关立法则有针对性地解决不同方面的具体问题；所有制度各司其职，成为一个高效运转的系统。水资源立法以《河川法》、《水资源开发促进法》和《水循环基本法》为核心，《河川法》规定了河流的管理制度，《水资源开发促进法》规定了水资源开发利用的基本制度，《水循环基本法》则从可持续发展的角度促进科学用水、保障水资源的存续；其他法律在此基础上有针对性地解决特殊的水资源利用（如温泉）、雨水利用、工业用水等问题和需求。农业自然资源法律实际上是对土地资源法律的特殊补充，因为耕地、牧场等关系到农业发展的根基，基于其重要性，日本政府针对农业用地进行了专门立法，以《农地法》和《土地改良法》为核心。《农地法》规定了农业用地的基本管理制度，《土地改良法》则规定了开垦新的农业用地、整顿既有农业用地的制度，两者相互补充。在其基础之上，《牧野法》制定了牧场的管理制度，《地力增进法》针对土地质量改善做出规定。林业资源立法以《森林、林业基本法》和《森林法》为核心，《森林、林业基本法》为林业资源制度定下两大基本理念和基本措施，《森林法》则构建了具体的森林管理制度。在其基础上，其他相关立法从具体问题出发进行补充，《国有林野有效利用相关法律》专门针对国有森林的利用，《森林经营管理法》专门针对私有森林的管理，《森林病虫害等防治法》专门针对森林的健康问题等。水产资源立法以《水产基本法》和《渔业法》为核心，《水产基本法》为水产资源管理定下两大基本理念，《渔业法》针对水产资源管理利用制定了具体制度。在两者的基础上，《海洋生物资源保护及管理相关法律》针对专属经济区内海洋生物资源的保护和管理，《水产资源保护法》针对水产资源的保护问题，《海洋水产资源开发促进法》针对海洋水产资源开发和合理利用等。矿产资源立法以《矿业法》和《采石法》为核心，两部法律分别针对矿物和岩石开采的基本原则、具体制度进行了规定，而其他法律如《砂石采取法》专门针对采砂石，《深海底矿业暂定措施法》专门针对海底矿物开采，对特殊问题领域进行补充。

（二）与德国自然资源法律体系的比较

日本作为一个自然资源相对匮乏但工业化程度高、制造业发达的国家，与欧洲老牌工业国德国存在较高的相似性。德国虽然是欧洲人口最多的国家，GDP 排名世界第 4，但国土面积比日本还小，自然资源总量不算丰富，种类也相对单一，除了森林资源、淡水资源相对丰富以外，矿产资源不多且因过度开发导致存量不足。尽管自然资源存量一般，但德国作为欧洲法学重镇，有着历史悠久的法典化传统，在自然资源立法上成果颇丰，尤其是对林权、矿业权、水权等有丰富经验，并且一直在尝试制定《环境法典》。因为经历过自然资源过度开发和环境污染带来的恶果，德国较为重视环境保护，近年来环保的影响力甚至影响选举，以环境保护为纲领的德国绿党在地方选举中连连获胜，德国联邦环保部的民意调查结果也显示 85% 的受访者把环保视为仅次于就业的第二大问题。

首先，日本和德国的自然资源立法在环境保护问题上采取了不同的策略，这一差异的原因在于国情的不同。德国的自然资源立法围绕联邦法律，通过各州的自治立法，再加上欧盟法，形成了一个法律法规合计达 8000 多部的复杂系统。这一模式的形成是因为德国的行政体制，各州有自己的宪法，自治权相对较高，再加上欧盟对成员国实施的法律渗透。虽然相关法律法规纷繁复杂，但环保至上的观念始终贯穿其中，这一点是与日本自然资源立法最明显的差异。如果说日本的自然资源立法是以充分开发利用为导向，那么德国就是以环保为导向的自然资源立法模式，"保护为主，兼顾开发"是德国自然资源立法的核心原则，两国的立法导向各有利弊。德国虽然国土面积略小于日本，资源也主要依赖进口，但其人口数量仅为日本的 60%（2020 年为 0.83 亿人），加之可以依靠欧盟，在一定程度上减轻了其资源进口的压力；并且，平原占德国全国总面积的 40%，相比日本来说可居住面积更多且资源压力更小，因此德国以保护为中心的自然资源管理利用模式有其国情条件作为支撑。反观日本，相比环境保护，人口众多与资源不足之间的矛盾更突出，因此选择了以产业为中心的立法模式，主要考虑的是民生与经济。日本自然资源立法的核心是利用，虽然在历史上日本曾经走过先利用后保护的路，一度因为环境保护制度不完善而引发了熊本县水俣病、四日市哮喘病等严重环境污染事件，但经历惨痛教训后，日本也未采取像德国一样的环境保护至上的立法模式，而是在原有的自然资源管理法律体系之外单独制定环境法，并成立了环境省来独立应对环境问题。虽然没有将自然资源法律体系与环境保护法律体系合二为一，但通过可持续发展、民生至上的立法原则，日本的环境保护和自然资源开发利用也实现了联动，因此德国和日本所采取不同法律制度的优缺点主要取决于是否符合具体国情需要。

其次，在管理模式上，德国的自然资源管理采用的是市场为主、通过资源保护来辅助控制的策略，管理手段强调对自然资源的保护。相比德国，日本更侧重通过立法对自然资源开发利用进行引导、规划，而环境保护主要交给单独的环境立法和环境部门，对资源利用有更强的调控性。

最后，虽然通常来说法典化代表着制定法传统下的最高成就，但德国4次尝试制定《环境法典》都宣告失败，反映出一定的问题。在经历环境污染、资源过度开发等问题后，德国采用了激进的环境立法，导致对审批时间过长的批评之声不绝于耳，跃进式立法存在与现实脱节的风险；而且，虽然德国法典化的传统历史悠久，但在单行立法越发灵活的背景下，执政者和民众都失去了推进法典化的动力。① 相比而言，日本的自然资源法律体系从一开始就没有以法典化为追求目标，在基本法统摄下的分散式立法反而体现出较强的灵活性。

（三）与美国自然资源法律体系的比较

美国是一个自然资源禀赋十分优越的国家，国土面积排名世界第4，地形变化丰富，中部大平原有着五大湖和密西西比河等丰富的灌溉水资源，农业发展有着得天独厚的优势；广阔的陆地还蕴藏着丰富的矿产，除部分战略矿物外，矿产资源的总探明储量居世界第1。同时，美国有丰富的林业资源，森林面积约为44亿亩，覆盖率达33%；东西海岸线也为美国的渔业发展提供了条件，配合先进的造船技术，并占据两大洋渔场的优势。丰富的自然资源更需要配套的立法来进行管理，因此美国也有发达的自然资源立法。

美国作为遵循判例法传统的国家，对规范性法律文件在形式逻辑上的

---

① 张璐璐：《德国环境法法典化失败原因探究》，《学术交流》2016年第6期，第102~108页。

构造不甚重视，在自然资源立法上主要以问题为导向，追求实际解决问题，因此美国的自然资源法律制度与环境保护法律制度经常混在一起。虽然编撰法典不是判例法国家的传统，但法律汇编是大部分判例法国家会采用的形式，美国也有自己的法律汇编，收录了大部分自然资源相关立法的《美国法典》就是代表。《美国法典》将"联邦普遍性和永久性的全部公法"依部门和性质划分为 54 个大标题，其中自然资源相关法律主要集中在第 16、30、33、43、54 篇。美国自然资源管理的职能主要属于内政部（U. S. Department of the Interior），内政部同时还负责文化资源管理，也就是说，美国的自然资源法律体系虽然采用分散式立法，但依法履行管理职能的行政机关相对统一。美国自然资源法律体系最大的特点是自然资源产权制度，通过将一部分自然资源决策性权力下放给经营权人和管理权人，为自然资源的长期投资和绿色建设提供动力，并且为自然资源经营权人和管理权人承担保护、改善、管理自然资源和生态补偿等义务提供法律基础。①

日本和美国的自然资源禀赋差别巨大，因此在指导思想上必然存在差别，整体来说，美国是在问题导向的立法思路下兼顾有效开发和环境保护，但开发思路与日本不同。日本的思路主要建立在有限的自然资源基础上，有规划地高效开发利用以避免浪费；而美国有丰富的自然资源，注重在市场原则指导下的充分开发。其差异也进一步体现在管理职能的分配上，美国为了市场开发而将部分管理经营权下放给市场主体，而日本的管理权主要掌握在行政机关手中，许多自然资源的开发都需要都道府县知事甚至国土交通大臣许可。从宏观层面说，虽然美国和日本都未制定自然资源法典，但日本看似分散的立法模式实际上存在较强的规划性，每一领域的基本法以及赋予中央和地方管理者相对集中的审批权实际形成了一个系统，与美国高度的市场化管理思路不同。概言之，美国与日本的不同模式背后仍然主要是基于不同的国情，不论是制度土壤还是客观资源禀赋，都

---

① 吴昱：《美国自然资源产权体系与中国自然资源物权体系的比较分析》，《西南民族大学学报》（人文社会科学版）2012 年第 9 期，第 108~112 页。

影响着一个国家对自然资源立法的考量，进而形成不同的自然资源法律体系。

（四）日本自然资源法律体系的优点与缺点

1. 与美、德两国的比较

通过与两个有着发达的自然资源立法而又属于不同法律传统的国家进行对比，能够看到日本自然资源法律体系的一些优点与缺点。就其优点而言，首先，日本模式的首要优势在于资源的高效节约开发，通过以产业为中心的立法模式，强调在开发自然资源的同时进行管理。一方面，有利于理顺开发者和管理者之间的责任，各司其职，从而提高开发效率；另一方面，通过立法从开发阶段开始执行对各类自然资源的规划，在保证开发效率的同时也完成对资源的调控。其次，日本的自然资源法律体系散而不乱，这一点相较于德国有一定优势。德国数次尝试制定《环境法典》，但都宣告失败，最后只能维持相对分散的立法，而日本在分散立法的同时逐渐形成了一定程度的体系性。虽然德国出现这一问题在很大程度上是因为政治体制，但也从一个侧面说明了适合国情的法律体系才是行之有效、良好的法律体系。最后，日本、德国、美国都是实行生产资料私有制的国家，自然资源的开发利用主要还是依靠市场交易，而日本的自然资源法律体系围绕产业而非资源的种类形成，方法上类似于政府对市场进行宏观调控，对产业监管的效果更加显著，这也是日本更强调有效开发带来的结果；德国强调保护，认为根据自然资源的种类进行管理更便捷；美国则二者并重，即通过对非行政主体的赋权完善市场的自我调节机制，在自然资源丰富的条件下有利于优化资源配置。

至于日本自然资源法律体系的缺点，第一，在当今科技发展日新月异的状况下，新型产业、交叉产业不断涌现，依托产业进行自然资源管理难免会有力不从心之时。有的新型资源可能具备开发前景但尚未形成产业，有的新型资源可能同时涉及多个产业，此时再依托产业进行管理需要多方联动，难免增加管理成本。第二，虽然日本的自然资源管理权在中央层面分属于不同的行政部门，但具体到地方一级，管理权大多集中在地方知事手中，对于自然资源相对匮乏、国土面积不大的日本来说，此种方式具有可行性，但如此多的管理权限都由地方知事行使，权力的过度集中容易出现顾此失彼的现象，也容易导致权力滥用，如果在资源丰富、国土辽阔、地形复杂的国家，采用这一模式更是难以实现有效管理。第三，不同的产业有不同的自然资源利用方式，产业管理分属于不同部门不仅要求在立法上对行政机关有清晰的职权界定，还要求在行政上有良好的合作机制，否则极易出现权力掣肘或推诿现象。

2. 基于客观实践的评估：以2018年水产业改革为例

法律运行的过程是综合的、多元的，也是动态的，因此有必要在横向对比之外结合客观实践来进行评估。日本的自然资源法律体系有着以产业为中心立法的特点，能够实现开发和管理的同步运行，同时注重科学决策、管理和规划。2018年的水产业改革充分反映了日本这一体系的优点和缺陷。

日本的渔业生产量在1984年达到年产1282万吨的峰值后持续下降，2017年跌至430万吨的历史最低值，主要原因是远洋渔业的萎缩和沙丁鱼的大幅减少。此外，沿岸渔业加上近海渔业的捕获量跌至历史最低（243万吨），① 尤其是金枪鱼产量大幅下跌，一度使日本的寿司店纷纷寻找替代品。因此，为保证水产品的稳定供给，2018年日本政府开始谋划水产业改革措施。②

为了提出科学的管理措施，日本政府首先以国立的水产研究机构为中心，协同地方的研究机构和大学进行了大量科学论证；在此基础上，经过水产资源审议会审议通过了新的《水产资源管理基本方针》；以基本方针为指导，再起草法律修正案。在此过程中，审议会制度发挥了重要作用，对管理方案的科学性和可行性进行把关。同时，基于以产业为中心立法的特征，日本对水产业相关法律的修改以《渔业法》为中心，通过导入新

---

① 沿岸渔业通常指离岸8~10海里的范围内进行的渔业，近海渔业通常指离岸10~20海里的范围进行的渔业。

② 水产厅『新たな資源管理推進に向けたロードマップ』、https：//www.jfa.maff.go.jp/j/press/kanri/attach/pdf/200930-1.pdf。

的渔获可能量制度（TAC 制度）指导渔民捕捞特定鱼种，改变整个渔业的运作方式来对鱼种进行针对性保护和恢复，实现了在保证产业正常运作、提高渔民收入的同时动态管理、保护渔业资源，凸显了以产业为中心的立法模式优势，实现了一举两得的效果。

在此次改革中，该体系的缺点也暴露出来。虽然改革只涉及渔业，但是与一个产业相关联的法律法规必然不会仅仅包括自然资源类立法。根据 2018 年 11 月 6 日内阁向国会提出的《渔业法等法律部分修改的法案》，此次水产业制度改革需要修改的法律达 45 部之多，除《渔业法》《水产基本法》等自然资源类相关法律外，还有《水产业协同组合法》《沿岸渔场整备开发法》等纯粹的产业调整法律，更有《公司法》《银行法》等，整个法律修改案全文达到 13 万字。① 因为采取了通过产业管理自然资源的方式，在调整自然资源管理方式时必然也要调整产业管理方式，由此带来的调整大有牵一发动全身之势。当具体问题需要的调整力度不大时，以产业为中心的立法模式可以针对具体需求灵活管理，但当进行重大改革时则会产生连锁反应；并且，由于法律之间存在互相引用，某一条文编号的改变也会带来连锁调整。在这样的情况下，需要极强的立法能力和部门协作能力，如果没有与之相匹配的立法和行政能力，反而会造成法律体系混乱。

三　来自日本经验的启示

日本作为东亚最早开启现代化进程的国家，一度成为世界第二经济大国。然而，在高速发展的背后，相对匮乏的自然资源一直是日本政治家的心病，是制约日本走向世界大国的重要因素。除了资源短缺，日本的自然资源还有一个特征是分配不均衡，格外需要顶层战略设计上的扬长避短。得益于危机意识，日本对自己的短板格外重视，在 20 世纪中期就开始立

---

① 『漁業法等の一部を改正する等の法律』、衆議院ホームページ、https：//www.
shugiin. go. jp/internet/itdb_ housei. nsf/html/housei/19720181214095. htm。

法对自然资源进行管理，在充分结合自身国情和发展战略的基础上形成了一个独特而行之有效的自然资源法律体系，在保障民生的基础上还将一个资源短缺国发展为一个制造业大国，背后的自然资源法律体系功不可没，从其先进经验中能够获得一定的启示。

（一）以产业为中心的立法模式

整体来看，日本的自然资源法律体系是与其行政管理制度相适应的。土地资源和水资源由国土交通省管理，农业相关自然资源、林业资源、水产资源由农林水产省管理，矿业资源由经济产业省管理。这样的划分方式是为了适应日本独有的国情，但除去国情的影响，其围绕产业进行立法的模式是值得借鉴的经验。

自然资源对人类的首要意义是可供利用，直接对自然资源进行开发利用的是相关产业，因此可以在管理产业的同时实现对自然资源的管理。一方面，可以针对产业的具体需求来制定自然资源的管理规则，如城市用地和农业用地同为土地资源但用处不同，统一管理反而可能因灵活性不足而导致土地资源得不到有效利用；另一方面，在"基本法"的原则性规定下，针对开发过程中的具体问题可以更为方便地进行补充立法或法律修改，避免牵一发动全身的风险。但是同时也要看到，日本的原则性规定加上具体问题单独立法的模式可以有效应对局部情况的变化，全面、原则性的变化则会带来相当烦琐的法律修改工作，对一个国家的立法机关的能力有较高的要求，并且都道府县知事统揽地方自然资源管理中的主要批准权限也对地方行政机关的行政能力有较高的要求，国土面积辽阔、自然资源禀赋丰富的国家若采用这一模式可能导致权力过度集中，需要对权力分配做出相应调整。

（二）主体权责划分清晰

日本的自然资源法律对涉及各方主体的权力、责任的规定较为清晰。以《土地基本法》为例，第一章"总则"对各方责任进行了基本划分，第二章"关于土地的基本措施"进一步列举了国家和地方政府应当采取的措施，达 13 项之多。第三章进一步细化，列举了土地基本规划应当包含的内容。此外，《森林、林业基本法》《水产基本法》等也逐一列举了对行政主体职责的规定。这一将行政主体的责任进行列举的方式有助于推进依法行政，将国家和政府实施管理的法律依据、行使权力应遵循的法定原则都在法律当中载明，一方面有助于减少权力边界模糊导致的行政权力滥用；另一方面当行政不作为时也有助于准确判断责任主体，减少责任的互相推诿，提高对公权力的监督力。除此之外，清晰的权责划分还有利于提高行政效率。这种列举规定方式将中央和地方之间以及不同地方间的权责划分清楚地写在法条中，在一定程度上起到了行政组织法的作用，达成了中央和地方的分工协作，能够有效避免权力割据和多头执法现象。综合来讲，日本的自然资源立法普遍采用列举方式规定行政职责，有助于提高行政合法性、合理性和行政效率，是日本自然资源法律制度的一个优点。

（三）概念界定规范并相互联动

当立法对特定对象进行管理或者保护时，首先需要明确该对象的内涵与外延，除非该对象属于客观上众所周知的事物，否则应当对其做出解释以防止对象不清。日本的大部分自然资源法律对所调整对象进行了解释，将其明确记载于法条之中。比如，《农地法》第 2 条规定，本法中"农地"是以耕作为目的的土地，"采草放牧地"是除农地以外的用地，主要用于耕作同时兼顾牧草采集或放牧的土地；《森林法》第 2 条规定，本法中"森林"是除农地、住宅地及类似用途的土地上的竹木之外，群体生长竹木的土地及土地上的竹木，还有除此之外专供竹木群体生长的土地。

在法律中对核心概念进行明确界定，至少有三方面的优点。首先，从管理的角度来说，准确的概念界定意味着清楚的权力边界，对相关自然资源的调整、管理权覆盖的范围究竟及于哪些对象都可以根据法律规定进行较准确的判断，这样能够使行政资源投入需要的领域，实现资源的有效配置。其次，从监督的角度来讲，准确的概念界定使权力边界更加清晰，能够减少权力的滥用。比如《森林法》中对"森林"的概念解释表明普通人家的花园、房屋周边所栽的树明显不在其调整范围内，减少了公权力对私人权利进行不当干涉的风险。最后，从立法的角度来看，准确的概念界定可以加强法律的内在连贯性和协调性，减少法律中的冲突、矛盾，进而减少对法律进行反复修改的风险，增强了法律的稳定性，也节约了立法成本。

规范的概念界定是立法的基础，在此基础之上对多部法律进行联动则促进了法律体系的形成。日本的自然资源立法的一大特点就是互相引用，一部法律中已做出规定的概念或者情形不再重复规定，直接对该部法律进行引用。如此，一方面避免了概念规定上的不一致引发内在矛盾，另一方面也借此将同一领域或不同领域的法律关联起来形成一个体系。虽然看似简单，但在不同的自然资源管理分属不同部门的情形下完成这样的任务，首先需要部门之间的联动，这对行政机关的协同性有一定要求。这反映出日本自然资源法律的体系化首先是在行政系统化的基础之上展开的。

（四）公共利益至上的指导思想

"公共利益"是日本自然资源法律体系的核心关键词，公共福祉、国民经济、国民生活等代表公共利益的词语反复出现在相关法律的总则和正文当中，而且明确作为法律的指导思想。这种公共利益至上的思想至少表现在两大方面。

第一，明确写入每一部法律的立法目的和基本理念。对日本的自然资源法律进行梳理可以发现，几乎每一部法律的"总则"部分都将社会发展、国民生活、国民经济等重要的公共利益写入第 1 条"立法目的"，而在相关领域中发挥基本法功能的法律如《国土利用规划法》《土地基本法》《森林、林业基本法》等也都将公共利益写进了基本理念，成为相关领域行政管理的基本原则。

第二，"公共利益"至上的思想还体现在具体措施中。虽然日本的自然资源立法围绕产业进行的模式在一定程度上体现了自然资源的价值是通过开发和利用来体现，但开发和利用并不能理所当然地凌驾于公共利益之上，开发和利用是手段，造福国民才是最终目的。日本大部分自然资源法律对危害民生、资源可持续利用、经济社会发展等公共利益的行为规定了严厉的罚则和严格的限制手段，如《国土利用规划法》赋予都道府县知事对土地价格进行严密监视、控制的权力，《农地法》和《森林法》等规定了对违法行为的刑事处罚。除了刑罚，普遍存在的审议会制度也要求委员从公共福祉的角度做出公正的判断。

虽然公共利益至上对每一个国家的自然资源管理制度来说都是必不可少的原则，但更为重要的是在多大程度上将其融入立法。日本的自然资源立法从立法目的、基本理念对公共利益的明确规定，再到具体措施所体现出的公共利益至上的思想，都在提醒着管理者、开发者以及普通国民，自然资源要服务于国民经济、服务于社会发展，归根结底是要服务于人、服务于国民生活质量的提高，从这点也可以说，日本的自然资源立法原则是以人为本的。

（五）将科学管理和决策融入制度

对自然资源进行管理需要法律作为制度基础，科学、合理地管理自然资源还必须有相关领域科学理论的指导。"自然资源"一词本身的内涵并非固定不变，在科学技术不断发展的背景下可能出现新的自然资源，比如页岩油、稀土等都是随着科技的进步而得到开发，而且随着人类活动深度融入自然界，融入了人造物的自然物算不算自然资源也存在疑问。可以说，科学技术在不断地重新定义和改造自然环境并打破旧有的管理模式，因此自然资源管理问题不仅仅是制度问题，更是科学问题，只有以科学理论为指导才能达到对自然资源的合理管理和利用。

科学管理是日本自然资源法律制度的重要指导思想，主要体现在审议会制度上。行政机关大多设立审议会，但审议会本身并非行政机关，而是中立的第三方咨询机构。[①] 审议会主要依据《行政组织法》第 8 条以及其他组织法等设立，还有一部分规定体现在自然资源法律中，如《森林法》对都道府县的森林审议会的组织进行了规定，《水产基本法》对水产政策

---

① 『政策会議等（審議会・懇談会等含む）』、内閣府ホームページ、https：//www.cao.go.jp/council。

审议会做出规定等。审议会最大的特点在于组成人员都是精通相应领域专业知识的专家、学者，他们通过专业知识向管理者提出建议、应管理者的咨询对相关问题进行调查研究、对管理者的问题做出答复。日本的自然资源法律普遍要求管理者在做出重要规划或决定前必须听取审议会的意见。例如，《国土形成规划法》第6条规定国土交通大臣制定全国规划时必须经过国土审议会的调查审议；又如，《水产基本法》第11条规定政府在制定水产基本规划时必须听取水产政策审议会的意见。为彻底做到科学管理，通常在国家和地方层级行政机构都会设立审议会，国家一级审议会负责对大臣的咨询做出答复，地方一级审议会则对知事的咨询做出答复。

　　针对专业问题向专家进行咨询是管理中的常用方式，但通过法律规定赋予咨询机构法律地位则有特殊的意义。首先，通过立法固定规定了审议会的组织和地位，使得管理者不能无视审议会的存在或者直接解散审议会，保证了审议会的法律地位就等于保证了科学理论的指导地位；其次，通过法律规定审议会的职权，要求管理者必须听取审议会的建议保证了科学的理论始终能够参与政策的制定，减少非科学、非理性决策的出现；最后，赋予审议会法律地位和法定职权，也是对专家学者、知识分子的尊重，体现了日本对科学精神、对知识的崇尚，符合日本始终坚持的科技强国路线。科学的管理方式在不同的国情下会有所区别，但背后的理念相通，实现自然资源管理科学化，提高相关政策制定和决策的科学性、专业性，有助于应对日新月异的科技发展带来的新问题，也有助于优化对现有自然资源的管理方法。

结　语

　　日本基于本国国情探索出以产业为中心、以公益为目的、以科学为指导的自然资源法律体系。

　　首先，力求以一部法囊括某种自然资源的所有方面未必是最佳选择，以基本法为中心，再循序渐进辅以补充立法，可能更匹配渐进式改革路径；同时，建设法律体系应当先理顺相关的概念。

日本没有采用集中管理的模式，而是根据不同产业领域将自然资源的管理权限划分给各个部门，但同样可以实现高效、科学、合理的管理，通过先"基本"后"特殊"的立法顺序和清晰、统一的概念解释将各领域的分散立法统一为一个体系，围绕该领域的基本法律形成的子系统在自我运转的同时也被统一在整个法律体系中，这样的好处在于既能及时对不同领域的现实立法需求做出回应，也能兼顾其整体性。日本属于大陆法系国家，对立法趋于成熟的领域习惯于采用法典化方式来加以确认并实现系统化，最具代表性的成果就是日本《民法典》。即使已经在自然资源立法上拥有相当数量的立法成果并彼此协作形成一定的体系性，日本仍未将其通过法典化加以固定，最大的原因就在于目前以基本法为中心辅以渐进式补充立法的方式更能够配合日本的战略，有法典化传统并不代表一定要进行法典化，根据国情进行选择才是最佳的方式。此外，日本能够在分散立法的同时实现体系化的重要原因是对概念的清晰界定，很多时候法律问题的争论与解释是围绕概念展开的，常见的原因有两个：一是社会发展使得概念的含义处于不确定的状态，需要对概念进行更新；二是概念本身的模糊性导致适用时难以确定，这是立法时的不严谨造成的。日本在对自然资源进行立法管理时通过在每一部法律中专列条文对概念进行解释，有效地减少了后者发生的概率，从而为不同法律之间共享概念、相互引用打下了坚实基础。

其次，日本将依法行政、公益至上等价值取向融入自然资源法律体系。依法行政是现代行政机关开展行政活动时必须遵守的基本原则，依法行政不仅要求有法可依，还要求行政机关各部门有清晰的职能划分。如果各部门的基本职能始终不能得到清晰的划分，实践中容易出现权责不清的情况，结果就是即使在立法上将自然资源相关法律体系化，具体实践中也难以实现部门之间良好的分工与协作，从而使法律和实践脱节。相比依法行政，公益至上的价值更需要融入立法理念、法律原则。追求公益可谓行政的一项重要特征 ①，将公共利益至上写入法律原则，既是为行政机关提

---

① 翁岳生：《行政法》（上），中国法制出版社，2009，第14、15页。

供合法性，也是对行政行为进行评价的重要依据；加之公益性也是自然资源的重要属性，理应将其写进法律原则。这些价值因为其一般性而具有笼统、抽象的特点，要实际做到将其融入立法而不仅仅是沦为口号并不容易，日本的立法实践在这一点上有其先进性。

最后，科学决策是自然资源管理当中非常重要的部分，而日本在这一问题上采用的审议会制度具有一定启发性。在自然资源领域首先需要遵循的是自然规律和科学原理，科学管理和科学决策的重要性居首位，而解决科学管理和科学决策问题需要从制度环节提高专业人员的话语权和参与度。日本的审议会制度使专家组成为各级政府的常设机构，并且大部分涉及专业领域的决策专家有参与权和建议权，对于解决决策中长官意志影响科学性问题和专家论证效率问题等有较好的效果。但同时需要注意审议会同样存在失灵的可能，以日本的教训为例，2011 年日本福岛核电站发生泄漏事故，在该事故中核电站不科学的选址成为各方批评的焦点，不少批评的矛头指向了审议会制度的失灵。根据日本媒体报道，长期以来日本政府官方为了顺利推行政策而从各方面施加影响力，将反对的专家排除出负责审查的原子力安全委员会，这是最终选址失误的重要原因之一。① 这一方面说明了想要保持审议会的中立性、客观性有一定难度，另一方面也证明了科学决策的重要性。

（审校：叶琳）

---

① 山内正敏『学術会議に関するフェイク情報に打ち勝つには？福島原発事故の主因は「科学者の提言機関」への国の介入だったことを思い起こそう』、朝日新聞、2020 年 10 月 14 日、https：//webronza. asahi. com/science/articles/2020101200008. html？iref＝comtop_Opinion_06。

Table of Contents & Abstracts

Abstract: *Nihon Shoki* is the first of the "Rikkokushi" compiled by ancient Japanese officials. It records the early history of Japan since the age of mythology, and its "historical book character" is beyond doubt. At the same time, the myths and legends in the text and the use of political culture have also created its "divine book character" as a political and religious classic literature. Since the Medieval, the character of historical books has declined, and the character of divine books has become more and more important. The commentary and research activities in the Medieval promoted the development of Shinto thought and established the dominant position of the character of the Holy Book. In Early modern period, "the unity of Shinto and Confucianism" has become popular. The interpretation paradigm created by the great scholar Hayashi Razan based on the separation of the duality of characters, together with the revival of history editing activities, has promoted the "return" of the historical character of *Nihon Shoki*.

Keywords： *Nihon Shoki*； Rikkokushi； Founding Mythology； Yoshida Shinto； Hayashi Lazan； Early Modern Period

The World Structure of the Kamiyo Scroll of *Nihon Shoki*

Gong Hui / 17

Abstract： *Nihon Shoki* is the oldest national chronicle in Japan， and its part of the Kamiyo Scroll is not only widely spread， but also has far-reaching influence. A major feature of the compilation of the Kamiyo Scroll of *Nihon Shoki* is that in addition to the "text"， there are also a large number of "other statements" recorded in different terms. According to the different types of relationships between the "text" and "other statements"， by sorting out the vocabulary related to the world structure， three characteristics can be summarized. Firstly， we can see the vagueness and variousness of the world structure. Secondly， the understanding of the world structure can be divided into two stages. And last， in addition to the vertical world structure， there is also a parallel world structure in *Nihon Shoki*. By sorting out the formation process of the above characteristics， we can see the process of continuous expansion and mutual exchange of cultural systems within the ancient East Asian world.

Keywords： *Nihon Shoki*； Kamiyo Scroll； Text； Other Statements； World Structure

Sentence Breaking and Genealogy of the Seventh Arufuminiiwaku of the Fifth Paragraph Volume One, Jindaikan in *Nihon Shoki*

Li Jian / 35

Abstract: Because of the different ways of sentence breaking, *Kananihongi* produced a different kind of genealogy from Iwanami-edition and Shogakukan-edition. Through a comparative analysis of the sentence breaking of the seventh arufuminiiwaku of the fifth paragraph Volume one, Jindaikan in *Nihon Shoki*, the author found that the punctuation of *Kananihongi* separated the continuity of Kami's genealogy, resulting in the ambiguity of the genealogy of Futsunushinokami, which also made the seventh arufuminiiwaku of the fifth paragraph Volume one, Jindainomaki in *Nihon Shoki* lost its value and significance of existence. Therefore, this kind of sentence breaking is not advisable. On the contrary, the punctuation of Iwanami-edition can make the genealogy more clear and unambiguous, in addition, by echoing with the narratives of the subsequent part, the genealogy of Futsunushinokami becomes complete and perfect. Therefore, the way of sentence breaking is reasonable and desirable.

Keywords: *Nihon Shoki*; *Kananihongi*; Sentence Breaking; The Genealogy of Kami

· **Social History Research** ·

A Review of Nationalization of Mountain Fuji and Identity Construction in the Edo Period

Xiang Qing / 62

Abstract: As a specific existence of nature, Mountain Fuji has the potential to become a national symbol and it is more easily recognized by Japanese people than abstract value. Based on the historical image and meaning of Mountain Fuji, the Edo Period conducted a series narrative reconstructions, including the reorganization of the gods of Mountain Fuji, the meaning construction of "The First Mountain of the Three Countries", the integration of Mountain Fuji and Sakura, the life-oriented image of Mountain Fuji, which has shaped Mount Fuji as the symbol of Japan or Japanese spirit. Shaping Mountain Fuji as the symbol of Japan in the Edo Period is a typical representative of national symbol created by the sense of "fear" and the pursue of "ultimate" before modern times. The construction also reflects the change from relying on East Asian value to relying on self-value. The nationalization of Mountain Fuji has not only been inherited and developed in early modern Japan but also laid the foundation for the understanding of Mountain Fuji in late modern Japan.

Keywords: Mountain Fuji; National Symbol; Edo Period of Japan; Nationalization; Identity Construction

Epidemic Diseases of the Edo Period and the Rise of Rangaku in Japan

He Pengju / 110

Abstract: The late Edo period has witnessed frequent outbreaks of epidemic disease. The average people, unable to access reliable medical care, could only save themselves by turning to superstition. Meanwhile, Japanese Confucianism and Kampo medicine underwent important changes; positivism began to gain attention. In that context, Rangaku rose from the absorption of modern Western medicine. By studying the human body, Rangaku scholars were convinced of the idea "everyone is human". As their understanding of the world broadened and deepened, they pursued the universal truth, broke the traditional Chinese-foreign system and advocate the equal conception of nation, and tried to conceive a social institution to bring down the Tokugawa feudal hierarchy. In this way, Japan took its first step to modernization.

Keywords: The Edo Period; Epidemic Disease; Rangaku; Kampo; Universal Humanity; Japan's Intellectual History

· Economic History Research ·

Japan's National Intellectual Property Strategy

Ye Hao / 130

Abstract: Since 2002, Japan has been systematically implementing the national intellectual property strategy, forming a complete intellectual property strategy and implementation system. Japan's national intellectual property strategy is not only the perfection of the legal system, but also the broad scope of intellectual property strategy, which closely revolves around the theme of its domestic development and reform. Through the long-term implementation of the national intellectual property strategy, Japan has made some progress in the training of innovative talents, the internationalization of intellectual property standards, and the construction of national soft power. After the COVID – 19, the Japanese intellectual property strategy played a positive role to deal with the adverse situation of the epidemic.

Keywords: Japan; Intellectual Property; National Strategy

The Development of Japanese Big-data Industry
Policy and Industry Chain

Zhang Wenwen, *Qu Xuefeng* / 156

Abstract: Since 2012, with the deepening of the application of information technology in all aspects of society, the development of big-data industry ushered in a rapid growth. Japan's big data industry is no exception, and its related industrial policies and industrial chain development are worth studying. As an economic power, Japan's big-data industry is not developing fast, and it is not in the forefront of the world's developed countries in terms of data production and technology application. However, Japan has a strong technological research capacity and a solid hardware manufacturing foundation, which enables the upstream of the industry to continuously transfer kinetic energy to the middle and downstream, and widely deepen the application of big-data technology in public management and people's production and life. Since the development of the big-data industry, the Japanese government has strengthened the definition of information privacy and the legal use of information in terms of laws and policies, which is conducive to encouraging the application of data from a long-term perspective. In the future, the Japanese government should start to arrange the data exchange of its big-data industry in the world and realize data sharing so as to serve more people.

Keywords: Big Data; Industrial Policy; Industrial Chain; Information Privacy; Legal Use of Data

The Experience and Inspiration of Japan's Natural
Resources Legal System

Zhang Bige / 176

Abstract: Japan is the second economic power in Asia. Although its land area is small, it has complex geographical conditions. Although it is relatively short of natural resources, it has made outstanding achievements in development, utilization and protection. Through sorting out Japan's main natural resources legal system and combining with the internal relations between natural resources laws, it can be found that the basic framework of Japan's natural resources legal system consists of two levels and six areas. Its natural resources legal system legislates around industry, and realizes systematic linkage without codification. It has the advantages of standardization, commonweal, and scientificity. At the same time, it also has the disadvantages of high management costs, cumbersome legal revision operations. The experience of Japan's natural resources legal system is enlightening.

Keywords: Natural Resources Management; Japanese Legal System; Legal System; Comparative Law; Legislative Pattern

《日本文论》征稿启事

为了促进日本研究学科发展，2019 年日本学刊杂志社创办学术集刊《日本文论》。《日本文论》前身为日本学刊杂志社曾办学术期刊《日本问题资料》（1982 年创刊），以"长周期日本"为研究对象，重视基础研究，通过长时段、广视域、深层次、跨学科研究，深刻透析日本，广泛涵盖社会、文化、思想、政治、经济、外交及历史、教育、文学等领域。《日本文论》以半年刊的形式，由社会科学文献出版社出版发行，2020 年度和 2021 年度被收入"CNI 名录集刊"名单，并选入中国历史研究院 2022 年度学术性集刊资助名录。期待广大海内外学界同人惠赐高水平研究成果。

一、《日本文论》将以专题形式刊发重大理论研究成果；注重刊发具有世界和区域视角、跨学科和综合性的比较研究，论证深入而富于启示意义的成果；注重刊发应用社会科学基础理论的学理性文章，特别是以问题研究为导向的创新性研究成果。

二、本刊实行双向匿名审稿制度。在向本刊提供的稿件正文中，请隐去作者姓名及其他有关作者的信息（包括"拙著"等字样）。可另页提供作者的情况，包括姓名、职称、工作单位、通信地址、邮政编码、电话、电子邮箱等。

三、本刊只接受电子投稿，投稿邮箱：rbyjjk@ 126. com。

四、论文每篇不低于 1 万字。请附 200～300 字的中文及英文摘要和 3～5 个关键词。稿件务请遵守学术规范，遵守国家有关著作、文字、标点符号和数字使用的法律及相关规定，以及《日本学刊》现行体例的要求（详见日本学刊网 http：//www.rbxk.org）。

五、切勿一稿多投。作者自发出稿件之日起 3 个月内未接到采用通知，可自行处理。

六、本刊不收版面费。来稿一经刊出即付稿酬（包括中国学术期刊电子版和日本学刊网及其他主流媒体转载、翻译部分）和样刊（1册）。作者未收到时，请及时垂询，以便核实补寄。

图书在版编目（CIP）数据

日本文论. 2022年. 第1辑：总第7辑 / 杨伯江主编
. --北京：社会科学文献出版社，2022.10
ISBN 978-7-5228-0929-8

Ⅰ.①日…　Ⅱ.①杨…　Ⅲ.①日本-研究-文集
Ⅳ.①K313.07-53

中国版本图书馆CIP数据核字（2022）第192706号

日本文论　2022年第1辑（总第7辑）

主　　编 / 杨伯江

出 版 人 / 王利民
组稿编辑 / 祝得彬
责任编辑 / 郭红婷
责任印制 / 王京美

出　　版 / 社会科学文献出版社·当代世界出版分社 （010）59367004
　　　　　 地址：北京市北三环中路甲29号院华龙大厦　邮编：100029
　　　　　 网址：www.ssap.com.cn
发　　行 / 社会科学文献出版社 （010）59367028
印　　装 / 唐山玺诚印务有限公司

规　　格 / 开　本：787mm×1092mm　1/16
　　　　　 印　张：13.5　字　数：209千字
版　　次 / 2022年10月第1版　2022年10月第1次印刷
书　　号 / ISBN 978-7-5228-0929-8
定　　价 / 68.00元

读者服务电话：4008918866